15 sett. 1882

A Rebecca con sincera amicizia

Maude

Li sei contenti e *La Sofonisba*

José Porrúa Turanzas, S.A.
EDICIONES

Director General:
JOSÉ PORRÚA VENERO

Sub-Director General:
ENRIQUE PORRÚA VENERO

Director:
CONSTANTINO GARCÍA GARVÍA

Asesor literario:
BRUNO M. DAMIANI

studia humanitatis

Directed by
BRUNO M. DAMIANI
The Catholic University of America

ADVISORY BOARD

JUAN BAUTISTA AVALLE-ARCE
University of North Carolina

THEODORE BEARDSLEY
The Hispanic Society of America

GIOVANNI MARIA BERTINI
Università di Torino

HEINRICH BIHLER
Universität Göttingen

HAROLD CANNON
National Endowment for the Humanities

DANTE DELLA TERZA
Harvard University

FRÉDÉRIC DELOFFRE
Université de Paris-Sorbonne

ROBERT J. DIPIETRO
University of Delaware

GIOVANNI FALLANI
Musei Vaticani

JOHN E. KELLER
University of Kentucky

RICHARD KINKADE
University of Connecticut

JUAN M. LOPE BLANCH
Universidad Nacional Autónoma de México

LELAND R. PHELPS
Duke University

MARTÍN DE RIQUER
Real Academia Española

JOSEPH SILVERMAN
University of California (Santa Cruz)

Galeotto Del Carretto

Li sei contenti e La Sofonisba

Edizione e Commento di
Mauda Bregoli-Russo

Publisher and distributor
José Porrúa Turanzas, S.A.
Cea Bermúdez, 10 - Madrid-3
España

Distributor for U.S.A.
Studia Humanitatis
1383 Kersey Lane
Potomac, Maryland 20854

© Mauda Bregoli-Russo 1982
Library of Congress Catalog Card Number 81–52490
International Standard Book Number 0–935568–29–8

Printed in the United States of America
Impreso en Los Estados Unidos

Cea Bermúdez, 10 - Madrid-3
Ediciones José Porrúa Turanzas, S.A.

Cover:
Frontespizio de *La Sofonisba* di Galeotto Del Carretto, stampata a Venezia nel 1546 da Gabriele Giolito de' Ferrari. (Cortesia di "Joseph Regenstein Library of The University of Chicago".)

designed by Richard Kinney

Il presente lavoro è stato arricchito e perfezionato con un "NEH fellowship", ottenuto da gennaio a tutto maggio 1981, presso il "Center for Renaissance Studies" della Newberry Library di Chicago, sotto la direzione del Prof. John Tedeschi. I seminari del Prof. Giuseppe Billanovich e del Prof. Julius Kirshner si sono rivelati estremamente utili per la mia ricerca. A tutti il mio ringraziamento e la mia profonda gratitudine.

Indice

Introduzione
Notizie biografiche   1
Li sei contenti - Premessa   18
Sofonisba - Premessa   29

Testi
Titoli abbreviati e sigle   47
Tavola delle abbreviazioni   50
Tavola dei segni convenzionali   54
Li sei contenti e *Sofonisba*   55
Criteri e norme di trascrizione   58
Nota sulla grafia   61

Li sei contenti - Testo e note   67

La Sofonisba - Testo e note   143

Indice   251

Frontespizio de *La Sofonisba* di Galeotto Del Carretto, stampata a Venezia nel 1546 da Gabriele Giolito de' Ferrari. (Cortesia di "Joseph Regenstein Library of The University of Chicago".)

Notizie Biografiche

Casale, capitale del Monferrato

Il Monferrato, regione subalpina circondante la città di Alessandria, subì continue vicende di detrazioni territoriali durante la guerra tra Venezia e Milano incominciata nel 1425 e protratta per oltre un decennio. Per l'intervento di Niccolò d'Este di Ferrara, nel 1433, si giunse ad un arbitrato, per cui il Duca di Milano dovette restituire tutto ciò che era stato tolto al Marchese del Monferrato[1]. L'atto giuridico venne completato

---

[1] Si premette in queste note che tutte le notizie storiche sono tratte da *Documenti Storici del Monferrato*, VIII, *Cronaca del Monferrato in ottava rima Del Marchese Galeotto Del Carretto del terziere di Millesimo, 1493, con uno studio storico sui Marchesi Del Carretto di Casale e sul poeta Galeotto* del Dott. Giuseppe Giorcelli (Alessandria, G. Jacquemod, 1897). L'opera è stata consultata nella Biblioteca Carducci di Bologna. D'ora in avanti tutti i riferimenti ad essa saranno segnalati con la sigla: Giorcelli, *Cronaca*. Seguirà il numero della pagina. Riguardo il procedimento civile chiamato "arbitrato" si legge in Giorcelli, *Cronaca*, pp. 22–23: "L'arbitrato venne pubblicato in Ferrara nel giorno 26 aprile dell'anno 1433 nella casa di Nicolò Bergamini tenendo per base il trattato dell'anno 1428, a relativamente al Monferrato stabiliva:- *che il Duca di Milano dovesse nel termine di un mese dal dì della sentenza restituire e rilasciare tutte le Terre, Castelli, Luoghi e Fortilizii, da lui o dai suoi confederati, aderenti o seguaci, tolte al Marchese di Monferrato, ai suoi Feudatari, Vassalli ed Aderenti:- che in quanto alle*

e perfezionato da un trattato di pace tra Filippo Maria Visconte, Duca di Milano, e le repubbliche di Venezia e di Firenze[2].

S'inserisce in questi brevi fatti storici la *Cronaca in Prosa del Monferrato* di Galeotto Del Carretto, ricca di notizie, per cui tra l'altro si apprende che"... pochi Gentiluomini rimasero vassalli del Visconte, e che la maggior parte fece nuovamente omaggio al Marchese"[3].

Cambiamenti drastici si susseguirono in quegli anni: nel 1435 Chivasso cessava di essere capitale del Monferrato e passava sotto i Principi Savoia, mentre Casale, detta di San Evasio[4], divenne la nuova capitale del Marchesato.

Origine e ruolo storico dei Marchesi Del Carretto

A questo punto della storia viene introdotto il nome del Casato dei Marchesi Del Carretto. La denominazione particolare deriva dal castello di Carretto, fortificazione posta sulla vetta di un alto monte sui gioghi degli Appennini e residenza nei secoli precedenti di quel nobile Casato.

Il Marchese Corrado II[5] Del Carretto, del terziere di

Terre, Luoghi, e Castelli di Monferrato tenuti dal Duca di Savoia, suoi Feudatari, e Sudditi, il Duca di Milano non sia tenuto a farli restituire colla forza, ma debba con ogni possibile preghiera ed industria intercedere, pregare, e fare uffizio presso il Savoiardo affine di indurlo a restituirli al Marchese di Monferrato".

[2] Giorcelli, *Cronaca*, p. 24: "Anche questa volta i due savi e prudentissimi Marchesi, Nicolò di Ferrara e Ludovico di Saluzzo, riuscirono nel loro compito di far accettare le condizioni di pace dal Duca di Milano e dalle Repubbliche di Venezia e di Firenze".

[3] Giorcelli, *Cronaca*, p. 26.

[4] La denominazione di "San Evasio" si trova nell'ultimo foglio della commedia *Li sei Contenti* di Galeotto Del Carretto quando si legge: "Impressa in Casal di San Vaso per Gioan Antonio Guidone".

[5] Giorcelli, *Cronaca*, pp. 34–35:"Il Marchese Teodoro II del Monferrato, volendo riordinare il Marchesato, aveva mandato ordine ai suoi feudatari perché si recassero alla sua Corte a ricevere le investiture dei relativi feudi. Fra i molti che si presentarono per detta investitura vi fu Corrado II del Carretto, dei

Millesimo, fu feudatario del Marchese Teodoro II del Monferrato. Dopo la morte di quest'ultimo, continuò ad essere Consigliere di Stato sotto il Marchese Gian Giacomo ed andò ad abitare a Casale con la famiglia quando il Marchese vi trasferì la sua corte. Anche il figlio, Marchese Teodoro Del Carretto, servì a Corte e spesso ricevette incarichi nel governo dello stato sia dal Marchese Gian Giacomo, e sia dal discendente di questi, Giovanni. Teodoro Del Carretto fu padre di Alberto, di Galeotto (oggetto del mio lavoro) e di Scipione[6].
Nel 1464 salì al governo del Monferrato Guglielmo VIII, figura di primo piano per Casale. D'indole guerriera, capitano di ventura, ma seppe mostrarsi anche savio e prudente nella sua amicizia con gli Sforza tanto da trasformare il rapporto in una politica previdente e proficua. Oltre ad essere un saggio amministratore, egli fu amante delle lettere e delle arti e generoso mecenate. Alla sua corte venne Ubertino Clerico da Crescentino, che aveva tenuto una cattedra di studi umanistici prima a Pavia e poi a Milano[7].

Marchesi di Millesimo, discendente da Corrado I. Esso alli 23 giugno dell'anno 1393, in unione coi suoi figli e nipoti di figlio premorto, faceva nel Castello di Moncalvo, residenza prediletta del Marchese Teodoro II e dove volle essere sepolto, omaggio a detto Marchese dei feudi di Millesimo, di Roccavignale, Cosseria, Altare e Mollare, ricevendone la investitura.... Da quel forte Castello (Di Carretto) presero il nome di Marchesi del Carretto, aggiungendovi però sempre quello dei Marchesi di Savona (*perché un tempo i loro domini erano posti sulle spiagge di Savona*. L'annotazione in corsivo è mia)".

[6] La questione se Galeotto sia primogenito o secondogenito è stata più volte sollevata da storici interessati alla biografia di Galeotto Del Carretto. Per Giorcelli, *Cronaca*, p. 36, Galeotto è senza alcun dubbio secondogenito. Giovanni Minoglio, nella sua introduzione al *Timon Greco, commedia scritta nel 1498 dal Marchese Galeotto Del Carretto* (Torino: Paravia, 1878), p. 7, lo considera senz'altro primogenito. (Anche l'opera di Minoglio è stata consultata alla Biblioteca Carducci di Bologna). Su questa incertezza della tavola genealogica dei Del Carretto insiste G. Manacorda, "Galeotto Del Carretto, poeta lirico e drammatico monferrino," tratto da *Memorie della R. Accademia delle Scienze di Torino*, Sez. 2, 49 (1900), p. 62. Anche l'opera del Manacorda rimane fondamentale per notizie storico-biografiche. D'ora in avanti la si indicherà solamente come Manacorda, *Galeotto Del Carretto*, e poi il numero della pagina.

[7] A proposito di Ubertino Clerico da Crescentino dice testualmente G. Vinay, "L'umanesimo subalpino nel secolo XV," in *Biblioteca della Società*

Per rendere più agevole e più diffusa l'istruzione, Guglielmo VIII introdusse la stampa a Casale, dove sembra che nel 1476 sia stata aperta una stamperia, di cui si dice che il tipografo sia stato Gaspare Cantone. Le prime due opere che videro la luce furono quelle di Ovidio: la traduzione italiana in terza rima dell'*Ars Amandi* e le *Heroides*[8].

A Trino, borgata non molto distante, fu installata una tipografia che, a ragione, si può denominare *Officina Scuola*, poiché di lì provennero tipografi che esercitarono poi la loro opera a Venezia, Pavia e Lione[9].

Storica Subalpina, CXLVIII (Torino: Gabetta-Voghera, 1935), p. 158: "Per Galeotto, la cultura classica è qualche cosa di sottinteso, che lo interessa solo fino a un certo punto. Quasi certamente egli ha seguito i corsi di Ubertino ed ha una certa pratica di greco...".

[8] Giorcelli, *Cronaca*, p. 41: "Ci è noto un solo libro edito in Casale dal Cantone senza data, cioè una traduzione italiana in terza rima dell'*Arte Amandi* di Ovidio col titolo seguente: 'Il clarissimo Poeta Ovidio de arte amandi'. Il libro primo comincia: *Amor che per dosezza il ciel corrige*'. Venne ristampato più volte, ed alla fine del libro trovansi questi versi:

Quam lector legis hic arte Nasonis amandi
Impressos libros *urbe Casalis* habes:
Urbe sua nimium Gulielmo principe magno
Felice, insigni cuius honore nitet.
Vercellis ortus sacer *Augustinus* et una
Cantonus pressum Gaspar obivit opus.
Hoc seu gramatice...

Nel settembre del 1481 pubblicava in Casale un'altro lavoro di Ovidio, cioè le *Heroides* coi commenti (cum glossis) dell'ubertino Clerico, professore in Casale... Le *Heroides* furono stampate con denari in parte dati dallo stesso commentatore Clerico".

[9] Giorcelli, *Cronaca*, p. 42: "Il primo della serie di quèsti Tipografi Trinesi fu *Bernardinus de Ferrariis de Tridino in Monteferrato*, cognominato *Stagnino*, che aperse una tipografia in Venezia nel 1483 e lavorò per circa cinquanta anni. Il secondo fu *Guglielmo de Fontaneto de Tridino in Monteferrato*, chiamato col sopranome di *anima mia*, del quale alcuni libri portano la data dell'anno 1489. Acquistò una casa ed in essa trasportò la sua stamperia, ed allora si firmava –*In Casis Guillelmi de Fontaneto Tridinensis* etc. Viene terzo *Ioannes de Cereto de Tridino de Monteferrato* distinto col nome di *Taccuino*, che compare fra gli stampatori di Venezia nell'anno 1492. Anche Taccuino nel 1517 metteva avanti alla sua firma l'indicazione '*In Aedibus Ioannis de cereto etc.*'. Troviamo quarto in ordine cronologico *Girardus de Zeis de Tridino in Monteferrato*, che stampava nel 1599 in Pavia in compagnia di Giovanni di Lignano. Meno conosciuto è il quinto *Vincentius de Ferrariis de Portonariis ex Tridino* che portossi ad esercitare

Vita e opere di Galeotto Del Carretto

Non esiste nessun documento comprovante la data esatta di nascita di Galeotto[10]: si suppone tra il 1455 e il 1462. Egli prestò la sua opera in diverse cariche di stato fino all'anno 1531, epoca della sua morte, prendendo parte a tutte le vicende politiche del Monferrato sotto numerosi Principi. Volendone narrare la biografia, si è perciò costretti a fare una storia del Monferrato di quel secolo, la sua storia particolare e quella del Monferrato essendo così strettamente intrecciate da non poter separare gli avvenimenti dell'una dall'altra. Inoltre, per approfondire la biografia di Galeotto, sono utili le sue due cronache, in prosa e in ottava rima.

Nel 1483 a Guglielmo VIII successe Bonifacio IV, che nel 1485 sposò Maria di Servia, figliuola del Despota Stefano. Tale unione risolse problemi gravi di successione, perché nel 1486 e nel 1488 la sposa dette alla luce due figli maschi, Giovanni Guglielmo e Giovanni Giorgio, per la cui nascita il nostro Galeotto scrisse i seguenti versi:

E come l'uman seme, il qual periva
   D'Adamo et Eva pel commesso errore,
Fuo per Maria del Cel prima diva
Salvato generando el Salvatore,
   Non manco questa stirpe, ch'or finiva
Restando senza erede e successore,

---

l'arte tipografica a Lione e poi a Barcellona, e lasciò in caduna di queste città un suo figliuolo a continuare a stampare. Sebbene sia sesto *Giovanni de' Ferrari de Gioliti* da Trino Monferrato a stampare in Venezia circa l'anno 1530, tuttavia per merito dovrebbe essere classificato per primo, perché egli e suo figlio Gabriele portarono la loro arte a tale perfezione da non avere competitori se non i famosi Aldi".

[10] Per la data di nascita di Galeotto mostra molte incertezze G. Turba, "Galeotto del Carretto tra Casale e Monferrato," in *Rinascimento*, II (1971), p. 95.

Manacorda, *Galeotto Del Carretto*, p. 62, stabilisce un termine *ante quem* fin al 1455. Giorcelli nella sua *Cronaca* si attiene al 1462 (p. 46).

> E' restaurata per questa Maria
> Ch'ogni or ne scioglie de melanconia.
>
> E come questa pianta, già mancata
> Poi de Ioanni lo funereo rogo,
> La Dio mercede ancor fuo restaurata
> Del sangue augusto real Paleologo,
> Così di nuovo al fin quasi arrivata,
> E d'altri premi quasi sotto el giogo,
> Di nuovo è salva per questa Marchesa
> Da inclita stirpe imperial descesa[11].

Nel 1487 il vecchio Marchese incaricò il nostro autore di comporre in poesia la Storia del Monferrato. Il Del Carretto accettò con gioia l'onorifico incarico, che portò a termine nel 1493, e che presentò ufficialmente al Marchese il giorno 15 agosto. Per comporre la cronaca in versi Galeotto dovette compilarne prima una in prosa e si era proposto di fermarsi nel punto dove quella finiva, cioè all'anno 1493, ma, poi, per invito del Marchese Guglielmo IX la continuò per tutta la sua vita (fino al 1530) narrando dettagliatamente quelle vicende del Monferrato a cui aveva preso parte.

Sotto il Marchese Bonifacio Galeotto fu eletto Scalco, Cameriere Marchionale e oratore alle corti d'Italia. Durante le sue legazioni a Milano seppe acquistarsi la benevolenza e il favore di Ludovico il Moro a cui dedicò un *Capitulo*:

> La piena d'occhi, alata, e vigil fama,
> Che col suo volo aquista ognor più forza,
> E cose occulte publicar sempre ama.
> Fatto ha palese del figliol de Sforza
> El chiaro nome, il qual come un Piropo
> D'ogni altro prence el gran splendor amorza.
> Dico di quello, il qual ogi Etiopo

---

[11] Giorcelli, *Cronaca*, p. 218.

Al mondo noi chiamiamo pur cognome,
Di cui Milano già gran tempo ebe opo.
. . . .
E sopra tutti deve esser contento,
Essendo Francia, e Alemania, e Roma
Propizie a lui, qual sempre in poppa ha 'l vento.
Questo è colui che sopra la sua chioma
De tutta Italia è degno aver corona,
Qual piacia a Dio, che per lui se dona.
. . . .
De tutta Italia i nodi sliga e solve,
E di pensiero la fa piena e priva,
La queta e turba, la condanna e assolve.
Ne la sua dextra tien la verde oliva,
In l'altra el ferro, e ogni patria el cole
Tanta è sua possa immensa et excessiva[12].
. . . .

Galeotto dedicò un sonetto anche al celebre letterato Gaspare Visconti di Milano che viveva alla corte del Moro. Lo si riporta per intero:

Pacienzia sempre alberga in cuor gentile,
Prudenzia fa el suo nido in uom secreto;
L'accomodarsi a' tempi e viver lieto
De la sua sorte, è virtuoso stile.
Saggio è colui e vie più che virile
Che ben si regie col suo mal pianeto,
Però 'l tuo Mor, qual sempre fo discreto,
Inspecto ha 'l cuor de un suo servo umile.
Il qual s'è eletto tal suo arcan collegio,
Ha facto come il fabro in cui sta ingegno
qual pria che l'opri l'or prova al cemento.
Godi, Gasparro, che salir ti vegio

---

[12] *Ibid.*, p. 52.

Per tue virtù a grado assai più degno
Ch'al cribo più bel fassi il buon frumento[13].

Nell'anno 1492 in occasione dell'elezione del Pontefice Alessandro VI, il Del Carretto compose un'egloga ad *honor et laude* del novello Papa. La si riporta parzialmente (Corido e Uranio a colloquio):

CORIDO–Ite secure e più non siate pavide,
O sparse errante e pria mal recte pecore,
Che uscir deman de lupi già fuoste avide.
Più non avete chi vi stracci el gecore,
E suga el sangue cum oribel scempio,
Facendo al reger sacro onta e dedecore.
Non gustarete più quel cibo sempio
Che già gustasti, ma bone erbe e sapide,
Sol pel pastor qual ogi è assompto al tempio[14].

Nell'anno 1494 morì il Marchese Bonifacio IV e tra i membri del Consiglio di Reggenza, di cui faceva parte la vedova Maria, venne compreso anche Galeotto Del Carretto. Sempre in quell'anno il nostro poeta fu inviato come ambasciatore a Mantova[15] dalla Marchesa Maria, forse per notificare

---

[13] R. Renier, "Saggio di rime di Galeotto del Carretto," in *Giornale Storico della Letteratura Italiana*, 6 (1885), p. 248.
[14] Giorcelli, *Cronaca*, p. 50.
[15] Da questi viaggi a Mantova comincia il rapporto epistolare tra Galeotto Del Carretto e la Marchesa Isabella d'Este Gonzaga. Nel loro carteggio c'era uno scambio continuo di composizioni poetiche commissionate da parte della Marchesa e inviate diligentemente dal nostro poeta. Galeotto non era soltanto uno storico o un drammaturgo, ma anche un delicato poeta le cui liriche venivano spesso musicate dal Tromboncino e dal Cara, maestri di Cappella della corte dei Gonzaga. Desidero riportare per intero un sonetto appassionato del nostro autore per dimostrare proprio la proteiforme versatilità di Galeotto. Il testo è tratto da Renier, *Saggio di rime di Galeotto del Carretto*, p. 245:

Se m'ami, a che più stai da me lontana?
Se star voi pur lontana, a che più m'ami?
Se più non m'ami, a che m'inviti e chiami?
Se tu mi chiami, a che sei ver me strana?

a quella corte, in modo ufficiale, la morte del Marchese e la sua assunzione a reggente. Il viaggio alla corte dei Gonzaga risulta da una lettera del nostro[16]. Da quella visita cominciò tra Galeotto e Isabella d'Este quel rapporto di cordiale e vera amicizia che durò tutta una vita. Galeotto scrisse in una lettera che la città di Mantova era un Parnaso, un'accademia[17]. Müntz descrisse Isabella d'Este come una persona avente per le arti un gusto più raffinato e superiore a Lorenzo il Magnifico. Per la musica, poi, la Marchesa aveva tanta passione da coltivarla da se stessa con il suono e il canto: sceglieva per sua "impresa" le note musicali dorate in campo azzurro[18].

Sempre nello stesso anno Carlo VIII, re di Francia, scese

Se tu sei donna e sei di carne umana,
A che recusi aver quel che più brami?
Cogli el bel frutto da' toi verdi rami
Ché perder tempo è stil di donna insana.
Tu sei nel laberinto e io in pregione;
Ischia ti tene, et io sto in Mongibello,
Tu voglia hai di tornar et io d'averti.
E donque qual tua ambigua opinione
Ti tarda a non tornar, poi che son quello
Che di ragione degio possederti?
Ché Dio non vuol tenerti
Per non far torto a cui tu sei promessa,
Ch'a tor quel d'altri è furto e iniuria expressa.

[16] Turba, *Galeotto Del Carretto tra Casale e Monferrato*, pp. 97–98: "GALEOTTO DEL CARRETTO A FRANCESCO GONZAGA *Ill.mo principi et ex.mo domino domino Francisco de Gonzaga Marchioni Mantue domino Colen.mo, etc.* Illmo et es.mo S(ignore) mio colen.mo. Essendo io venuto a li dì passati da la Ec.tia V. per parte de la Ill.ma Madama nostra marchesana, intesi da Guidon vostro come quella desiderava et cerchava haver alchuni levreri grossi; unde, per l'affectionata fede et amor quale gli porto, et per esserli obligato et schiavo, per la humanità et demostratione a me usata a Gonzaga et a Mantua, mi sono dato faticha de cerchar questi tri cani".
[17] *Ibid.*, p. 110:"*(Lettera di Galeotto a Isabella Gonzaga.* L'annotazione in corsivo è mia) [Cete] rum per non manchar de la mia vechia usanza, mando a la Ex.tia V. certe cose mie quantunque rozze et sciocche, et per la grande et affectionata fede che gli porto, io ho presumpto de mandarle, anchora che quella habia tutta la Achademia di Parnaso in quella inclita cità di Mantua".
[18] E. Müntz, *L'età d'oro del Rinascimento*(Milano: Tip, del "Corriere della Sera", 1894), p. 229; e S. Davari, *Archivio Storico Lombardo*. 1895, fasc. IV, p. 435.

in Italia per conquistare il Regno di Napoli. Nel 1495 morì la Marchesa Maria e Galeotto, sensibile come sempre agli avvenimenti del Marchesato, scrisse le seguenti terzine:

> L'ora ch'accese l'alma al bel soggiorno
> Fuo cerca al vespro, el mese fu d'agosto
> Ai vinti sette, se non fallo el giorno.
> . . . .
> Dal dì che l'inocente alba colomba,
> Anzi santa alma, dal bel corpo uscio
> Di quella ch'ora giace in scura tomba,
> In sino ad agi in tal pensier son io,
> E tanto rapto in spirto e fuor di mente,
> Che mille volte al dì me stesso oblio.
> Però che 'l caso suo così dolente,
> Che muovere a pietate ben dovrebbe
> I morti, non che sol ciascun vivente.
> . . . .[19]

Nello stesso anno Galeotto si recò per la seconda volta a Mantova in legazione per parte del Sig. Costantino Arniti, tutore e governatore del Monferrato. Da quell'anno incominciò e si mantenne un lungo e frequente carteggio fra la Marchesa Isabella di Mantova e Galeotto: quasi tutte le loro lettere a noi pervenute accennano a poesie del Del Carretto mandate e ricevute. Spesso le composizioni delcarrettiane erano frottole inviate perché le musicasse il Tromboncino, maestro di Cappella della corte mantovana. Quest'abbondanza di poesia ci dà l'idea della fecondità della musa di Galeotto. A partire da quell'anno pare che il Del Carretto facesse una visita annuale a Mantova.

Tra le notizie degne di nota tratte dal carteggio Galeotto-Isabella si annoverano le seguenti: 1) in data 2 gennaio 1498

---

[19] Giorcelli, *Cronaca*, pp. 56–57.

Galeotto accennò ad una commedia composta per Beatrice d'Este, moglie del Moro[20]. Che composizione dovrebbe essere? Non se ne hanno notizie. 2) Da una lettera del 13 marzo 1499 risulta che Galeotto si trovava in buone relazioni con Antonio Tebaldeo di Ferrara, soldato, poeta e musico molto ben visto alla corte di Mantova[21]. 3) Il 21 novembre di quel-

---

[20] Turba, *Galeotto Del Carretto tra Casale e Mantova*, p. 108: "(*Lettera di Galeotto inviata a Isabella Gonzaga*. L'annotazione in corsivo è mia) Et per non declinare del mio costume comincio cum la S(ignoria) V. gli mando due barzelette et uno strambotto. Gli mando etiam la comedia de Timon composita per me et tradutta de greco et latino in rima. Se havesse havuto tempo glie ne haveria mandata una altra mia intitulata già a la Ill.ma quondam Madama vostra sorella, ma non l'ho possuto far transcrivere; una altra volta io gliela mandarò".
[21] *Ibid.*, p. 113:"(*Lettera di Galeotto a Isabella Gonzaga*. L'annotazione in corsivo è mia) Ill.ma et ex.ma Signora mia colen.ma, Ritrovandosi questi dì passati qua el nostro meser Anthonio Tibaldeo gli dissi de dargli una mia belzeretta in dialogo quale, non possendo dare a la partita sua, promissi de mandargliela a Milano o vero mandarla a la Ex.tia V. ritrovando messo che in quelle parti venesse: In quella stessa lettera Galeotto accennò ad una barzelletta in dialogo che dovrebbe essere la seguente:

    Poi ch'amor con dritta fè
    Non se può più ritrovare,
    El bisogna simulare
    Chi regnar al mondo de'.
    Ogi al dì ciascuno in vista
    E' piacente e mansueto,
    Se ben ha sua voglia trista
    La tien chiusa nel secreto,
    Quel mi par che sia discreto
    Che sa cianze torre e dare.
    El bisogna simulare
    Chi regnar al mondo de'.
RISPOSTA–Le tua cianze cha sai dare
    Dalle ad altri e non a me,
    Se sai vendere, io so comprare,
    E so l'arte come te.
    El mestier, ch'adopri, è vano.
    E mai non me gabaria,
    Che ingannar un Zarratano,
    Spolletin convien che sia,
    Quando andavi,io ne venia
    Da la scola d'imparare.
    Se sai vendere, io so comprare
    e so l'arte come te.

l'anno la Marchesa Isabella fa richiesta di una commedia di Galeotto[22]. Quale?[23]

Nel 1499 i francesi s'impadronirono di tutto il ducato di Milano e s'inserirono in modo favorevole nella politica estera del Monferrato poiché protessero l'erede, il Marchese Guglielmo.

Nel 1500 nacque quel Federico, figlio d'Isabella d'Este, che ebbe un ruolo fondamentale nella storia del Monferrato.

Nell'ultimo scorcio di quell'anno Ludovico, Marchese di Saluzzo, turbò la quiete del Monferrato, tentando d'impadronirsi di quel Marchesato. Tramite l'aiuto francese il Monferrato riuscì a liberarsi da quella intrusione, ma rimase pesantemente indebitato[24]. Galeotto prese parte attiva in tutte

> Più regnar el ver non può
> Chè dal finger vien sommerso,
> Chi non sa far di un sì un no,
> Va mendico, errante, e sperso,
> E se vole andare a verso
> Chi con tutti vol ben stare
> El bisogna simulare
> Chi regnar al mondo de'.
> RISPOSTA–Ogni febre sempr'al polsó,
> Ben ch'ascosa, alfin se scopre,
> El Cuzon ch'a 'l caval bolso,
> Se cun arte il suo mal copre,
> A la toscie, a fianchi, a l'opra
> El deffecto tosto appare.
> Se sai vendere, io so comprare
> E so l'arte come te.

La barzelletta è riportata da Giorcelli, *Cronaca*, pp. 61–62.
[22] *Ibid.*, p. 118: "(*Lettera di Isabella Gonzaga a Galeotto*. L'annotazione in corsivo è mia) Se ne havesti etiam mandato la comedia per voi composta, ne seria similmente piaciuta".
[23] Gli interrogativi che vengono posti ai punti 1 e 3 non sono ancora stati risolti dalla critica. Si ritiene che tali problemi dovrebbero essere approfonditi allo scopo di far luce maggiormente sulle attività teatrali delle corti, sia di Mantova sia di Milano.
[24] Giorcelli, *Cronaca*, p. 75: "Quando si seppe in Casale che Ludovico era partito e si vide cessato il pericolo di qualche sua sorpresa vennero licenziate le milizie paesane e ritornò la quiete in città e fuori. In quell'inverno però si dovette dare l'alloggio e il vitto a 300 lance francesi".

queste vicissitudini politiche di carattere intestino. Per questo motivo il Marchese di Saluzzo, adirato per non essere riuscito nel suo intento, valendosi del favore che godeva in corte del Re Ludovico XII di Francia, calunniò presso quel monarca parecchi consiglieri monferrini fra cui Galeotto, facendoli credere ostili al Re di Francia. Il Re Ludovico esiliò perciò i suoi presunti nemici e Galeotto e Alberto Del Carretto furono inviati non si sa in quale città fuori del Monferrato (forse Ferrara?)[25].
Nel suo ozio forzato Galeotto compose una tragedia, forse la prima composta in lingua italiana. Se ne ha notizia da una lettera del 22 marzo del 1502 alla Marchesa Isabella[26]. Sempre da una lettera a Isabella[27] sappiamo che nel 1503 Galeotto ritornò alla corte del Monferrato. Da quell'anno i viaggi del nostro poeta si annoverano numerosi. Nel 1504 è in Francia, perché da quello stato scrisse una lettera alla Mar-

---

[25] Si pensa a Ferrara come località dell'esilio di Galeotto Del Carretto per molte ragioni: prima di tutto il nostro poeta era devoto a Isabella Gonzaga che era una estense. Secondariamente il Vinay nel suo saggio *L'Umanesimo subalpino nel secolo XV*, a p. 123 dice testualmente: " Galeotto, prima di respirare l'aria di Ferrara e di Mantova, ha letto i libri della biblioteca del suo signore e si è fatto al gusto dei cavalieri e delle dame che gli facevano corona". Evidentemente il Vinay accenna ad un lungo soggiorno di Galeotto a Ferrara. Ma soprattutto significativo è il fatto che il nome del poeta monferrino viene citato da G. Bertoni nel suo famoso libro *La Biblioteca Estense e la cultura ferrarese* (Torino, 1903), p. 91: "E qui mi è caro di far noto agli studiosi che il canzoniere spagnolo estense, celebre, tra l'altro, per contenere la firma del gentile poeta Galeotto del Carretto, fu portato a Ferrara dalla Borgia".
[26] Si allude alla lettera che accompagna la tragedia *La Sophonisba* di G. Del Carretto (Vinegia: G. Giolito de Ferrari, MLXLVI), pp. 5–6.
[27] Turba, *Galeotto Del Carretto tra Casale e Mantova*, p. 129: "(*Lettera di Galeotto a Isabella*. L'annotazione in corsivo è mia) Hora, accadendo al presente messo venir in quelle parti, a doi effetti gli ho voluto scrivere questa: primo per demostrarli che non mancho de esserli devotissimo servo, poi per farli intendere che è piaciuto a Ill.mo S(ignor) marchese nostro di Monferrato revocarmi da la relegatione et reintegrarmi nel offitio mio pristino del magistro de casa, come collui che ha inspecto et ben compreso la mia fede et innocentia, et questo esser causato più da invidia de qualche emulo, i quali sono stati cum loro opere false conosciuti".

chesa di Mantova[28]; nel 1506 si trova a Firenze per soddisfare un voto fatto durante una sua malattia[29]; nel 1508 è a Lione, parte dell'illustre comitiva che andava ad incontrare gli sposi Guglielmo del Monferrato e Anna d'Alençon nipote del Re di Francia[30].

Nel 1509 la Marchesa del Monferrato diede alla luce la sua seconda figlia, quella Margherita Paleologa che ventisei anni dopo, nel 1536, fu dichiarata erede del Monferrato dall'imperatore Carlo V e portò in dote il glorioso Marchesato a suo marito Federico Gonzaga Duca di Mantova.

Galeotto Del Carretto continuava intanto a distinguersi come "poeta-professionista": non solo Isabella d'Este lo incaricò di comporre poesie, ma anche il Marchese Francesco Gonzaga lo invitò a scrivere un componimento poetico: *de la morte di meser Hieronimo Nicrisolo, et del despiacer che ha patito e pate del suo miserabile caso*[31]. A questi il Del Carretto mandò una lettera da Trino insieme ad un *Capitulo* in dialogo, allo stesso tempo pregandolo di inviare qualche nuovo canto del maestro Marchetto Cara, succeduto al Tromboncino.

Non abbiamo nessuna testimonianza di lettere scambiate

---

[28] *Ibid.*, p. 131: "*(Lettera di Galeotto a Isabella.* L'annotazione in corsivo è mia) Essendo io in Francia cum lo S(ignor) Marchese nostro scrissi a la Ex.tia V.una mia per la via del orator suo, et gli mandai certe mie rime".
[29] *Ibid.*, p. 135: "*(Lettera di Galeotto a Isabella.* L'annotazione in corsivo è mia) Asai me increbbe che a quaresma passata, andando io al voto mio de l'Anuntiata di Firenze, non trovasse la Ex.tia V., et che arivassi a quella inclita città de doi giorni dopo che quella se partete per Pisa".
[30] G. Del Carretto, *Cronica di Monferrato.* ed. G. Avogadro, Torino, 1848 (*Historiae Patriae Monumenta, Scriptores*, III, coll. 1305–1350), col. 1263: ". . . cum molti Gentilhuomini et Gentildonne n'andassemo a Lione, dove arrivassemo il giorno prima ch'el Signore et Madama nostra giungessero".
[31] Turba, *Galeotto Del Carretto tra Casale e Mantova*, p. 145: "(*Lettera di Galeotto a Francesco Gonzaga.* L'annotazione in corsivo è mia) . . . la Ex.tia V. harebbe a caro ch'io facesse qualche compositione de la morte de meser Hieronymo Nicrisolo, et del despiacer che ne ha patito e pate del suo miserabil caso, al che non ho voluto esser renitente, quantunque sia certo esserli in quella sua inclita città molti degni compositori et saper col vero ch'io mando del'acqua al Mentio, et così mi è occorso in mente uno capitulo in dialogo de uno che parla cum un spirto, qual mando cum qualche erubescentia".

tra il nostro poeta e la Marchesa di Mantova negli anni 1514 e 1515. Forse i rapporti fra le corti di Casale e di Mantova dovevano essere rotti per ragioni di politica, la prima essendo favorevole alla Francia e la seconda alla Spagna.

Nel 1516 la Marchesa Anna si recò in Francia a rivedere ed abbracciare la sua famiglia e Galeotto fu tra i gentiluomini monferrini al seguito. Nello stesso anno il Marchese Guglielmo andò a Mantova[32], dove probabilmente durante il suo soggiorno alla corte l'astuta Isabella ne esplorò l'animo ed espose il disegno di unire in matrimonio il suo sedicenne Federico con la figliuola di lui, Maria, di nove anni. Queste trattative continuarono nel 1517, l'unica difficoltà consistendo nell'approvazione del Re di Francia Francesco I, che infine aderì al disegno matrimoniale. Appena giunse a Mantova la notizia della regia approvazione, i Gonzaga considerarono il matrimonio come cosa fatta e Galeotto Del Carretto, che da una parte era stato uno dei primari consiglieri dei Paleologi e dall'altra era amico devoto dei Gonzaga, fu lo strumento principale delle preparazioni[33]. La cerimonia religiosa si concluse

---

[32] Ibid., p. 147:"(Lettera di Galeotto a Isabella. L'annotazione in corsivo è mia) Dolmi asai che non sia possuto venire a Mantua col Ill.mo S(ignor) nostro, secondo el mio costume ne li altri soi viagij che ha fatti".
[33] Ibid., pp. 148–149. Si citano le due lettere di Galeotto scritte il 27 febbraio a Francesco e Isabella Gonzaga.
"(A Francesco) Ill. me Princeps et ex.me domine domine observan.me. Poiché è piaciuto al summo Idio, il qual cum gran prudentia governa el tutto, d'haver inspirata la Ex.tia V. et lo Ill.mo S(ignor) Marchese nostro prima, poi el christianissimo Re cum tutti li Ill.mi Signori del sangue regale et altri Signori francesi, de consentire a questo honestissimo et felice matrimonio de Ill.mo S(ignor) Federico suo primogenito cum la Ill.ma Madamisella Maria primogenita del S(ignor) nostro, mi è parso far parte del debito mio de visitar per hora la Ex.tia V. cum questa mia per l'antiqua mia fede e servitù verso quella et de casa sua Ill.ma, et per [e]sser io tanti anni sono a la servitù del nostro Ill.mo S(ignor) Marchese, et per haver in parte alevata questa Ill.ma Madamisella cum lo Ill.mo S(ignor) Conte suo fratello, de congratularmi cum la Ex.tia V. de questo modo coniugale desideratissimo et demostrare la immensa letitia [e] gran contentezza havuta da me in questi ultimi mei anni...".
"(A Isabella) Cum quella debita e vera affectione d'animo che se ricerca in uno

nello stesso anno, ma gli sposi rimasero temporaneamente ognuno nella propria corte, a causa della giovane età della sposa.

L'anno 1519 fu memorabile per il mondo ed, in modo speciale per l'Italia: fu eletto Imperatore il Re Carlo di Spagna, che, negli anni successivi, mutò l'ordinamento politico d'Italia, rendendola schiava. A partire dal 1521, per la trascuratezza del marchese Federico verso i Paleologi, e per le tristi condizioni nelle quali versava l'infelice Monferrato, devastato dalle continue guerre, le relazioni tra le corti di Mantova e Casale si rallentarono e divennero meno cordiali e confidenziali.

Con l'anno 1524 la principessa Maria di Monferrato raggiungeva l'età di quindici anni e, secondo il patto nuziale del 1517, il Marchese Federico avrebbe dovuto andare a Casale a prendere la sua sposa per condurla a Mantova, ma ciò non avvenne. Siccome il Monferrato versava in condizioni tristissime perché quasi distrutto dai soldati di Carlo V, la Marchesa Anna non fece alcuna istanza allo "smemorato" genero. Il motivo della trascuratezza era però un altro: il Gonzaga era innamoratissimo di una donna, la Boschetto, e questa si serviva di tutto il suo ascendente per staccare Federico dalla corte di Casale. La Marchesa Isabella, madre del Gonzaga, sdegnata per il comportamento del figlio, abbandonò Mantova alla fine di febbraio 1525 e si stabilì a Roma, dove si trattenne fino a dopo il terribile sacco degli imperiali guidati dal Duca di Borbone (6 maggio 1527).

Nel 1528 Alessandro Gabloneta, arcidiacono della Cattedrale di Mantova, pronunciò sentenza di annullamento del matrimonio tra Federico e Maria, per avere partecipato le due

---

fidel servo verso una singularissima Signora, son constretto cum questa mia congratularme cum la Ex.tia V. de la bona nova havuta del felicissimo matrimonio che ha da seguire tra li Ill.mi S(ignori) Federico, suo primogenito figliolo, cum Madamisella Maria, primogenita del Ill.mo S(ignor) nostro, cum fargli chiara demostratione de la consolatione e letitia da me havute. . .".

principesse Paleologhe in una congiura ordita per avvelenare Isabella Boschetto. La sentenza fu confermata dal Papa con un breve. Nel frattempo il carteggio tra il Del Carretto e la Marchesa Isabella, rifugiatasi a Ferrara, continuava, nessuno dei due accennando agli eventi. L'amicizia[34] e il massimo rispetto reciproco si mantenevano intatti fra i due. Dopo la pace di Cambrai, il 6 agosto 1529, Carlo V discese in Italia a visitare i suoi possedimenti. Per ottenerne le grazie i principi italiani andarono a prestargli omaggio in varie città. Il Marchese Bonifacio si recò a Piacenza e a Bologna. Durante il soggiorno in quest'ultima città Galeotto, al seguito, ebbe la possibilità di incontrare molte volte la Marchesa Isabella[35], sua ispiratrice.

Nel febbraio 1531 Galeotto finiva la sua vita terrena e veniva sepolto nella tomba di famiglia, in quella chiesa di S. Francesco, dove riposavano i Marchesi Paleologi da lui stesso amorevolmente serviti a cui egli aveva dato lustro con i suoi scritti[36].

---

[34]*Ibid.*, pp. 168–169. Si vedano le lettere datate primo ottobre 1527 e 20 maggio 1528.

[35]*Ibid.*, p. 169. Le espressioni di affettuosa devozione che Galeotto rivolgeva a Isabella Gonzaga erano moltissime e diverse. Se ne sceglie una come esempio dall'ultima lettera citata dal Turba: "A me non conviene tante volte ricordargli l'osservante servitù che gli tengo, che hormai ne diè haver la carta di la certezza in seno. Solo mi resta a dire che grandissimo desiderio è il mio di viver tanto che una volta possa haver occasione et tempo di puoter venir a veder la Ex.tia V. et fargli la debita et desiderata riverenza, che poi, morendo, e morir non mi fia grave".

[36] Come per la data di nascita anche per quella di morte si verificano molte discordanze. Per T. Vallauri, *Storia della poesia in Piemonte* (Torino, 1941), p. 75, Galeotto morì nel 1527. Manacorda nel suo *Galeotto Del Carretto*, a p. 70 si mostra indeciso tra il 1530 e il 1531; Giorcelli nella sua *Cronaca* a p. 120 afferma con sicurezza la data del 1531 riportando testualmente il fatto seguente: "Egli aveva fatto testamento nell'anno 1527, ed aggiunto un codicillo nel 1530; quindi alli 13 gennaio del successivo 1531 con instromento rogato ad Antonio De Ferraris, notaio publico di Casale, donava ai Padri Minori Conventuali di S. Francesco della stessa città la somma di 100 scudi d'oro del sole da impiegarsi in acquisto di terreni coltivati, coll'obbligo di una messa per ogni settimana letta all'altare della Immacolata per l'anima sua. Risulta dai Registri di detto convento che quei Padri con tale somma comperarono otto moggia di terra sopra le fini di Conzano, nella regione detta Prato Gorio".

Li sei contenti di Galeotto Del Carretto

Premessa

Li sei contenti di Galeotto Del Carretto è una commedia da ricuperare. Stampata a Casale Monferrato nel 1542 da Giovanni Antonio Guidone, l'unico esemplare si trova alla Biblioteca dell'Archiginnasio di Bologna. Lo stampatore, Guidone, è tanto misterioso quanto parco di opere edite[1]. Non meno oscura ed enigmatica appare la stessa figura di Galeotto Del (o Dal) Carretto, di cui una biografia completa non è mai

---

[1] Le uniche notizie accurate, benché scarse, su Gioan Antonio Guidone si trovano ne *Le cinquecentine piemontesi* a cura di M. Bersano Begey e G. Dondi (Torino, 1966) a p. 365. Vi si legge:" Gioan Antonio Guidone operò in Casale dal 1541 al 1543. Poco sappiamo di questo tipografo che era ferrarese e nobile come appare dalla sottoscrizione del Silvano n. 1010. Il Valerani lo dice venuto da Venezia verso il 1540, perché legge in una lettera del Franco a Lodovico Domenichi, aggiunta al *Dialogo delle bellezze* queste parole:'Tornando di Vinegia il Guidone impressoro". Evidentemente dopo questo lavoro il Guidone deve aver fatto un viaggio a Venezia, forse anche per assolvere qualche incarico del Franco, come si potrebbe opinare da certe espressioni della precitata lettera. Poche opere ci rimangono uscite dai suoi torchi: la stampa è caratterizzata da scarsi ornamenti, da molte abbreviazioni e da non infrequenti errori".
A. p. 390 de *Le cinquecentine piemontesi* si trovano citate cinque opere edite dal Guidone: 1) Franco, Niccolo. *Sonetti, Priapea*. Torino, 1541 [Casale, G.A. Guidone]. 2) Del Carretto, Galeotto. *Li sei contenti*. Per Gioan Antonio Guidone. 1542. 3) Franco, Niccolo. *Dialogo dove si ragiona della Bellezze*. Ne le stampe di Gioanantonio Guidone. 1542. 4) Bottazzo, Giovan Giacomo. *In*

stata scritta, e la cui produzione letteraria mostra interessi così svariati e slegati tra loro[2] da suscitare dubbi nel lettore critico.

Del Carretto appartiene al Monferrato, regione per lo più rimasta staccata dal rimanente della penisola perché di cultura francese, tuttavia i rapporti del nostro autore con le corti di Milano, Ferrara e soprattutto Mantova[3] rompono questo

---

Archidiaconi casalensis interfectores oratio. Exdudebat Io. Ant. Guido. 1543. 5) Silvano, Lorenzo. *Repetitio. L. rem alienam* ff. de pign: act: Apud Io. Anto Guidon. 1543.
Più ampie delucidazioni sul Silvano si hanno nell'articolo di F. Valerani, "I primordi della stampa in Casale e i tipografi casalesi," in *Rivista di storia, arte, archeologia della provincia di Alessandria*, 23 (1914), pp. 182–183. Vi si apprende l'esatto titolo dell'opera del Silvano ed altre annotazioni: *Repetitio L. rem alienam ff. de pign. act. clarissimi iuris consulti D. Laurentii Sylvani Patricii Casalensis ex Monteferrato, in alma Ferrariensi Academia iuris civilis a vesperis ordinarii interpretis. Ad reverendis Antistitem Casalensem D.D. Bernardinum Castellarium, Bononia Guber. meritissimum.* – Casali S. Evasii, Apud Jo. Antonium Guidonem MDXLIII. [In folio, pag. 50 non num.].–Explicit:*Ex quibus impositus finis huic legi sit cum laude Dei Opt. Max. ac Mariae Virginis necnon Divorum Evasii et Stephani Dominorum meorum*.–Finis.–In Civitate Casalis Montisferrati, apud Jo. Anto. Guidonem Nobilem Ferrariensem. MDXXXXIII Mense Octobris".
"Questo Lorenzo Silvano, patrizio casalese, celebre avvocato patrocinante, è ricordato con lode nel Catalogo del Morano. Professò allo studio di Ferrara, poi fu presidente del Senato di Casale, e pubblicò parecchie opere legali stampate a Lione e a Venezia dai Giolitti.–Dall'*explicit* di questo libro si apprende che Giovanni Antonio Guidone era nobile e nativo di Ferrara".
Guidone viene citato, in sintesi, come proveniente da Venezia da F. Ascarella, *La tipografia cinquecentina* (Firenze, 1953), p. 108.
[2] Galeotto Del Carretto ha scritto la *Cronica del Monferrato* in prosa ed in ottava rima. Per l'aspetto storico si veda l'articolo di E. Fumagalli, "La 'Cronica del Monferrato' di Galeotto Del Carretto," in *Aevum*, 52 (1978), pp. 391–425. Per la parte drammatica e lirica lo studio più ampio rimane ancora G. Manacorda, "Galeotto Del Carretto poeta lirico e drammatico monferrino," in *Memorie della R. Accademia delle scienze di Torino*, Sez. 2, 49 (1900), pp. 1–117. Per l'epistolario si veda l'articolo di G. Turba, "Galeotto Del Carretto tra Casale e Mantova," in *Rinascimento*, II (1971), pp. 95–169. Anche la prefazione di G. Avogadro alla *Cronica del Monferrato* contiene notizie interessanti sulle opere edite ed inedite di G. Del Carretto. A tal proposito si veda *Historiae Patriae Monumenta, Scriptores*, III, col. 1081. Per una completa bibliografia della opere delcarrettiane si consulti anche S. Bongi, *Annali di Gabriel Giolito de' Ferrari* (Roma, 1890), pp. 127–130.
[3] Per i rapporti con le corti di Milano si confronti Turba in *Rinascimento*, pp. 112–113. In genere tutta la corrispondenza compresa nell'articolo si riferisce alla relazione tra il Del Carretto e la corte di Mantova. Per quanto riguarda

isolazionismo letterario. Probabilmente la parabola della produzione in volgare delcarrettiana rientra nell'evoluzione artistica e poetica dell'Italia settentrionale, legata alla committenza del movimento culturale fiorentino impresso da Lorenzo de' Medici, e, forse, in rapporto di dipendenza con esso: ma anche questo è ancora un problema non definitivamente risolto.

La commedia *Li sei contenti* non ebbe fortuna critica: la stampa, apparsa postuma in un periodo di controriforma, è legata alle vicende letterarie di Nicolò Franco ed alla sua parabola tragica, perciò soffocata sul nascere in termini di diffusione, e destinata all'oblio. L'edizione de *Li sei contenti* presenta una lettera introduttiva di Nicolò Franco, quella stessa lettera che si trova in fondo alla parte seconda del suo *Dialogo . . . dove si ragiona della Bellezze*, in cui si sancisce la canonizzazione delle opere di G. Del Carretto[4].

Perché il Franco curò le edizioni di opere dello scrittore e poeta monferrino? Forse per ingraziarsi i signori di Casale che lo avevano accolto familiarmente[5], o, più probabilmente, per una certa similarità di vicende[6]. D'altronde l'opera del-

---

Ferrara non si deve dimenticare che Isabella di Mantova era una estense. Inoltre G. Del Carretto scrisse un *Timon greco* forse ad imitazione di quel *Timone* di Boiardo. Ma soprattutto significativo è il fatto che il nome del poeta monferrino viene citato da G. Bertoni nel suo famoso libro *La biblioteca Estense e la cultura ferrarese* (Torino, 1903), p. 91: "E qui mi è caro di far noto agli studiosi che il canzoniere spagnolo estense, celebre, tra l'altro, per contenere la firma del gentile poeta Galeotto Del Carretto, fu portato a Ferrara dalla Borgia".

[4] *Dialogo di M. Nicolo Franco dove si ragiona della Bellezze*. Alla fine della seconda parte del dialogo, nella lettera indirizzata "All'illustre. S. Alberto del Carretto. Nicolo Franco "vi si legge:". . . che la Comedia de i Sei contenti per le meraviglie che mostra, merta; che si canonizzi si che ciascun altro ne goda leggendola, come io n'ho goduto, il quale perciò ve ne resto con obbligo".

[5] Bongi, *Annali di Gabriel Giolito de' Ferrari*, p. 14.

[6] Il Del Carretto fu oggetto di invidie e patì accuse ingiuste e infondate da parte di altri cortigiani; dovette perfino recarsi in esilio per un determinato periodo di tempo. Per queste notizie si consulti Manacorda in *Memorie . . .* pp.

carrettiana è molto vicina alla commedia della metà del '500 per il gusto edonistico! In realtà non esisterebbero *Li sei contenti* senza l'intervento di Nicolò Franco. L'opera (o le opere se consideriamo anche la *Sofonisba*) di G. Del Carretto vive imperitura grazie allo scrittore beneventano che ne permette la pubblicazione; e lo stesso Franco, con tale decisione, si lega eternamente all'opera del primo. Tale simbiosi viene operata dalla stampa, che nel XVI secolo rivoluziona la cultura, imprimendo indirizzi specifici e particolari. Giovanni Antonio Guidone, stampatore della commedia, apparentemente sembra al servizio esclusivo del Franco, perché pubblica opere i cui autori sono amici del Beneventano[7], e si rende portatore di altri incarichi personali[8]. Il corridoio di comunicazione è tra Casale, Trino e Venezia, e vengono coinvolti nomi come

---

64–65. In una lettera di Galeotto a Isabella Gonzaga si menziona l'esilio. Si veda Turba in *Rinascimento*, p. 129.

[7] *Rime di Nicolò Franco contro Pietro Aretino* (Lanciano, 1916). Introduzione p. XV:". . . a Casale, dove fu accolto e ospitato da Sigismondo Fanzino (si parla ovviamente del Franco rifugiatosi nel Monferrato) governatore della città per il duca Ercole Gonzaga . . . e onorato da parecchi letterati. Furono costoro Gian Jacopo Bottazzo . . ." *Dialogo . . . dove si ragiona della Bellezze*, nell'ultima pagina, in una lettera indirizzata "Al S. Gioanmatteo Cardallone" il Franco cita il *Silvano* come una persona a cui deve gratitudine. Si legge esattamente:". . . che stimate qual che poco la mia ignoranza, non volendo il dovere che in quel conto da voi si tenga; in che si tiene la dottrina del. S. Lorenzo Silvano, al quale ho grande obbligo . . ." Il Bottazzo ed il Silvano sono i due autori le cui opere furono edite dal Guidone.

[8] Si confronti la nota 1 riguardo ai viaggi a Venezia dello stampatore Guidone. Per lo scopo di tali viaggi, inerenti alla polemica fra il Franco e l'Aretino, è utile una lettura dell'articolo di A. Luzio, "L'Aretino e il Franco," in *Giornale Storico della Letteratura Italiana*, 29 (1897), pp. 268–269. Si legge: ". . . [L'Aretino] e non osando affrontare personalmente il cardinale Ercole, egli si sfogó sul Governatore di Casale. Nella lettera a Sigismondo Fanzino (II, 252) ripete essere mendace la scusa che il libro del Franco fosse impresso a Torino o Vercelli: e dichiara di aver consegnato a Don Lope di Soria tanto le *rime* e la *Priapea*, quanto una 'opera' del Del Carretto, perché dal confronto de' tipi si giudichi esser entrambi i volumi usciti da una stessa officina". L'Aretino minacciava, infatti, di rivolgersi direttamente all'imperatore e al Papa, inviando la prova che negli stati retti dal Cardinale Gonzaga si tolleravano "libelli" tanto scandalosi. Si confronti anche il recente Paul Larivaille, *Pietro Aretino Fra Rinascimento e Manierismo* (Roma: Bulzoni, 1980)

Gabriele Giolito de' Ferrari, Gardane e Marcolini[9]. Da questo fervore di attività risulta fondamentale la funzione della stampa come strumento di polemiche e di propaganda il cui fine era di conciliare l'indirizzo intellettuale e letterario con l'interesse del pubblico[10]. In tale contesto *Li sei contenti* rappresentano il gusto drammatico e teatrale del tempo[11]: contaminazione fra schema plautino e spunti decameroniani. La lingua della commedia è sguaiata, intrisa di voci popolaresche, dialettali, e, come dice R. Barthes, rappresenta il *degré zéro* della scrittura, rifiuto stilistico che non corrisponde a "l'anticipation d'un état absolument homogène de la société"[12], ma significa piuttosto una radicale contrapposizione alla cultura ufficiale.

La licenziosità risiede nella forma e nel contenuto[13] della commedia. In tale senso *Li sei contenti* si armonizzano con il

---

[9] Per le buone relazioni intercorse tra il Franco, Gabriele Giolito de' Ferrari, il Gardane e Marcolini si consulti il volume primo di Bongi, *Annali di Gabriel Giolito de' Ferrari*, pp. XXIII, XXV, XLVI, LI, LV, 11, 12. Vi si apprende che G. Giolito de' Ferrari pubblicò *I Dialoghi piacevoli* e il *Petrarchista* del Franco e che fu a Casale nel 1541. Il Marcolini pubblicò il *Tempio d'amore* del Franco, e il Gardane stampò il *Dialogo . . . dove si ragiona delle Bellezze* secondo quanto si legge in J.C. Brunet, *Manuel du Libraire et de l'amateur de livres* (Paris, 1860), p. 1278. Per informazioni più accurate sulla famiglia Giolito de' Ferrari si rimanda al volume di C. Sincero, *Trino, i suoi tipografi e l'abbazia di Locedio* (Torino, 1897), pp. 178–199. Gabriele Giolito de' Ferrari si dice tenesse tre succursali della sua stamperia: a Napoli, Bologna e Ferrara (p. 183).
[10] P.F. Grendler, *Critics of the Italian World* (Madison, Milwaukee and London, 1969), pp. 3–7.
[11] Si pensi a *I contenti* del Parabosco, alla *Calandria* del Bibbiena ed alla *Cortigiana* dell'Aretino.
[12] R. Barthes, *Le degré zéro de l'écriture* (Paris, 1953), p. 125.
[13] Graziuolo, servo, è innamorato di Julia, sua padrona e, per mezzo di Brunetta riesce a soddisfare il suo desiderio, mentre il ragazzo Crocetto rivela la tresca a Mastallone, marito di Julia. Questi decide di non parlare tanto più che ama Cristina, ancella della moglie. Mastallone viene colto alla sprovvista dalla moglie sdegnata; astutamente finge di farsi castrare per placare le ire di Julia. Alla fine la moglie concede il perdono a Mastallone a patto che entrambi i coniugi possano godere liberamente le proprie evasioni sentimentali. Anche i servi Brunetta e Stoppino, che hanno contribuito alla fine felice della vicenda, ottengono di rendere pubblico il loro amore. La commedia si conclude con le tre coppie che trascorreranno la serata in banchetti e sollazzi.

tono tipico della commedia del Rinascimento che, come dice giustamente Nino Borsellino:

... fu realistica non perché riprodusse casi di vita quotidiana, come volevano i commediografi, ma perché espresse le esigenze edonistiche di una società cittadina e cortigiana, realizzò quell'impulso tipicamente borghese di rappresentare nella forma a ciò più idonea, quella dello spettacolo, il "mondo della natura".[14]

Poichè intende essere *imitatio vitae, speculum consuetudinis* e *imago veritatis*, la commedia rinascimentale si contrappone ai motivi idealizzati su schemi platonici dell'epoca (lirici d'amore petrarcheschi, trattati di filosofi e di pedanti); e tende, magari inconsapevolmente, ad assumere uno scopo polemico. Nel quadro della civiltà letteraria del '500 essa ha una funzione negativa e di dissoluzione. I nobili e, nel caso in questione, i padroni fanno la parodia di se stessi[15], dissolvendo nel processo il loro carattere, mentre i servi mantengono una certa coerenza di comportamento e costituiscono il perno della trama.

La commedia delcarrettiana è in cinque atti, in prosa, preceduta da un prologo ed un argomento, con rispetto della unità di luogo e di tempo. Riguardo all'azione il titolo contiene l'unità del concetto fondamentale. la terza coppia (Stoppino e Brunetta) non è, però, un duplicato della altre due, seguendo le teorie di Lukács sul dramma[16], ma parte essenziale nella *fabula* della commedia.

---

[14] *Commedie del Cinquecento* a cura di N. Borsellino (Milano, 1962), Vol. I, p. XVII.

[15] La tecnica dei nomi parlanti nella commedia delcarrettiana (Julia deriva da luglio nel senso di caldo e Mastallone vuol dire "stallone" in chiave erotica) serve unicamente a mettere in ridicolo i personaggi.

[16] G. Lukács, *Il romanzo storico*, trad. ital. (Torino, 1965), p. 182:
"... [il dramma] deve rappresentare la lotta delle diverse classi, ceti, partiti e tendenze ... una direzione essenziale dell'agire umano può quindi avere, conformemente all'essenza del dramma, solo un rappresentante; un duplicato sarebbe, come abbiamo visto, una tautologia artistica".

Pur nella forma classicheggiante *Li sei contenti* sembrano appartenere più alla farsa popolaresca rusticale (tipo "Rozzi senesi"), sia nell'espressione sia nel contrasto risolto tra servi e padroni. Gli spunti boccacciani e novellistici sono facilmente individuabili[17], mentre lo stratagemma della castrazione sembrerebbe appartenere alla forma della beffa secondo gli studi condotti da A. Rochon[18]. L'opera sarebbe stata composta presumibilmente nel 1517 per il matrimonio fra Federico Gonzaga e Maria Paleologa. Una prova ne è la contentezza ed il giubilo della lettera di G. Del Carretto a Francesco Gonzaga[19]. Commedia nata all' insegna dell'allegria dunque, e la felicità si comunica perfino a quello speciale lettore critico che era il Franco[20].

Li sei contenti hanno come motivi fondamentali la parità fra servi e padroni, l'elogio dell'intelligenza, dell'oculatezza (Stoppino si prodiga per sé solamente, anche se favorisce il padrone; così ugualmente fa Brunetta) e delle capacità di persuadere. Ma tale sottofondo fa parte di una più marcata sottolineatura spaziale di cercare evasioni coniugali senza preoccuparsi della proprie disavventure. Da questa angolazione le storie personali di Mastallone e Cristina, Julia e Graziuolo, Stoppino e Brunetta si riducono fatalmente ad un semplice momento di un più vasto disegno dove anche il titolo

---

[17] *Decameron*, Giornata VIII, novella 8; novella 106 di F. Sacchetti; novella 7 di G. Sermini; novella 36 del *Novellino* di Masuccio Salernitano.
[18] A. Rochon, *Formes et significations de la "beffa" dans la letterature italienne de la renaissance* (Paris, 1972), pp. 11–35.
[19] Turba, *Rinascimento*, p. 148: " . . . io tanti anni sono a la servitù del nostro Ill.mo S(ignor) Marchese, et per haver in parte alevata questa Ill.ma Madamisella cum lo Ill.mo S(ignor) Conte suo fratello, de congratularmi cum la Ex. tia V. de questo modo congiugale desideratissimo et demostrare la immensa letitia [e] gran contentezza havuta da me in questi ultimi mei anni . . ." (La lettera è datata 27 febbraio 1517).
[20] *Dialogo . . . dove si ragiona della Bellezze*, nella lettera citata ad Alberto De Carretto si legge: " . . . ho letto la Commedia de i sei contenti, la quale da la penna del. S. Galeotto vi fu lasciata. Ella, per quel saggio che n'ho gustato, m'è piaciuta sì fattamente; che non meno contento mi truovo io de l'haverla veduta, che si trovano alla fine i Sei: che entravengono ne li atti scenici".

funge da corollario. "Contento", secondo il Franco, vuol dire essere pago della propria sorte.

Il critico Gaidano[21] ha trovato un riscontro tra *Li sei contenti* e l'egloga rusticale dello Stricca Legacci intitolata il *Bernino*[22]. Nel *Bernino* esiste la tensione tra contadino e cittadino, specchio del contrasto tra servo e padrone della commedia delcarrettiana. Nell'egloga del Legacci la partita doppia del dare e dell'avere si chiude in pareggio, anzi è il contadino a trovarsi in condizione di forza. Ugualmente accade ne *Li sei contenti* per i servi.

Ma la similarità sembra ancor più esistere tra *Li sei contenti* e la novella di Giacobbo di Lorenzo de' Medici. In quest' ultima allo scambio di coppie si aggiunge l'elemento della beffa che capovolge i rapporti fra beffatore e beffato e giunge a modificazioni durature fra quelli che vi hanno partecipato (il marito che, mentre s'illude di godersi la moglie del giovane fiorentino, deve cedere a quest'ultimo la propria moglie). Ne *Li sei contenti*, con lo stratagemma-beffa della castrazione, Mastallone mantiene sì la propria integrità anatomica, ma deve concedere alla moglie il permesso di spassarsela con Graziuolo. La beffa acquista dunque un significato più generale: è la morale del cane di Mainardo, che assaltava per mordere ed era lui "el primo morso", se vogliamo rimanere nel contesto della novella lorenziana.

Li sei contenti con il loro carattere licenzioso risultano un *unicum* nella produzione dell'autore che è uno storico serio e che, nella satira, impiega l'allegoria[23]. Forse nel Del Carretto

---

[21] C. Gaidano, "Una commedia poco nota di G. Del Carretto," in *Giornale Storico della Letteratura Italiana*, 29 (1897), p. 375.

[22] P.A. dello Stricca (Legacci), *Egloga rusticale Intulata Bernino composta per lo facieto homo Piero Antonio delo Stricca, Senese* (Stampato in Siena per Sermione de Nicolo Cartaio ad distantia di Giovanni de Alexandro Libraio facta Adi 27 di Genaio M.D.XVI).

[23] Ci si riferisce alla *Comedia nuova del Magnifico et celeberrimo poeta signor Galeoto Marchese dal Carretto intitulata Tempio de Amore* (Vinegia, N. Zopino e Vincentio Compagno, quarto martii. M.CCCCC.XXiiii).

vive una *imitatio* che sfocia nello sperimentalismo: sperimentare nuovi generi. Così avviene per la *Sofonisba*, una tragedia, per il *Timon greco*, rifacimento di un dialogo di Luciano, e per il *Tempio de Amore*, opera simbolica ed emblematica. In un'altra commedia delcarrettiana, le *Noze di Psyche e Cupidine* si può rinvenire uno spunto licenzioso che, secondo il Manacorda, è un'eco del canto carnascialesco *Mariti vecchi* di Lorenzo il Magnifico[24].

---

[24] *Noze de Psyche et Cupidine celebrate per lo Magnifico Marchese Caleoto dal Carreto: Poeta in lingua Tusca non vulgare* (Milano, Agostino de Vicomercato. nel anno . . . M.D.XX). A p. 98 del suo saggio citato il Manacorda riporta alcune parti dell'atto primo di questa commedia sostenendo un riscontro con il canto carnascialesco *Mariti vecchi* di Lorenzo il Magnifico. Ecco le due parti a confronto. Il Del Carretto dipinge in tal modo i due mariti delle sorelle di Psiche:

> E grosso in ogni parte fuor che in quella
> Chio lo vorrei e certa son che ognuno
> Desto vecchio più masculo s'appella.

E l'altro marito:

> E' tutto sidrato e podagroso
> Con diti torti e con enfi genocchi
> E quasi sempre in letto fa ripc͏̄ ͏̄o
> E in contemptarmi sol si pasce gli occhi
> E mi notrisce di parole amene
> Ma certo altro vorrei che suo fenocchi.

Per comodità del lettore si riporta tutto il canto carnascialesco di Lorenzo de' Medici tratto da *Opere a cura di A. Simioni*, Vol II (Bari, Laterza, 1939), pp. 316–317:

Canto di mogli giovani e di mariti vecchi

Vecchi

> Deh! vogliateci un po' dire
> qual cagion vi fe' partire.
> Chi fu quella tanto ardita,
> che commesse questo errore
> d'aver fatto tal partita,
> che v'ha tolto il vostro onore?
> D'aver preso altro amadore
> vi farem tutte pentire.

Le mogli rispondono:

Sia per lo stile scurrile sia per la trama la commedia del monferrino può essere riguardata alla luce di una satira inconscia della cultura accademica del XVI secolo, entro i

Deh, andate col malanno,
vecchi pazzi rimbambiti.
Non ci date più affanno.
Questi giovani puliti
ci dánn'altro che vestire.

Vecchi
O trombette svergognate,
noi v'abbiam sì ben tenute.
Ciò che voi domandavate,
ne savate provvedute.
Conoscete la salute,
e non date più che dire
Deh! tornate a casa nostra
e lasciate ogni amadore;
non ci fate far più mostra
di contanto disonore;
e terrenvi con amore
e farenvi ben servire.

Mogli

Tanto aveste voi mai fiato
quant'ognuna tornar vuole:
non sarebbe lavorato
il poder d'este figliole:
del passato ancor ci duole,
e vogliam prima morire.
Deh! ponete qui gli orecchi,
fanciullette a maritare;
a nessun di questi vecchi
non vi lasciate sposare:
si vorre' prima affogare
che volerlo consentire.

Vecchi

Or così vuol ella andare,
ribaldelle, traditore?
Le non voglion con noi stare,
per cavarsi il pizzicore:
e' bisogna a tutte l'ore
contar lor quelle tre lire.

termini del discorso di Nicolò Franco. In questa prospettiva si spiegherebbe l'*imprimatur* del Beneventano e la lettera introduttiva in cui lo stesso Franco usa la castrazione come termine di paragone per malignare sui prelati. L'interesse per *Li sei contenti* può limitarsi alla stampa rara ed allo stampatore, ma tutto questo sarebbe sminuire il valore del testo. La commedia è piacevolissima per un lettore moderno; le vicende delle tre coppie si incastrano l'una nell'altra in modo strutturalmente perfetto ed il linguaggio è fresco, vivace, felice, colorito di frasi proverbiali e di modi di dire quasi attuali, come coniati ieri, comprensibilissimi alle nostre orecchie, forse perché risentono della parlata toscana[25].

---

[25] Per la disputa sulla lingua fiorentina, toscana o italiana cfr. N. Machiavelli, *Discorso o Dialogo intorno alla nostra lingua*, ediz, critica a cura di B.T. Sozzi (Torino, Einaudi, 1976). Sull'argomento è utile inoltre la lettura dell'articolo di S. Bertelli, "Egemonia linguistica come egemonia culturale e politica nella Firenze cosimiana," in *Bibliothèque d'Humanisme et Renaissance*, 38 (1976), pp. 249–284.

La Sofonisba di Galeotto Del Carretto

Premessa

L'opera tragica di Galeotto Del Carretto, *La Sofonisba*, si presenta come un dramma diviso in ventotto parti, se si calcola il coro quale anello di divisione tra un atto e l'altro. Vi si narrano le vicende trattate da Livio in quattro libri (XXVII-XXX) sui casi di Sofonisba, figlia di Asdrubale cartaginese. Il metro adoperato per le parti è l'ottava rima, mentre nei cori si riscontrano vari metri lirici: la strofa di canzone, la saffica rimata, la strofe di tutti settenari, le terzine, gli endecasillabi con rimalmezzo, un sonetto sull'invidia totalmente estraneo all'azione drammatica, e, infine, tre cori di endecasillabi sciolti[1].

Adottare un evento storico trattato da Livio non era veramente una novità a quei tempi. Esisteva certo il problema di quando erano state tradotte tutte e quattro le Deche di Tito

---

[1] La strofe di canzone si trova alle pp. 207; la saffica rimata ricorre alle pp. 174, 193, 203, 219–220; la strofe di tutti settenari si trova alle pp. 176–177, 243–244; le terzine alle pp. 211–212–213; gli endecasillavi con rimalmezzo a p. 218–219; il sonetto sull'invidia a p. 199–200; e i tre cori di endecasillabi sciolti ricorrono alle pp. 226, 227, 228, 243–244, 247–248, 249.

Livio[2], ma il Petrarca, nell'*Africa*[3], aveva accennato al triste caso di Sofonisba e, soprattutto, Boccaccio, nel *De Claris Mulieribus*[4] si era chiaramente ispirato all'infelice regina cartaginese.

Il dramma delcarrettiano fa nascere naturalmente il confronto con la *Sofonisba* del Trissino, considerata la prima tragedia regolare in lingua italiana, nel nuovo endecasillabo sciolto riproducente il trimetro giambico catalettico del dramma tragico classico.

L'opera di Del Carretto fu scritta probabilmente in un periodo intorno al 1502 (tale è la data della lettera introduttiva

---

[2] *Cenni di G. Boccaccio intorno a Tito Livio* commentati da Attilio Hortis (Trieste: Tipografia del Lloyd Austro-Ungarico, 1877), pp. 21–22: "Sull'animo del Boccaccio tanto potè l'ammirazione che portava allo storico padovano da riprender anco a tradurlo. Che se può dubitarsi aver egli volgarizzate tutte e tre le deche allora conosciute, come afferma Secco Polentone (la vita del Boccaccio descritta da Secco Polentone fu pubblicata dall'abate Mehus nello *Specimen historiae litterariae Florentinae*, Firenze, 1747, p. XXXIX) gli è assai probabile che il volgarizzamento della quarta sic opera del Boccaccio".
[3] Si riportano le accuratissime note di F. Corradini nell'opera *Padova a Francesco Petrarca nel Quinto Centenario della sua morte* (Padova: Tipografia del Seminario, 1874). Il libro ha un sottotitolo "Africa Francisci Petrarchae nunc primum emendata curante Francisco Corradini". Citiamo dalle pp. 440–444 riguardanti le note del libro V dell'*Africa*: "Nota 267 (corrispondente al verso), et seqq. Mons minor Massinissae, major vero Scipionis imaginem refert: duo, qui e montium vertice descendunt fontes nihil aliud significant, quam Scipionis (vv. 386–437) et Massinissae (vv. 442–448) orationes, quorum alter alteri cedit et Sophonisba veneno sumpto interimitur.
Nota 293. ex. Liv. 30, 13, 14 (capitoli 13 e 14 del libro trentesimo).
Nota 631. Sophonisba siderei exemplum specimenque decoris.
Nota 704. et. seqq. Cum his et praecentibus, ubi de Massinissa, Sophonisba et Scipione agitur, conferri possunt illa Petrarch. *Trionfo d'amore* Cap. 4.t. 11; loquitur Massinissa.
Nota 741 et seqq. Eodem, quo hic, in Romanos odio exardet Sophonisba in *Trionfo d'amore* Cap. 4. t. 26" Le parti fra parentesi sono mie annotazioni.
[4] *Cenni di G. Boccaccio intorno a Tito Livio*, p. 19: "Nel libro 'delle donne illustri', il Boccaccio non cita mai nè Livio nè alcun altro autore, pure manifestamente derivan tutti da Livio i capitoli di Virginia, la infelice sposa d'Icilio, che morendo richiamò a vita la libertà romana minacciata dal dissoluto decemviro (*De Claris Mulieribus*, cap. LVI, ed. Bernae, excudebat Apiarius, 1539); cfr. Livio, III, 44–48, 58) . . . da Livio i capitoli di Sofonisba (Cap. LXVIII.–Cfr. Livio, lib. XXX, particolarmente al cap. 12)".

di dedica a Isabella di Mantova), ma non fu data alle stampe. Solamente Nicolò Franco decise di pubblicarla nel 1546, a Venezia, presso Giolito de Ferrari. È molto interessante leggere attentamente la lettera introduttiva del Franco ad Alberto Del Carretto: il beneventano insiste, con la metafora di una stessa carne cucinata in maniere diverse e con il paragone della statua di Venere scolpita differentemente da vari artisti, sulla liceità di due Sofonisbe concepite e scritte in modo estraneo l'una dall'altra, ma ugualmente valide per il diletto e il gusto di spettatori diversi[5]. Il principio dell'imitazione non limita o livella la peculiarità dell'ingegno poetico che, quando è vero ingegno, si rivela sempre originale e irripetibile. Questo è, in definita, il messaggio di Nicolò Franco in quella lettera d'introduzione[6].

Il periodo tra la fine del '400 e la metà del '500 fu ricchissimo di esperimenti per quanto riguarda il teatro: numerosi erano gli indirizzi intrapresi da ogni autore drammatico. Praticamente, per ogni scrittore o poeta che ideava una commedia o, particolarmente, una tragedia, si poteva trarre una poetica. Così, ad esempio, per la *Sofonisba* del Trissino si può sviscerare

---

[5] Lettera di Nicolò Franco ad Alberto Del Carretto premessa a *La Sofonisba*, a p. 145: "Perché gli scrittori de la vaghissima poesia, ne le invenzioni che essi veggono potersi con vaghezza mostrare, non lasciano d'attenersi a quelle, ancora che tali lor paiano, che bersaglio sieno di molte penne. Laonde confida ogniuno esprimere i suoi concetti in maniera che, scritti alla fine in diverse guise, possano alle voglie dei lettori, che diverse sono, altresì non pur sodisfare veramente, ma invogliarli a leggere, ancora che svogliati ne sieno. E il vero dunque che la tragedia di Sofonisba è stata altre volte mostrata in rima, né perché, come dico, sia stata letta, resterà che ora dandosi a leggere in altre rime, se ne rimarranno i lettori; concio sia che sendo il soggetto quel egli è, ciascuno può considerare che colui, il quale ultimamente ne pare scrivere, non scriverebbe per recare fastidio a chi la vede, ma per dilettarlo più tosto".
[6] *Ibid.*, p. 147: "Ma che monta egli che altri sia stato il primo ed egli il secondo? Non si toglie di loda alla libertà di poeti gareggiare in quelle cose che essi in altra guisa che scritte sono si mettono a scrivere. Nepure si scema a la grandezza dei soggetti che da diversi diversamente son scritti, perché ora in un modo, ed ora in un altro si veggano rapresentati".

lo scheletro interno leggendo attentamente la *Quinta* e la *Sesta Divisione della Poetica* compilata dallo stesso autore[7].

La *Sofonisba* di Del Carretto, completamente dimenticata per secoli o relegata a forma ibrida di sacra rappresentazione e dramma mescidato[8], assume una nuova luce quando messa a confronto con le teorie di Giambattista Giraldi Cinzio nel *Discorso intorno al comporre delle commedie e delle tragedie*[9]. La trattazione del Cinzio, veramente una lettera a Giulio Ponzio Ponzoni, venne pubblicata nel 1543. Può benissimo essere riguardata come una critica prospettica di tutta la produzione teatrale dell'Italia settentrionale dalla fine del secolo XV fino a quell'anno. Quanto il Trissino è fedele alle norme di Aristotele riguardo "le cose sceniche"[10], tanto il Cinzio si mostra indipendente e personale[11]. Il Trissino, secondo il Cinzio, con la sua *Sofonisba* cercò di imitare la tragedia greca senza minimamente preoccuparsi di quella latina, valida anch'essa e rap-

---

[7] *La Quinta e la Sesta Divisione della Poetica* di Giangiorgio Trissino in B. Weinberg, *Trattati di Poetica e Retorica del Cinquecento* (Bari: Laterza, 1970), Vol II, pp. 7–48.

[8] Per questi giudizi che suonano condanne si vedano le opere di F. Neri, *La tragedia italiana del Cinquecento* (Firenze: Galletti-Cocci, 1904), pp. 8–10; E. Bertana, *La Tragedia* (Milano: Vallardi, 1906?), pp. 15–17; M. T. Herrick, *Italian Tragedy in the Renaissance* (Urbana: The University of Illinois Press, 1965), pp. 38–40; purtroppo le due opere più recenti sulla tragedia del Rinascimento non citano neppure il nome di Del Carretto (C. Musumarra, *La poesia tragica italiana nel Rinascimento*, Olschki, Firenze, 1972 e M. Ariani, *Tra Classicismo e Manierismo. Il teatro tragico del Cinquecento*, Olschki, 1974)

[9] G.B. Giraldi Cinzio, *Discorso intorno al comporre delle commedie e delle tragedie*, in *Scritti Critici* a cura di Camillo Guerrieri Crocetti (Milano: Marzorati, 1973), pp. 170–224.

[10] Trissino, *Quinta Divisione*, p. 28: "[. . .] (Come dice Aristotele) quattro sorti o ver quattro specie di tragedie . . .: cioè la favola, i costumi, il discorso e le parole; ché le altre due parti, cioè la melodia e la rappresentazione, non sono parti sue proprie né che si appartengano al poeta, potendo la tragedia farsi senza esse".

[11] Giraldi Cinzio, *Discorso*, p. 173: "Non è però che aspettiate qui da me tutto quello che Aristotile dice e comanda intorno alle cose sceniche, ma solo quello che ad una famigliar lettera, e ad una breve introduzione mi parerà per ora convenire: ché del rimanente parleremo appieno, quando io v'isporrò l'Edipo tiranno di Sofocle, confrontandolo con quel di Seneca".

presentata dalla tradizione di Seneca[12]. In definitiva, il Cinzio accusa il Trissino di poca coerenza per aver seguito i greci in un dramma della maestà romana[13].

Ad una prima lettura *La Sofonisba* di Del Carretto appare sfasata nelle proporzioni: la protagonista ha una piccola parte, si mostra soltanto dopo la metà del dramma e parla unicamente in quattro di tutte le ventotto parti[14]. Se pensiamo alle divisioni della tragedia secondo i grammatici latini, Prologo, Protasi, Epitasi e Catastrofe, allora l'opera delcarrettiana rientra nelle norme classiche. Ugualmente, il prologo di Del Carretto recitato da Melpomene, musa della tragedia, potrebbe far suscitare discussioni tra i critici, perché il poeta fa intervenire un dio in un dramma aderente al criterio della verosimiglianza[15]. La giustificazione di tale particolarità si

---

[12] Giraldi Cinzio, *Discorso*, pp. 209–210: "Bastami per ora che possiate vedere che ciò che si trova negli autori greci, non è lodevole, né degno di ammirazione, e che non dee giudizioso scrittore dar tanto di riputazione alla autorità degli antichi che voglia anco imitare i lor vizi; come veggiamo aver fatto il Trissino in qualche parte della sua Sofonisba; e specialmente (per non narrarle tutte) ove è la contenzione tra Lelio e Massinissa, per cagione della moglie presa da lui, alla qual Catone si frappone, e ottiene che la lor contesa sia rimessa a Scipione, e dovendo andare Massinissa a Scipione per terminarla, dice che tantosto anderà che egli abbia vedute le stalle de' cavalli. Potrebbe dire Trissino che è officio di re (massimamente nel campo) aver cura de' cavalli, e io nol nego; ma dico che in quella occasione le stalle e i cavalli non avevano a distornar Massinissa, non avendo egli allora a tor la lancia, e andare in battaglia co' nemici. So che dirà che simili cose si trovano ne' Greci; ma gli risponderò io, che ciò che fecero i Greci nello loro rappresentazioni, non fu lodevole; e che avendo egli per le mani cosa che apparteneva alla maestà romana, doveva tralasciare in questa parte il costume greco, e accostarsi al romano. E questo voglio che vi basti, messer Giulio, per tutto quello che vi potrei dire intorno a quello, in che ha voluto essere il Trissino più greco che non si conveniva né alla maestà della azione romana, ch'egli si aveva tolto ad imitare, né alla qualità dei nostri tempi, i quali sono pieni di maestà e di grandezza".

[13] Cfr. la nota 12.

[14] Sofonisba parla esattamente alle pp. 204–205, 208–209, 224–225–226, 241–242–243

[15] Trissino, *Quinta Divisione*, p. 27: "Perciò che i dèi non vi si denno introdurre se non per chiarire le cose che sono fuori della favola, cioè che non si contengono nella azione che si imita; e questi tali dèi vi si introducono per chiarire le cose passate . . . per predire le cose future . . . E però Orazio disse

trova nelle teorie del Cinzio. Per il Giraldi, infatti, il prologo non fa parte della "favola" della tragedia e può essere, quindi, rimaneggiato dal poeta a suo gusto[16]. D'altra parte, questo prologo recitato dalla musa fa venire in mente la tragedia *Panfila* del Cammelli, in cui l'opera si apre con l'argomento detto dallo spirito del "Morale" cioè Seneca[17]. Per il Cinzio la tragedia ha un fine morale come per Seneca: fuggire il vizio e seguire la virtù[18]. Lo stesso concetto è espresso ne *La Sofonisba* delcarrettiana, nella lettera di dedica[19].

Cinzio esalta i cori senechiani perché discorsi morali e volti all'universale[20]. *La Sofonisba* del poeta monferrino mostra

---

'Nec Deus intersit dignus nisi vindice nodus'". La parte oraziana deriva da *Ars Poetica*, 191.

[16] Giraldi Cinzio, *Discorso*, pp. 220–221: "Perché, se l'azione scenica deve avere somiglianza col vero, non essendo né vero nè verisimile, che, se coloro che sono introdotti nella scena maneggiassero l'azione che rappresentano gli istrioni, andassero nel cospetto del popolo e il facessero partecipe dei loro ragionamenti e dei lor fatti, cosí nol dee ancor far l'istrione nella scena, ma dee egli trattare tutta la rappresentazione non altrimenti che s'ella si trattasse domesticamente tra persone famigliari, e come se vi fossero spettatori, i quali son solo in considerazione alla persona che fa il prologo, il quale non è parte della favola . . .".

[17] A Cammelli, *Rime edite ed inedite*, a cura di A. Cappelli e S. Ferrari (Livorno: F. Vigo, 1884), *Filostrato e Panfila*, tragedia, p. 281: "Silenzio adunque. Io son di quel Morale/ el spirto, a cui el corpo fe' Nerone/ morire innanzi il corso naturale" (Argomento, vv. 4–6).

[18] Giraldi Cinzio, *Discorso*, p. 176: "[. . .] e la tragedia o sia di fin lieto o d'infelice col miserabile, e col terribile purga gli animi da vizj, e gl'induce a buoni costumi".

[19] Lettera "Alla Illustrissima e molto eccellente Signora Isabella Marchesana di Mantua. Galeotto Del Carretto", pp. 150–151: "[. . .] mi è parso per non cadere in contumacia di mandargli questa opera mia continuata, la qual per una volta sarà in satisfazione de le mie rime . . . e dedicargliela la quale, quantunque rozza, la prego che l'accetti con quel perfetto e benigno animo, come io con devoto e ben disposto cuore, e con fiduzia gliela mando. Ricondandole in questa, quanto è da stimare la bella e pietosa libertà la quale né per oro, né per gemme, né manco per stati, si può vendere né commutare . . .".

[20] Giraldi Cinzio, *Discorso*, p. 205: "[. . .] come anco fanno i cori di Seneca, i quali giudico io (come già fe' Erasmo, e giudiciosamente) molto più degni di loda che quelli di tutti i Greci; perché, ove questi molte volte si stendono in novelluccie, quelli di Seneca con discorsi morali e naturali, tutti tolti dall'universale, ritornano maravigliosamente alle cose della favola".

dei cori simili, soprattutto quel sonetto sull'invidia che cade sotto la categoria dell'universale[21]. Anche per il problema del verso adottato il Del Carretto trova una piena teorizzazione nel *Discorso* del Cinzio: nelle tragedie i versi devono essere rimati, soprattutto nei cori[22], e poiché il fine della tragedia è suscitare commiserazione e orrore[23] fondamentale risulta l'impiego di "soavi e efficaci parole" composte nei cori, in cui la dolcezza è generata dalle rime che cadono nei versi "in parte interi" e "in parte rotti"[24] (endecasillabi e settenari). Gli interi creano la gravitá e i rotti la dolcezza[25]. In conclusione, Cinzio dà estrema importanza all'apparato scenico[26], a differenza del Trissino[27].

---

[21] Si confronti il sonetto a pp. 199–200.
[22] Giraldi Cinzio, *Discorso*, p. 191: "Pel contrario possono aver luogo le rime in qualche parte della tragedia tra le persone che ragionano e ne' cori, principalissimamente, mescolando insieme per più soavità i rotti con gli intieri".
[23] *Ibid.*, p. 178: "Perché quantunque la commiserazione e l'orrore venga dall'effetto della favola, non hanno però forza alcuna se l'ingegno del poeta non vi adopera soavi e efficaci parole".
[24] *Ibid.*, p. 194: "[. . .] tornando al ragionamento de' versi, quelli del coro debbono esser tutti composti alla dolcezza, sia egli lieto, o sia piangevole, o stabile, o mobile; e questa dolcezza è generata dalle rime che cadono ne' versi, parte intieri, e parte rotti; ché, come i versi intieri fanno la gravitá, così i rotti la dolcezza". Ne *La Sofonisba* i cori di settenari e endecasillabi (rotti e interi) sono numerosissimi: se ne trovano alle pp. 167, 169–170, 188, 190–191, 195, 204–205, 214, 218, 238.
[25] Si veda la nota precedente.
[26] Giraldi Cinzio, *Discorso*, p. 219: "Resta a parlare dello apparato, il quale è posto tra le parti quali della comedia e della tragedia, e quantunque egli non entri nella favola e non sia parte né del nodo, né della soluzione, è egli però necessario alla rappresentazione. Perocché con l'apparato s'imita la vera azione, e si pone ella negli occhi degli spettatori manifestissima. E posto che questo apparato non appartenga al poeta, ma sia tutta impresa del corago, cioè di colui al quale è data la cura di tutto l'apparecchio della scena, dee nondimeno procurare il poeta di fare che si scopra, all'abbassar della coltrina, scena degna della rappresentazione della favola, sia ella comica o tragica".
[27] Trissino, *Quinta Divisione*, p. 25: "Ma la propria dilettazione della tragedia viene dalle cose formidabili e misericordiose. E quantunque queste due tali perturbazioni talora siano fatte dalla rappresentazione, molto più laudabile cosa è, e da miglior poeta, che vengano dalla constituzione della favola. La quale dee essere talmente constituita che solamente a leggerla, senza vederla altrimenti rappresentare, muova orrore e misericordia per le cose che in essa sono accadute; il che suole avvenire a ciascuno che legge la

Niente contribuisce meglio del coro a dare risalto ad una scena. L'ultima parte de *La Sofonisba* delcarrettiana presenta un coro a botta e risposta: non si potrebbe pensare perfetta questa parte avulsa dalla scena e dal canto! È curioso come nell'opera di Del Carretto il coro faccia l'ufficio di avvertire lo spettatore di tutti i cambiamenti di scena[28]. Soprattutto per questa funzione *La Sofonisba* del monferrino ha bisogno assoluto di un apparato scenico. Sarebbe veramente inconcepibile l'opera del Del Carretto come destinata alla sola lettura[29].

Il *Discorso* del Cinzio contribuisce a mostrare l'opera tragica del monferrino sotto una luce di attualità per quei tempi, sia per il rilievo dato alla sceneggiatura, ai cori, sia per l'insistenza sulla tradizione senechiana o oraziana[30]. Il Cinzio,

---

favola di *Edipo* e quella di *Aiace* e forse la nostra *Sofonisba*. Ma se tale misericordia e tema si muoverà dalla rappresentazione, sarà cosa di poco artificio del poeta".

[28] E. Proto nella sua recensione all'opera di E. Ciampolini, *La prima tragedia regolare della letteratura italiana*. Nuova ediz. riveduta (*Bibl.crit. d. lett. it.* diretta da F. Torraca, no. 12). Firenze, Sansoni, 1896 dice testualmente: "Il del C. (significa il Del Carretto; l'annotazione è mia) piglia la narrazione liviana, e la sceneggia a mo' della sacra rappr., passando da questo a quel luogo con indifferenza; . . . il coro fa l'ufficio di avvertir lo spettatore di questi cambiamenti di scena". (p. 69 della *Rassegna Critica della Letteratura Italiana*, 2, 1897).

[29] É interessante ciò che dice A. Ingegneri, *Della Poesia Rappresentativa* (Ferrara: V. Bandini, 1598), pp. 42–43 a proposito de *La Sofonisba* di G. Del Carretto: (l'autore parla della trascuratezza dei poeti che non avevano un riguardo al mondo per il palcoscenico) "Per altro forse de i migliori tragici de' nostri tempi, non si trovarebbero nelle Tragedie loro di quelle difficoltà; che vi si scorgono. Verbi gratia ch'il medesimo proscenio, il quale fu per dianzi la piazza principale d'una città, tutt'a un tratto divenga Campo dell'Essercito nemico fuor delle mura . . . Il che mi fa ricordare d'una tragedia di Sofonisba fatta in ottava rima da un Poeta, di cui non mi sovviene il nome, ma l'ho veduta alla stampa, la quale inchiude nella sua scena non solo Cirta, Cartagine, e la Patria di Massinissa, ma la città di Roma, e la Reggia di Tolomeo in Egitto, e diverse altre parti del Mondo, dall'una all'altra delle quali i Personaggi fanno tragitto a lor beneplacito, sì però che quando occorre uno di così fatti passaggi, per dargli per avventura similitudine di tempo, si fornisce l'atto, di modo che la favola è divisa in quindeci, o venti atti con una rarità d'esempio maravigliosa".

[30] Giraldi Cinzio, *Discorso*, p. 185: "Si fanno nondimeno queste morti in

inoltre, fornisce notizie inedite e utilissime nel suo discorso: accenna, ad esempio, alla *Poetica* di Aristotele tradotta in latino da Alessandro Pazzi de' Medici e circolante così prima della metà del Cinquecento (data questa ritenuta sempre come punto di partenza per la diffusione dell'opera aristotelica[31]). Il De Medici tradusse in volgare l'*Edipo re* di Sofocle e contribuì alla diffusione della tragedia greca. Inoltre Cinzio parla della *Celestina*, opera drammatica spagnola, evidentemente circolante in Italia in quegli anni. La *Celestina* è formata da numerosissimi atti[32]: forse Galeotto Del Carretto potrebbe essersi ispirato a tale opera per la sua *Sofonisba* così ricca di parti. Una certa influenza della letteratura spagnola era una cosa certa a quei tempi: Cinzio ne rende testimonianza parlando anticipatamente di quel fenomeno che passa sotto il nome di "gongorismo"[33].

Nella stessa commedia di Del Carretto *Li sei contenti* si era

---

casa, perché non s'introducono per la commiserazione, ma per la giustizia. Gli spettatori ne sentono le voci di fuori, ovvero che lor sono narrate, o da messo o da altra persona che scelga l'autore atta a far questo. . . E debbono tali morti esser senza crudeltà: che dee ella sempre esser lontana dalle lodevoli favole in quelle persone, su le quali dee nascere il terribile e il compassionevole. E questo credo io che si volesse significare Orazio, quando ci comandò che non s'introducesse Medea ad uccidere i figliuoli in scena . . .".
Così la Sofonisba di Del Carretto non muore in scena.
[31] Ufficialmente dopo l'anno 1548 la *Poetica* di Aristotele viene conosciuta e diffusa per opera delle *Explicationes* del Robortello.
[32] La *Celestina* è un'opera spagnola composta forse tra il 1492 e il 1497. La prima edizione conosciuta è quella di Burgos del 1499; la seconda è quella di Siviglia del 1501, in sedici atti e pure di Siviglia è la terza del 1502 in ventun atti che porta il titolo di *Tragicommedia de Calisto y Melibea*. Alcuni versi acrostici della seconda edizione svelano che l'autore dell'opera fu Fernando de Rojas.
[33] Giraldi Cinzio, *Discorso*, pp. 214–215: " 'Come l'acque de' fiumi col crespo loro, se ne vanno nell'ampio seno del mare . . . E questi e simili altri modi di dire sono quelli che pregiano coloro che tratti da non so qual maniera di favella spagnola, hanno messo tra le rose della lingua italiana (che così parlerò pur ora anch'io) queste pungenti spine, e tra i liquidi e puri suoi fonti questo fango, per intorbidargli, che sebbene questa forma di dire è lodata da alcuni nella lingua spagnuola, non conviene ella alla mostra in modo alcuno, e se pure talora conviene in qualche parte, non conviene nel parlare a vicenda; il quale vuole essere nudo, chiaro, puro, e per dir breve senza questo sconcio e biasimevole liscio".

notata una leggera patina spagnolesca nel personaggio di Graziuolo, quasi derivante dalla figura del "grazioso" del teatro di Juan del Encina di Salamanca[34].

Il mettere l'accento sull'apparato scenico, sui cori, sulla dolcezza e soavità delle espressioni da parte del Cinzio, vuol dire dirigersi lentamente verso forme drammatiche includenti il canto e verso un nuovo genere, per cui non si parla più di tragedia vera e propria ma di tragicommedia, che avrà un seguito nell'opera del Guarini e poi nel melodramma. La tragedia di tipo classico greco come la *Sofonisba* del Trissino non avrá un seguito, ma resta una pietra miliare per ragioni linguistiche. La stessa riforma tentata dal Trissino di adattare il verso latino all'indole della poesia italiana, che ha per base parole piane, ebbe uno scopo puramente linguistico: gli endecasillabi sciolti dovevano essere vicini alla parlata comune, dovevano risultare comprensibili a tutti[35]. A questo proposito Claudio Tolomei e G. Ruscelli reagirono difendendo la poesia dei "dotti" contro quella dei non "dotti"[36]. Formare

---

[34] Si allude al pastore "parvo" come personaggio delle egloghe drammatiche del Encina.
[35] Nel *Giuditio Sopra la Tragedia di Canace e Macareo con molte utili considerationi circa l'arte Tragica et di altri poemi con la Tragedia appresso* (Lucca: Vincentio Brusdrago, a di. 4 di Maggio MDL), a p. 33 G si legge: "(Parla il Firentino) Ne credo si trovi meglio: e che mi pare potervi dire di questi versi sciolti quello che dice Aristotele de iambi: i quali non per altro rispetto egli reputa atti alla compositione, et rappresentatione di questa favole, che nel parlare comune che fanno tra se famigliarmente gli huomini, disavedutamente cadono ne Iambi, e tanto sono accomodati al ragionare, che il padre della eloquentia romana dice, che difficilmente si possano fuggire: il che di rado, ò non mai aviene de gli altri versi: cosi dico io di questi versi sciolti, che ne occorono le migliaia nel parlare, che tutto si usiamo . . .". (Il Firentino parla del Trissino)
[36] G. Ruscelli, *Del modo di comporre versi nella Lingua Italiana* (Venetia, MDLXXII), p. 41: "[. . .] anzi ho sempre sommamente lodato la benedetta memoria del mio Mons. Tolomei, con tanti altri felici ingegni, d'aver ritrovato esametri, pentametri, saffici ed altre sorti di versi ad imitazione de Latini. L'intenzione di quei giudiciosissimi ingegni che furono inventori, era di volere che in essi si dessero a scrivere i pochi, cioè i dotti e non la moltitudine, sì come si fa in questa nostra; e diceano di voler trovare una maniera di scrivere ove

rime vuol dire pensare e tale operazione mentale si trova ad un livello superiore del mero parlare[37].

La Sofonisba delcarrettiana, come esperimento teatrale al principio del XVI secolo, è assolutamente da prendere in considerazione. Se, come sostiene il Manacorda[38], pensiamo alla scena, che dovrebbe essere quella della sacra rappresentazione a trittico (mondo celeste, terrestre ed infernale) allora si spiegherebbero i cambiamenti numerosi di località (Cirta, Cartagine, Cadice, le coste della Sicilia e perfino una tenda da campo, tentorio[39]) e i cambiamenti di tempo (quando l'azione comincia Siface non è ancora vinto né prigioniero né marito di Sofonisba). D'altra parte è la scena multipla che fornisce in un certo modo l'unitá di luogo e di tempo. Le vicende storiche completano l'unità d'azione[40]. Con la scena multipla si spiegherebbe anche la quasi costante presenza del coro o intermezzo, che forse è collocato ad un livello inferiore rispetto alla scena principale, nella zona infernale esclusa dal dramma. Non ci sarebbero dunque interferenze tra attori e coro, essendo su piani diversi.

Riguardo alle norme classiche, La Sofonisba delcarrettiana s'inquadra nella linea del senechismo avente come precedenti la Panfila del Cammelli e l'Ecerinis di A. Mussato[41]. L'adozione

---

non potesse adozzinarsi ogni razza di persone" (la nota è tratta da L. Sbaragli, C. Tolomei, Siena, Accad. per le arti e per le lettere, 1939).

[37] Ibid., p. 54: "In questa nostra lingua Italiana non solamente i dotti, ma ancora agni sorta di persona vile nel parlar comune vien di continuo a far versi misurati e buoni, senza mettervi alcuna cura, e quasi non volendo, tanto si vede esser facile il nostro verso comune di undici sillabe" (Anche questa nota è tratta dal libro di Sbaragli).

[38] Manacorda, Galeotto Del Carretto, p. 92.

[39] Tentorio significa tenda militare da campo. Si veda S. Isidoro, Liber Etymologiarum, XV, 10.

[40] Il Del Carretto riproducendo sulla scena tutti i fatti narrati da Livio, i quali hanno relazione con i personaggi della tragedia, ha conservato una stretta unità storica che, di solito, sostituisce nei drammi sacri l'unitá d'azione voluta da Aristotele.

[41] Albertino Mussato (1262–1329), il primo imitatore di Seneca, ebbe

dell'ottava rima per la tragedia non dovrebbe essere soltanto ad imitazione delle sacre rappresentazioni, come asserisce il Bertana[42]. Del Carretto scrisse la sua *Cronaca del Monferrato* nello stesso metro, quindi probabilmente, aveva l'idea di alzare la tragedia all'alto livello dell'epopea secondo le norme di Aristotele e di Sperone Speroni[43]. L'ottava, d'altronde, potrebbe essergli stata ispirata dai poemi cavallereschi[44] e dalle opere del Dati e del Fregoso allora in voga nella Firenze medicea[45]. Degno di nota è anche ciò che asserisce il Trissino nell *Sesta Divisione della Poetica*:

> Dante trovasse queste terze rime Comedia per far versi che avesseno similitudine allo eroico. Ma perché fino all'età sua non furon scritte in questa lingua cose d'arme, come egli dice nel suo libro *Della volgare eloquenzia*, parve a Giovanni Boccaccio trattare ancora questa parte, e trovò l'ottava rima nella quale scrisse il suo *Arcita e Palemone* . . . Le quali ottave rime senz'alcun dubio sono ancor esse serventesi e canzoni, e queste tali sono state poi usate da quasi tutti coloro che hanno scritto in materia d'arme, cioè dal Pulci, dal Boiardo e dall'Ariosto . . .[46].

Per concludere, l'adozione dell'ottava ne *La Sofonisba* delcarrettiana risponde ad esigenze classiche e del suo tempo.

Nell'opera del monferrino si ritrova perfino un esempio

---

giustamente dal Richter il titolo di "Vater der Renaissancetragödie". La sua *Ecerinis*, in latino, fu detta dal Sabbadini il primo ardito e felice tentativo di restaurazione del teatro classico.
    [42] Bertana, *La tragedia*, p. 16.
    [43] *Opere di M Sperone Speroni degli Alvarotti* tratte da' Mss. originali, Tomo Terzo (Venezia: Domenico Occhi, MDCCXL), pp. 443–444 (In lode della Pittura): "Tutte le arti imitative sono più o men nobili non solo quanto alla cosa imitata, il che è comune a tutte le arti e scienzie, ma quanto allo instrumento e modo dello imitare, però se la epopeja, e la tragedia imitano, e la commedia, quanto alla cosa imitata le due prime sono le più nobili della terza; ma quanto al modo o instrumento dello imitare non son diverse la tragedia dalla commedia, imitando l'una e l'altra col jambo: ma sì è diversa la epopeja da esse, perché imita collo esametro nobilissimo verso".
    [44] Ci si riferisce ai cantari Franco-veneti cavallereschi nonché ai poemi del Pulci e del Boiardo.
    [45] Ci si riferisce a *La Sfera* di Leonardo Dati e a *I Tre Peregrini* di Antonio Fileremo Fregoso.
    [46] Trissino, *Sesta Divisione*, p. 47.

di traduzione vera e propria di un passo liviano[47], secondo i dettami dello Speroni nel suo "Dialogo della Rhetorica":

[...] se ciò non fosse che Cicerone in alcun libro della sua arte oratoria, cotal guisa di studio da Carbone adoprato (studiare Petrarca e le novelle del Boccaccio), grandemente suol biasimare; lodando all'incontro il tradurre d'una lingua in un'altra i poemi, et l'orationi di più famosi[48].

Nei cori della *Sofonisba* delcarrettiana si trovano saffiche, endecasillabi sciolti ed anche decasillabi[49], cioè esperimenti di metrica quantitativa ridotta in volgare. Questi tentativi sono iniziati ufficialmente in quel Certame coronario indetto dall'Alberti[50] in cui rimane significativo il contributo di Leonardo Dati[51]. Da questa angolazione il sonetto sull'invidia di Del Carretto potrebbe proseguire quel tema dell'invidia assegnato dall'Alberti durante la seconda fase del Certame coronario.

---

[47] Ecco i due passi a confronto:

Tutte le cose t'han concesso i dei,	Omnia quidem ut posses in nobis dii
Che tua felicità contra me possa,	dederunt virtusque et felicitas tua
. . . .	. . . .
Se porger preghi a me cattiva lice	Sed si captivae apud dominum vitae
Per la mia vita o morte a te Signore,	necisque suae vocem supplice
E toccarti la destra vincitrice	mittere licet, si genua, si victricem
Ed i tuoi genocchi con devoto cuore	attingere dextram, precor quaesoque
Per la tua regia maiestà felice	per maiestatem regiam in qua paulo
Dov'io per sorte fui (non son molt'ore)	ante nos quoque fuimus, per gentis Numidarum nomen, quod tibi cum
Per lo nome comun di questa gente	Siphace commune fuit, per huiusce
C'hai con Siface c'or prigion si sente	regiae deos, qui te melioribus
E per gli Dei di questa regia corte	ominibus accipiant quam Siphacem
Quai ti ricevan a migliori auguri	hinc miserunt, hanc veniam supplici
Che non han fatto il mio miser consorte	des.
Con lagrime ti prego, e con scongiuri.	(Livio, XXX, 12)
(pp. 224–225)	

[48] *I Dialogi di Messer Speron Sperone* (Vinegia: Aldus, M.D.XLII), p. 155.
[49] I due decasillabi trovati sono alle pp. 181, 205: "Le trame del sagace Scipione" e "Lelio caldo de l'amor di Scipio".
[50] Per notizie riguardanti il Certame coronario si legga A. Altamura, *Il Certame Coronario* (Napoli: S. Viti, 1952).
[51] Per il contributo di L. Dati si veda G. Carducci, *La Poesia Barbara nei secoli XV e XVI* (Bologna: Zanichelli, 1881), pp. 5–21.

Quello di cui trattiamo (fine '400 e prima metà del '500) era un periodo di assestamento della metrica volgare, come passaggio tra metrica classica quantitativa a quella accentuativa. Vi si delineano due tendenze: a) quella del Trissino che instaura per l'epica, e per la tragedia l'uso dell'endecasillabo sciolto di carattere universale, ma popolare e b) quella che, con versi rimati, si trincera entro la cerchia di una poesia per dotti. Del Carretto appare eclettico: prelude alle teorie del Trissino per l'adozione di uno stesso metro o verso per l'epica e la tragedia. Adotta, inoltre, nei suoi tre cori gli endecasillabi sciolti, ma, poi, segue la moda dei versi rimati.

In conclusione il Trissino ha certamente scritto la prima tragedia regolare in lingua italiana, ma l'evento rimane più un fatto linguistico che drammatico. Il Trissino rompe con il teatro tradizionale sia nella commedia, *I Simillini*, a imitazione di Aristofane[52], sia per la tragedia di tipo greco. Ma tale riforma non avrà seguito in Italia perché entrambe le opere sono più destinate alla lettura che alla recitazione.

La Sofonisba di Del Carretto, opera fallita in partenza, guazzabuglio di varie tendenze, si recupera nella temperie del suo secolo per la scena, i cori e le prove metriche. Come testimonianza di una epoca sperimentale dell'arte drammatica, è degna di nota per collocarla in un posto suo, secondo una prospettiva futura. Anche *Li sei contenti*, in prosa, come prova linguistica toscaneggiante, di netta derivazione boccacciana, sono la testimonianza della funzione della lingua nel teatro. Da questo punto di vista appare giustificata l'iniziativa del Franco di pubblicare postume le due opere di Del Carretto, di questo geniaccio monferrino che ha certamente bisogno di una riscoperta, come di uno studio critico sempre più completo e approfondito.

---

[52] G. Trissino, *Tutte le opere . . . non più raccolte* (Verona: J. Vallarsi, 1729), p. 328: "[. . .] e sì come ne la Tragedia, o ne lo Eroico, cercai di osservare le regole scritte da Aristotele, e mostrate da Omero, e da Sofocle, e da altri ottimi Poeti, così ne la Commedia ho voluto servare il modo di Aristofane, cioè la Commedia antica".

Riassunto de *La Sofonisba* Di G. Del Carretto

La tragedia si apre con un prologo in ottava rima, nel quale il poeta invita gli spettatori al silenzio e all'attenzione; al prologo segue l'argomento scritto nello stesso metro. Massinissa manda tre suoi messaggeri presso Scipione per annunciargli la sua visita: lo scopo è stringere allenza con lui. Due messi, dice Massinissa, devono restare come ostaggi presso Scipione, il terzo ritorna con la risposta. Scipione intanto da parte sua manda Lelio dal re Siface della Numidia per avvisarlo che andrà presto a Cirta per stringere una lega con lui contro Asdrubale. Lelio parte, ed il coro ci annuncia che, nel frattempo, i messi inviati da Massinissa sono in Spagna presso Scipione. Appaiono i tre oratori e pregano il duce romano di fissare un convegno con Massinissa. Intanto il coro ci avverte che Asdrubale si trova a Gade. Ed ecco appunto Asdrubale che essendo a Gade si lamenta della sue sventure e decide di andare egli stesso da Siface per distoglierlo dall' amicizia dei Romani ed indurlo a far lega con i Cartaginesi. Ma mentre Asdrubale parla, Lelio (ci avverte il coro) ha già compiuto il suo viaggio ed appare in scena ad annunciare a Siface la prossima venuta del duce romano. Il coro ci riporta di nuovo presso Scipione e ci avvisa che sta per giungere Massinissa. Questi infatti entra in scena e, dopo aver salutato il gran duce romano, lo prega di accettarlo come alleato. Scipione acconsente e ordina a Massinissa di trovarsi pronto con le sue milizie a Cadice. Ma il coro ci dice che nel frattempo Lelio è già ritornato da Cirta. Lelio infatti ricompare ad annunciare al suo capitano l'esito dell'ambasciata. Siface attende Scipione con impazienza e lo ospiterà con gioia nella sua reggia. Le navi sono allestite, il capitano romano s'imbarca e fa vela per l'Africa. Già il coro ci avvisa che il viaggio è finito e richiama i nostri sguardi alla terra d'approdo. Il grande Scipione scende a Cirta e si avvia alla reggia. Ma un messo gli si fa incontro annunciandogli che in quel momento è giunto a Cirta anche Asdrubale desideroso di stringere alleanza con Siface. Scipione invia Lelio per rendere noto il suo arrivo, ma, mentre Scipione si avvia, vede venir fuori dalla porta e fermarsi il re numido. Alcuni ufficiali del re scendono dal palazzo per incontrare Scipione. Intanto la scena si sposta all'interno del palazzo reale: si vede Asdrubale solo, che pensa quello che gli convenga fare ora che a Cirta si trova anche Scipione. Questi, mentre lo spettatore guarda Asdrubale, è salito dalla marina alla reggia: abbraccia e bacia Siface e lo invita a stringere lega con lui. Il re accetta, ma vorrebbe che Scipione facesse pace anche con Asdrubale. Allo sdegnoso rifiuto del romano, Siface non replica, anzi conferma la sua promessa di lega ed invita Scipione a cenare. Il coro ci fa sapere che la mensa è riccamente imbandita e ci riporta di nuovo presso Massinissa il quale, aspettando Scipione, espone i suoi dubbi e le sue speranze sulla impresa futura. Ma il coro ci richiama verso la corte del re Siface per farci assistere ai soliloqui di Asdrubale, tutto intento a cercare il modo di staccare Scipione da Siface. Per ottenere l'intento gli resta una sola via d'uscita: dargli in moglie la figlia Sofonisba. Lelio, ci informa sempre il coro, ritorna in quell' istante dal porto e vede sulla porta Siface e Scipione che suggellano con una stretta di mano la promessa di amicizia. Il coro ci avverte che Siface, non appena partito Scipione, tradirà i Romani. Asdrubale infatti offre a Siface la propria figlia in sposa purché faccia lega con i Cartaginesi: il coro, in un sonetto, biasima l'invidia. Ricompare Scipione e ci rende noto che, dopo la sua partenza da Cirta, è già stato in Spagna e a Roma: ora si trova in Sicilia pronto a marciare contro i Cartaginesi. Il coro ci annuncia la prossima sconfitta di Siface. Intanto Sofonisba vince il marito con le sue lusinghe. Ma il coro richiama l'attenzione su Lelio che è intento ai preparativi per la spedizione: lo vediamo diretto al porto per imbarcare le milizie che, dalla Sicilia, debbono scendere in Africa. Seguendo l'indicazione del coro ci rivolgiamo verso la reggia di Cirta ed assistiamo alle moine con cui Sofonisba induce Siface ad abbandonare l'amicizia dei Romani per far lega con Asdrubale. Scipione, intanto, dice il coro, non lascia niente di impreparato per la partenza. Si ascoltano le lodi della fede, cantate dal coro, e vediamo Asdrubale che ritorna a Cartagine lieto che la figlia gli abbia procacciato l'alleanza di Siface. Nel frattempo Massinissa è turbato dal sospetto che Scipione trami inganni contro di lui: decide di inviare a Lelio un messo per assicurarsi la fede dei Romani. Il coro, invocata la calma propizia alla navigazione, ci informa che Scipione è giunto in Africa e, unito a Massinissa, ha vinto i Cartaginesi. Massinissa vincitore entra in scena e si avvicina alle porte di Cirta. Appare Sofonisba che si getta ai piedi di lui e lo scongiura di non lasciarla in balìa dei Romani. Massinissa promette di difenderla e giura di sposarla. Il coro, in versi sciolti, lamenta la sventura di Siface. Lelio, che sopravviene, scorge Massinissa stretto a Sofonisba e rimprovera severamente il re. La scena, ci avverte il coro, ritorna presso Scipione che biasima Siface per la sua sleale defezione. Massinissa viene pure redarguito per la promessa di nozze fatta a Sofonisba: egli si scusa e giura che non verrà mai meno alla fede data ai Romani. Subito dopo Massinissa ricompare sulla porte del suo "tentorio". É combattuto fra due opposte promesse: non sa come mantenersi fedele a Scipione e a Sofonisba allo stesso tempo. Prende una risoluzione: la regina beva il veleno e muoia salvando la libertà così preziosa. Il servo porta la pozione a Sofonisba che, piangendo sugli incauti amori con Massinissa, beve la coppa e muore dettando il suo epitaffio. Il coro che non vede Sofonisba morente, se non con "gli occhi della mente", descrive in versi sciolti la triste fine della regina. Asdrubale deplora l'infelice caso della figlia e il coro, in versi sciolti, gli fa eco accennando al dolore di Massinissa che ha perduto prematuramente la sposa promessa. Un nunzio infine informa Massinissa dell'avvenuta morte della regina. la tragedia si chiude con le parole del coro descrivente i funerali di Sofonisba. Massinissa rimasto fedele a Scipione in premio della sua lealtà "É da Scipion locato/ Seco in gran trono standogli da lato".

Titoli abbreviati e sigle

Sarebbe un'impresa impossibile fornire un elenco esauriente delle opere consultate per la compilazione delle note. Mentre si intendono utilizzate le rilevanti opere letterarie, nonché i consueti dizionari e repertori – italiani, dialettali e gergali – mi limito ad indicare, qui di seguito, la spiegazione di titoli abbreviati di opere menzionate esplicitamente nelle note (ad esclusione dei titoli che appaiono in seno alle citazioni, cioè fra virgolette):

ARETINO, *Sei Giornate* (segue il numero della pagina).

P. Aretino, *Sei Giornate*, a cura di G. Aquilecchia, Bari, Laterza, 1969.

ARETINO, *Tutte le commedie* (segue il numero della pagina).

P. Aretino, *Tutte le commedie*, a cura di G. B. De Sanctis, Milano, Mursia, 1968.

BATTAGLIA (segue il volume ed il numero della pagina).

Salvatore Battaglia, *Grande Dizionario della lingua italiana*, voll. I-X (A-M), Torino, 1961–1978.

BEMBO, *Prose* (segue il numero del libro e del paragrafo).

P. Bembo, *Prose della Volgar Lingua*, a cura di Mario Marti, Padova, Liviana, 1967.

BOERIO (segue il numero della pagina)	*Dizionario del dialetto veneziano* di Giuseppe Boerio, seconda edizione aumentata e corretta, aggiuntovi l'Indice Italiano Veneto, Venezia, 1856.
BOIARDO	M.M. Boiardo, *Opere Volgari*, a cura di P.V. Mengaldo, Bari, Laterza, 1962.
BRAMBILLA AGENO	Franca Brambilla Ageno, "Nomignoli e personaggi immaginari, aneddotici, proverbiali," in *Lingua Nostra*, 19 (1958), pp. 73–78.
BUONI	Tomaso Buoni, *Nuovo Tesoro dei Proverbi Italiani*, Venezia, 1604.
CRUSCA (segue il volume ed il numero della pagina)	*Vocabolario degli Accademici della Crusca*. Quinta impressione, voll. I-XI (A-O), Firenze, 1863–1914.
FLORIO-TORRIANO (seguono le lettere indicanti la pagina).	*Vocabolario Italiano & Inglese, A Dictionary Italian & English. Formely Compiled by* JOHN FLORIO, *and since his last Edition,* Anno 1611, *augmented by himselfe in His life time, with many thousand Words, and Thuscan Phrases. Now Most diligently Revised, Corrected, and Compared,* with La Crusca, *and other approved Dictionaries extant since his Death; and enriched with very considerable Additions . . . By* GIO. TORRIANO, *An Italian, and Professor of the Italian Tongue in London,* London, 1659.
FOLENA	G. Folena, "-ANTIA, -ENTIA" in *Lingua Nostra* 16 (1955), pp. 12–13.
FRANCO	Nicolò Franco, *Dialogo . . . dove si ragiona delle bellezze*, Casale di Monferrato, G. Guidone, M.DXLIII.
MIGLIORINI	Bruno Migliorini, *Dal nome proprio al nome comune: studi semantici sul mutamento dei nomi propri di persona in nomi comuni negl'idiomi romanzi*, Genève, L.S. Olschki, 1927.
PRATI, *Voci* (seguito dal numero del paragrafo).	Angelo Prati, *Voci di gerganti, vagabondi e malviventi*, Pisa, 1940.

RAIMONDI — Ezio Raimondi, "Ancora sui sostantivi in -entia, -enza" in *Lingua Nostra*, 18 (1957), pp. 10–11.

ROHLFS (seguito dal numero del paragrafo) — Gerhard Rohlfs, *Grammatica Storica della Lingua Italiana e dei Suoi Dialetti*, traduzione di Temistocle Franceschi e Maria Caciagli Fancelli, Torino, Einaudi, 1969 (3 voll.).

TOMMASEO-BELLINI (segue il volume ed il numero della pagina) — Niccolò Tommaseo e Bernardo Bellini, *Dizionario della lingua italiana, con oltre centomila giunte ai precedenti Dizionarii. . . Quarta ristampa dell'edizione integra*, 8 voll. (A-Z), Torino, 1861–1879.

V.U.L.I. (segue il volume ed il numero della pagina) — *Vocabolario Universale della Lingua Italiana* eseguita su quella del Tramater di Napoli con giunte e correzioni per cura del Professore Bernardo Bellini, Prof. Don Gaetano Cadogni, Antonio Mainardi, ecc. ecc., 8 voll. (A-Z), Mantova, Negretti, 1856.

DANTE, *Inf.*, *Purg.*, *Par.* (seguono il Canto e il verso) — *La Divina Commedia*, secondo il testo della Società Dantesca Italiana in *Opere di Dante*, a cura di M. Barbi, E.G. Parodi, F. Pellegrini, E. Pistelli, P. Rajna, E. Rostagno, G. Vandelli, con indice analitico di M. Casella (Firenze, 1921). E per il testo e commento l'ed. di N. Sapegno (Firenze, 1957).

DANTE, *Conv.* (seguono il Trattato, Capitolo e paragrafo). — *Il Convivio*, a cura di G. Busnelli e G. Vandelli, 2 voll. (Firenze, 1954).

Tavola delle abbreviazioni

Aff. al lat. aur.: affine al latino aureo.
Agg.; aggettivo.
Amet.: *Ameto* del Boccaccio.
Ant.: antico.
Ant. Com. Dant. Etrur.: Antica Comedia Dantesca Etruriana.
Ar. Fur.: Ariosto, *Orlando Furioso.*
Art.: artigianale, artigiano.
Ass.: assoluto.
Att.: attivo.
Avv.: avverbio, avverbiale.
BATTAGLIA: nel *Grande Dizionario* del Battaglia, accanto agli autori citati, si trovano alcuni numeri in sigla. Essi vogliono indicare le opere, le suddivisioni (canti o parti) e il numero della pagina. Tra parentesi rotonde ho indicato l'opera. Per indicazioni più dettagliate sul sistema adottato dal Battaglia si consulti il fascicolo delle istruzioni, appositamente preparato per accompagnare i volumi.
Bern.Tasso Lett.: Bernardo Tasso, *Lettere.*
Bern. Orl. Inn.: Berni, *Orlando Innamorato.*
Bib. I.: Volgarizzamento della Bibbia.
Bocc. Nov. g.: Boccaccio, Novella, giornata.
——, *Dec..*: Boccaccio, *Decameron.*
——, Proem.: Boccaccio, Proemio.
Br.: Brunetto Latini.
Canz.: canzone.
Cap.: capitolo.
Car. Lett.: Lettere di Annibale Caro.
Castigl.: Castiglione.
Celt. brett.: celtico, bretone.

50

Cfr.: confronti.
Cic.: Cicerone.
Com.: comune.
Concl.: conclusione.
Conv.: *Convivio* di Dante.
Cortig. Castigl.: *Il Cortegiano* del Castiglione.
Dial.: dialettale.
Dimin.: diminutivo. Con lo stesso significato si trova anche "Dim".
Disus.: disusato.
Ecc.: eccetera.
Escl. iron.: esclamazione ironica.
Es.: esempio.
Euf. sess.: eufemismo sessuale.
Femm.: femminile.
Fig. o *Figur.*: figurato.
Filoc.: *Filocolo* del Boccaccio.
Fr.: francesismo.
Freq.: frequente o frequentemente.
Galat.: *Galateo* del Della Casa.
Gr.: greco.
Guicc. St.: la *Storia* del Guicciardini.
Ibidem: lo stesso luogo. Indica la stessa opera di un dato autore.
Idem: lo stesso autore.
Inf. Dant.: l'*Inferno* di Dante.
Ingl.: inglese.
In partic.: in particolare.
Intell.: intellettivo.
Intens.: intensivo.
Intr.: intransitivo.
Inusit.: inusitato.
Isid.: Isidoro.
Letter: letterario.
Ling.: linguistico.
Locuz.: locuzione.
Lor. Med. Arid.: *Aridosio* di Lorenzo de' Medici.
Machiav. Art. Guerr.: l'*Arte della Guerra* di Machiavelli.
Masch.: maschile.
Men com.: meno comune.
Metaf. sess. euf. condiz.: metafora sessuale eufemismo condizionato.
Met.: metonimia.
Morg.: il *Morgante* del Pulci.
Negaz.: negazione.
N.: neutro.
Ninf. Fies.: il *Ninfale Fiesolano* del Boccaccio.
Nom. Com.: nome comune.
N. pr.: nome proprio.

Ott. Com. Purg.: *Purgatorio* dantesco con il commento dell'Ottimo.
Ov.: Ovidio.
Par.: *Paradiso* dantesco.
P.. e pp.: pagina o pagine.
Part: parte.
Part. Pass.: participio passato.
Pers.: persona o personale.
Petr.: Petrarca.
Plin.: Plinio.
Plur.: plurale.
Poliz. Stanz.: le *Stanze* del Poliziano.
Popol.: popolare.
Pron.: pronome.
Pronom.: pronominale.
Pros. Fior. Borgh. Lett.: Lettere del Borghini nell *Prose Fiorentine*.
Prov. Tosc.: proverbio toscano.
Pulc. Nov.: la *Novella* del Pulci.
Region.: regionale.
Reg. S. Bened.: *Regola di S. Benedetto*.
Rifer.: riferimento.
Salvin. Pros. Tosc.: Prose Toscane del Salvini.
S. Agost. C.D.: *Volgarizzamento della Città di Dio* di S. Agostino.
Sannaz. Arc. Egl.: Sannazaro, *Arcadia*, egloga.
———, ———, *pros.*: Sannazaro, *Arcadia*, prosa.
Sat.: Satire.
Sf. o *S.F.*: sostantivo femminile.
S.F. N. p. usato in it. per antonom.: sostantivo femminile, nome proprio, usato in italiano per antonomasia.
Sim.: simile o similmente.
Similit.: similitudine.
S.l.: sine loco. Indica un'opera senza il nome della casa editrice.
Sm. o *S.M.*: sostantivo maschile.
Sost.: sostantivo.
Spreg.: spregiativo o dispregiativo.
Ss.: pagine seguenti.
Stor.: storico.
Tass. Ger.: la *Gerusalemme* di T. Tasso.
Teseid.: il *Teseida* del Boccaccio.
TOMMASEO-BELLINI: a volte nelle note tratte dal TOMMASEO-BELLINI si leggono alcune lettere racchiuse fra parentesi rotonde. Tali lettere maiuscole indicano i possessori dei Testi citati o la provenienza di stampe o manoscritti adoperati.
Tosc.: toscano.
Tr.: transitivo.
Trasl.: traslato.
Val.: vale o significa.

Varch. Suoc.: la *Suocera* del Varchi.
V. a.: verbo attivo.
V. Franco: Veronica Franco.
Virg.: Virgilio.
Voll.: volumi.

Tavola dei segni convenzionali

[ ] La parentesi quadra è indicazione di lacuna prodotta per guasto dovuto a cause non accertabili (acqua o fuoco).

< > La parentesi angolare è indice di congettura.

+ La *crux* segnala, al principio ed alla fine, i *loci desperati*, i guasti e le lacune insanabili. Anche quando l'*emendatio* viene meno è utile indicare esattamente lo spazio dell'errore.

Li sei contenti di Galeotto Del Carretto

E' un volume in 8⁰ di mm. 123 × 90; cc. 32: reg. A.B.C.D.(4); in carattere corsivo e romano di varia grandezza. Il testo è preceduto dalla dedica di Nicolò Franco ad Alberto Del Carretto (la stessa lettera che si trova in fondo alla parte seconda del *Dialogo . . . dove si ragiona della Bellezze* di N. Franco[1]) con la data "Di Casale di Monferrato a. XX. di Decembre. Del. M. D. XLI".
L'esemplare sembra consumato dal tempo, dai tarli, o dall'acqua[2]: in qualche punto è addirittura illeggibile. La carta 27 è erroneamente numerata 17. L'unica copia a stampa si trova alla Biblioteca dell'Archiginnasio di Bologna sotto l'indicazione bibliografica $\frac{16}{B.VII.24}$. La carta è azzurrina.
L'edizione a stampa del Cinquecento de *Li sei contenti* si colloca al secondo posto in una collana di otto rappresenta-

---

[1] *Dialogo di M. Nicolo Franco dove si ragiona delle Bellezze*. Alla fine della seconda parte del dialogo si trova la stessa lettera, ma datata un anno dopo, cioè nel 1542.

[2] C. Gaidano, "Una commedia poco nota di G. Del-Carretto," in *Giornale Storico della Letteratura Italiana*, 29 (1897), p. 369 in cui si legge: "la copia della commedia all'Archiginnasio di Bologna logora nella parte superiore, molto probabilmente per incendio".

zioni teatrali delle "Edizioni degli Accademici Gelati" nella sala 16a della Biblioteca Comunale di Bologna. Le otto opere, contenute in un cofanetto, sono le seguenti:
1) Antonio Peravolo Mantovano, *La ridicolissima et ingeniosissima Comedia nel mezzo bergamasco favellare*.
2) *Li sei contenti*. Comedia del.Ill. S. Galiotto del Carretto (Casal di San Vaso, G. Guidone, 1542).
3) *Le due cortigiane* di M.L. Domenichi (Venezia:D. Fazzi, 1567).
4) *Antigone* (Tragedia) del Trapolini (Padova:L. Pasquati, 1581).
5) *Rappresentatione di S. Cecilia* di A. Spezzani (Bologna: G. Rossi, 1581).
6) *La Verginia*, rappresentazione amorosa di Raffaello Gualterotti (Firenze: B. Sennatelli, 1584).
7) *Il Negromante* di L. Ariosto (Venetia: D. Cavalcalupo, 1587).
8) *I Suppositi* di M.L. Ariosto (Vinegia: D. Bisuccio, 1602).

Per la trascrizione della commedia delcarrettiana, oltre ad una consultazione in loco nelle estati 1978 e 1979, mi è stato di ausilio il microfilm preparato appositamente, date le condizioni della stampa, dalla bibliotecaria Signora Annamaria Scardovi a cui va tutta la mia riconoscenza.

All'Archiginnasio di Bologna dedico questa fatica.

La Sofonisba di Galeotto Del Carretto

E' un volume in 8⁰ di mm. 125 × 80; cc. 53: reg. A. B. C. D. E. F. G. (tutti son quaderni, eccetto G che è duerno); in carattere corsivo e romano. Il testo è preceduto da due lettere: la dedica di Nicolò Franco ad Alberto Del Carretto, datata Casale Monferrato, M. D. XLV. e la dedica di Galeotto Del Carretto a Isabella Marchesa di Mantova, in data 22 marzo MDII.

L'esemplare, in ottime condizioni, stampato a Vinegia, Appresso Gabriel Giolito de Ferrari, MLXLVI, è stato consultato presso "Joseph Regenstein Library of The University of Chicago".

Criteri e norme di trascrizione per *Li sei contenti* e *Sofonisba*

In mancanza di autografi o di altre edizioni ho cercato di trarre indicazioni attendibili sulle consuetudini grafiche del Del Carretto, leggendo altre opere inserite nell'ambiente culturale in cui si iscrive la sua attività letteraria: P. Aretino, A.F. Doni, L. Dolce e L. Domenichi. Ho consultato il *Dialogo . . . dove si ragiona della Bellezze* di N. Franco poiché proviene dallo stesso stampatore: G.A. Guidone (mi riferisco esclusivamente a *Li sei contenti*).

Per le grafie quattro-cinquecentesche mi sono soffermata attentamente su articoli e note di B. Migliorini, P.V. Mengaldo, M. Corti, M.A. Grignani, G. Aquilecchia e F. Brambilla Ageno[3].

Secondo Migliorini[4], nell'Italia rinascimentale, prevale

---

[3] B. Migliorini, "Nota sulla grafia italiana nel rinascimento," in *Studi di Filologia Italiana*, 13 (1955), pp. 259–296; P.V. Mengaldo, *M.M. Boiardo, Opere volgari* (Bari: Laterza, 1962), pp. 449–477; M. Corti, *Rime e lettere di P. J. De Jennaro* (Bologna: Commissione per i testi di lingua, 1956), pp. LXV ss.; M. A. Grignani, *Rime di Filenio Gallo* (Firenze: Olschki, 1973), pp. 61–63; P. Aretino, *Sei giornate* a cura di G. Aquilecchia (Bari:Laterza, 1969), pp. 432–447; F. Brambilla Ageno, *L'edizione critica dei testi volgari* (Padova: Antenore, 1975).

[4] Migliorini, *Nota sulla grafia italiana nel rinascimento*, p. 259 ss.

essenzialmente il criterio fonetico (in Francia, invece, quello etimologico) per l'ortografia dei libri a stampa in volgare.

Teoricamente, dunque, il principio tradizionale di trascrizione, che adegua la resa grafica alla pronuncia, non risulta più completamente valido[5]. Tuttavia esigenze di semplificazione e di coerenza editoriali, insieme ad una certa discontinuità di serie di grafemi, nella stessa opera delcarrettiana, suggeriscono di uniformare, secondo il criterio moderno, molti fenomeni che vengono in questa sede segnalati.

1) Quando di un testo si possiede un unico testimonio, non autografo, la prima operazione da compiere consiste, naturalmente, nella trascrizione che non è una riproduzione materiale, ma la prima fase dell'interpretazione. Per un editore, quindi, la norma principe da seguire è, citando Dionisotti[6]: "... capire quanto meglio può il testo che pubblica e aiutare gli altri a capirlo".

Il lavoro interpretativo consiste nella divisione delle parole, nello scioglimento delle abbreviazioni, nell'introduzione dei segni diacritici (accenti ed apostrofi) e di una punteggiatura ragionevole intesa a chiarire meglio il senso.

2) Questa prima fase, cioè trascrizione fedele dall'unico testimonio (*codex unicus*), si può denominare *recensio*.

3) Mi sono astenuta dal correggere gli errori di fatto che risalgono all'autore o allo stampatore (presumibilmente). Gli errori saranno rilevati nelle note.

4) Ho provveduto a correggere invece le "sviste", cioè tutto ciò che impedisce la chiara comprensione del testo, allo scopo di ridare all'opera la fisionomia più vicina possibile a quella voluta dall'autore. A quella che egli aveva in mente, e

---

[5] Già nel testo della commedia delcarrettiana si nota questo rilievo dato alla fonetica. Per esempio a p. 81 si legge: "BRUNETTA. Madonna, buone nuove. IULIA. Migliori sariano se fussero dieci". In questa botta e risposta tra BRUNETTA, *ancella*, e IULIA, *patrona*, la parola "nuove" presenta un'ambivalenza fonetica: vuol dire "nove" o "nuove".

[6] C. Dionisotti, *Rivista Storica Italiana*, 75 (1963), p. 892.

non a quella che, per ragioni accidentali o esteriori (poca coerenza nella stampa), ci ha voluto trasmettere.

5) Nel caso de *Li sei contenti*, il cui testo è colpito da guasti, si procederà alla seconda fase editoriale che è l'*emendatio*. Poiché si tende a migliorare la lezione tramandata mediante congettura, l'*emendatio* assume le caratteristiche della *divinatio*. Le integrazioni sono segnalate nel testo. In quest'ultimo caso la parentesi quadra [ ] è indicazione di lacuna prodotta per guasto dovuto a cause non accertabili (acqua o fuoco). La parentesi angolare < > è indice di congettura. La *crux* + segnala, al principio ed alla fine, i *loci desperati*, i guasti e le lacune insanabili. Anche quando l'*emendatio* viene meno è utile indicare esattamente lo spazio dell'errore.

Nota sulla grafia per
Le sei contenti e *Sofonisba*

1) L'interpunzione è stata aggiornata secondo le convenzioni odierne: si è, però, avuto cura di non alterare la scioltezza del "parlato" delcarrettiano con gravi rilievi interpuntivi, ove ciò non fosse voluto dall'economia del periodo o da necessità di senso.
Le stampe originali presentano un assetto interpuntivo che si rivela inaccettabile in vari casi, anche rispetto all'uso coevo. E' il caso delle incidenze del punto fermo seguito da maiuscola nell'ambito di una proposizione.
Per la incidenze di "dialogo nel dialogo" (sintassi dialogica) o per citazioni sostantivate si sono adoperate le virgolette alte " " non necessariamente precedute da due punti, ma sempre con l'iniziale di discorso maiuscola.
Si è usato il punto esclamativo o virgola specie dopo *Ahi, Ohimè, Oh, Ah, Ohe, Ohimè,* nel latino aureo, ecc. e di norma solo là dove il valore esclamativo non risultasse determinante per costruzione e significato.
I tre punti alla fine della battuta indicano sospensione di discorso.

2) La divisione o il legamento delle parole ha richiesto

soluzioni varie per cui si è badato, anzitutto, a non alterare arbitrariamente la rappresentazione del rafforzamento sintattico. Si è rispettata la grafia fonetica indicata nelle note.

Per le preposizioni articolate le forme staccate (*de la, da la*) risultano prevalenti su quelle unite (*nel, del*), quindi non ho operato il livellamento. Lo stacco si è effettuato, con l'aggiunta dell'apostrofo, nei casi di forme intere seguite da vocali (es. *nel altra, al alto*) e così via.

Si è effettuato il legamento ovunque occorressero le forme staccate di preposizione (*a, da, de, co, ne, per* e *su*) seguite da articolo plurale maschile (*i* e *gli*).

Si è effettuato il legamento di *orsù* nelle forme di *Hor su* eliminando l'*h* etimologica (o pseudo-etimologica).

Uniti e con l'accento sulla sillaba finale si sono trascritti i composti congiuntivi e avverbiali di *che* non implicanti raddoppiamento sintattico (quando nelle stampe si rilevano oscillazioni di forme staccate o unite senza accento): *poiché, perché, purché, finché, talché, ancorché, nonché*. Si è posto l'accento sul *che* con significato causale (= *perché*).

L'oscillazione *perciò/per cio* è stata livellata sulla forma unita. E' stato lasciato staccato il *pur ch'io* ed il *cio che*.

3) Per altre locuzioni avverbiali e congiuntive è stata adottata la forma unita secondo l'uso moderno, ma non dove il legamento avrebbe richiesto l'indicazione del rafforzamento sintattico. Così sono rimaste disgiunte le forme *più tosto, si come* e *concio sia che, a pena, mal stallone, a dio*. Si è per contro effettuato il legamento nei composti seguenti che, nella stampe, sono mantenuti staccati: *insomma, indietro, alfine* e *perdio*.

Le oscillazioni *insieme/inseme* e *cieco/ceco, picciolo/piccolo* e *ritruova/ritrova* sono state uniformate sul dittongo. E' stato effettuato il legamento nel seguente nome composto: *mezzogiorno*.

I nessi pronominali *mel, tel* e *sel* ho conservato uniti,

uniformando su di essi i casi sporadici in cui le stampe presentano la separazione con il segno dell'aferesi (il che vale anche per *no'l nol*).

Nella trascrizione dei nomi ho effettuato il legamento nei composti che nelle stampe figurano con lo stacco fra i due termini: *valent'huomo* > *valentuomo*. Infine l'oscillazione *ammendoi/amendoi* è stata livellata sulla doppia.

Chel è stato trascritto *che'l*, quando si tratta di un articolo, *ch'el* quando sia pronome.

4) La congiunzione *e* appare espressa nelle stampe in modo vario: accanto ad *e* (che prevale dinanzi a consonante) si ha *et*, e la sigla *&* (che prevale dinanzi a vocale). Ho uniformato sulla *e* in tutti i casi, tranne che dinanzi a *e* iniziale di parola successiva, nel qual caso ho trascritto *ed*, anche dove la stampa presenta *e*. Per la *Sofonisba* ho adottato *e* o *ed* secondo il numero di sillabe del verso.

5) Ho eliminato le *h* etimologiche (o pseudo-etimologiche) tranne ove hanno funzione diacritica conforme all'uso moderno.

Ho conservato l'*h* in *Ah* esclamativo (che, ripetuto, indica risata) ed ho modificato in *Ahi* e *Ohime* le interiezioni delle stampe che davano *Ay* e *oime*.

Le forme *talhora, anchora, malhora* e *hor* sono state trascritte *talora, ancora, malora* e *or*. Quanto a *gorghera* ho lasciato inalterata la forma originale. Le grafie sporadiche *dichiamo* e *dichi* sono state trascritte in *diciamo* e *dici*.

6) Le grafie etimoleggianti sono relativamente scarse nelle stampe, ad eccezione di *-ti-* + vocale che ho reso con *-zi-*, fatta eccezione di *dubitiare*. La grafia *-tha-* è stata ridotto a *-ta-* (Carthagine > Cartagine).

A *-zi-* ho ridotto anche i casi sporadici di *-tt-* + vocale, esito di *-ci-* e *-pt-*. Così ugualmente par *-ph-* che è stato ridotto a *-f-*. Sull'ortografia volgare assimilata ho anche uniformato i pochi casi di nessi latineggianti originati da composizione in quanto non sembrano possedere, nei rispettivi case, particolare significato stilistico: *conspetto, constretto,* instrutti e constante.

Ho sostituito *i* a *j* e *y* e ridotto a *i*, le desinenze plurali atone *ii* e *ij*. Per contro alla prima persona singolare del perfetto dei verbi in -*ire*, dove le stampe presentano la desinenza con -*i*- (o *i*), ho adottato la grafia -*i*, (es. udi > udi').

Ho normalizzato secondo l'ortografia moderna la rappresentazione di *c* e *g* palatali che, nelle stampe, sono resi con *ci* e *gi* dinanzi a *e*.

Ho rispettato la varietà e incostanza dei legamento nella stampa come *ogniuno*, mentre ho conservato la grafia -*sci*- per il risultato toscano del nesso si̲ (*bascio, camiscia* e *sciaglierata*).

Superfluo avvertire che si è distinto graficamente l'*u* vocalico dal *v* consonantico.

7) Le oscillazioni dei verbi *vommene/vomene*, e *dimmelo/ dimelo* sono state uniformate sulla doppia.

Ho integrato *riconta<r>gli e aspetta<r>lo* del verbo infinito per evitare ambiguità. Al futuro ho lasciato la doppia delle forme assimilate: *vederassi, lamenterassi* e *batterassi*.

8) Per quanto riguarda la morfologia verbale mi sono di regola astenuta da interventi normalizzatori. Al futuro e al condizionale ho mantenuto le varie alterazioni fonetiche (es. *vorebbe, sarebe, condurò* e *voresti*.

9) Per lo scempiamento o geminazione delle consonanti si è cercato di limitare, per quanto possibile, l'estensione degli interventi editoriali a quei casi per i quali le stampe stesse offrissero la giustificazione dell'intervento. Ciò si è reso anzitutto possibile per i molti casi di oscillazione (che investono in parte anche i verbi composti con *a*-) i quali sono stati di norma

uniformati sulla doppia: dove non era oscillazione è stata conservata la scempia.

a) Con la duplice doppia ho uniformato le oscillazioni che occorrono nella coniugazione dei seguenti verbi: *accettare/ accetare, corrucciare/corruciare, apparecchiare/aperichiare*. Si sono livellate le forme *veggiendoti/vegendoti* su *veggendoti*.

b) Ho trascritto con il raddoppiamento normale le seguenti grafie: *effetto/efetto* e *vidde/vide*.

c) Ho trascritto con la doppia il segno della -z- sonora (che è, per lo più, rappresentata nella stampe con la scempia, quando non c'è oscillazione): *scandelezzarla*.

10) L'uso delle iniziali maiuscole è stato uniformato e ridotto data la poca coerenza delle stampe. In minuscolo sono state uniformate le varie occorrenze di *stoppino, iulio, graziuolo, mal stallone*, che documentano il passaggio dal nome proprio al nome comune. Con l'iniziale maiuscola sono stati conservati i nomi astratti onorifici: *Prelati, Pontefici, Prencipi, Pietro, Mitera* e *Chiesa*. Minuscola è stata resa l'iniziale dei nomi indicanti posizione sociale come *madonna, messere* e *avolo*. E' stata adottata l'iniziale minuscola in *comedia, patrone, parasito* e *castratore*. Maiuscola è stata trascritta l'iniziale *San* seguita dal nome di persona in senso religioso e ironico: lo stesso processo è stato adottato per *Amore* come personificazione. Maiuscola è stata conservata l'iniziale di Dio ove indichi la divinità cristiana, anche in espressioni esclamative; ma nella forma di commiato *a dio* è stata mantenuta la minuscola delle stampe.

11) L'uso dell'accento appare molto disordinato nelle stampe: è stato regolato conforme alle convenzioni odierne. In alcuni casi è stato introdotto per evitare ambiguità: ciò vale ad esempio per le occorrenze di *sète* con valore di *siete*.

In principio di periodo è stato introdotto l'accento negli

imperativi *vàttene, vòmmene, dìmmelo, dàtemi* e *làscialo* (per porre in rilievo i fonemi del testo) e anche, all'interno di frase, per la desinenza -àr della terza persona plurale del passato remoto.

Anche l'uso dell'apostrofo è stato uniformato e regolato secondo le convenzioni moderne. È servito, quindi, a indicare troncamento per riduzione di dittongo ascendente, come pure per troncamento e caduta di sillaba finale: es. *vo'* (= *voglio*) e *fe'* (= *fece*). Per evitare ambiguità non è stato introdotto per indicare l'assimilazione e il rafforzamento davanti a consonante: es. *se no che*.

Li sei contenti

Comedia del Ill. S. Galiotto
Del Carretto Delli
Marchesi di Savona

Nuovamente data in luce.

DEL. M.D.XLII.

Nicolo Franco, Ben. Al'Illustre. S. Alberto Del Carretto.

C[on quella fretta], che da la scar[sità del'ore m'è][1] stata data, ho letta la comedia de I Sei Contenti, la quale da la penna del. S. Galiotto mi fu lasciata. Ella, per quel saggio che n'ho gustato, m'è piaciuta sì fattamente, ch'io non men contento mi trovo d'averla vista, che si trovano i sei ch'entravengono[2] negli atti scenici. Di che non ho che dirvene più, se non che per impossibile mi parrebbe, se tutto l'universo scorrendosi, se ne trovasseno sei altri contenti, come a me pare d'aver trovato nel picciolo volume da voi mandatomi. Né ciò ne sembri cosa mirabile, conciò sia che se questa contantezza, o diciamo felicità, si dee misurare nei sommi Prencipi,[3] eccoci che nessun di loro può riputarsi contento, poiché non è termine che paia[4]

---

[1] Per l'interpretazione di questa parte si è usata l'identica lettera di Nicolò Franco nel *Dialogo . . . dove si ragiona delle bellezze* (Casale di Monferrato: Gionantonio Guidone, M.DXLII), p. T ii (alla fine della seconda parte del dialogo).
[2] *Entravengono*: intervengono. "Entro. Proviene da una confusione fra intro e inter. Ha funzione locativa e temporale" (ROHLFS, III, 845).
[3] *Prencipi*: principi.
[4] *Paia*: pare. A proposito dei lemmi *paio* e *paro* il Bembo sostiene che il primo è tipicamente toscano. Si riporta l'intera frase quando il Bembo discute di Boccaccio: "Di questa seconda voce, di cui si parla, levò il Boccaccio la vocale ultima, quando e' disse: '*Haiti tu sentito stamane cosa niuna? Tu non mi par desso;* e

prescriversi a l'ingordigia dei loro contentamenti,[5] ai quali quel freno si potria[6] porre che si puote ai venti ove più soffiono sfrenatamente? Pare ai meno potenti, come ai calpesti[7] da la fortuna, che i più potenti godano la contantezza del'esser loro, argom[entando]lo[8] perché nel sommo gli veggan [o[9] e attorniati] da l'affluenze,[10] onde il con[tento degli animi si] può fo<t>mare; come che i gran [tiranni deb] bano aversi tali, perché [a la tira]nnide loro paia[11] lecito ciò che [vogliano]. Ma d'altro disparere[12] sarebbe chi considerasse che eglino[13] manco[14] si

---

poco dapoi, *Tu par mezzo morto*. La qual voce non da *Pajo*, che toscana è, ma da *Paro*, che è straniera (alla Toscana), si forma" (BEMBO, *Prose*, III, p. 136).
[5] *Contentamenti*: desideri.
[6] *Potría*: potrebbe. In questi condizionali in -*ía* (*saría* e *vorría*) si rinvengono forme importate con riflessi della lingua aulica dei poeti siciliani o della lingua di Provenza o del Nord-Italia. Il Bembo le sentiva come forme esclusive della poesia (cfr. BEMBO, *Prose*, III, pp. 154–155 e ROHLFS, III, 746).
[7] *Calpesti*: in senso figurato significa bistrattato o maltrattato (Cfr. BOERIO, p. 86). *Calpesti* risulta un participio passato accorciato poiché sta per *calpestati*. Secondo il Bembo tali participi passati accorciati vennero adottati dai prosatori, dagli antichi toscani, e si rivelarono più vicini all'uso vivo dello lingua. "*Lasso* e *Franco* e *Stanco* e per aventura dell'altre, in vece delle compiute (*lassato*, *francato* e *stancato*), sono così in usanza, che più tosto propriamente dette paiono che altramente" (BEMBO, *Prose*, III, p. 107).
[8] *Argomentandolo*: desumendolo.
[9] *Gli veggano*: li vedono. Secondo il Rohlfs il toscano antico conosceva la forma *gli* per la terza persona plurale (accusativo) (cfr. ROHLFS, II, 462). Sempre secondo il Rohlfs *veggano* è forma usata in Versilia, nel pisano e nel Mugello (cfr. ROHLFS, II, 535).
[10] *Affluenze*: "Abbondanze. In senso trasl. Grande abbondanza. *Rerum omnium affluentia*. Cic. *Annonae affluentia*. Plin. Affluenza di ricchezza" (TOMMASEO-BELLINI, 1[1], p. 239).
[11] *Paia*: cfr. nota 4.
[12] *Disparere*: dissentire.
[13] *Eglino*: sta per "essi" forma ancora accetta ai grammatici del XVI secolo - Bembo e Salviati (cfr. TOMMASEO-BELLINI, 2, p. 452). P. Aretino, *Le carte parlanti*, a cura di E. Allodoli (Lanciano, 1916), p. 20: "Eglino ed elleno, invitate e invitati, dalla semplicità dei parenti, dalla familiarità de' compari e dalla sicurtà degli amici, doppo il ristorarsi con le buone vivande, levate via le tovaglie e fatte venir le carte, tratti fuora alcuni pochi denari, cominciano a trastullarsi". D. Bartoli, *Il torto e 'l diritto del non si può* (Napoli, 1854), p. 163: "Eglino, usato non poche volte da gli antichi, è continuamente in bocca di alcuni i quali credono che, ragionandosi di più, sia manifesto fallo il dire 'egli' o

tengono paghi de la lor sorte che si tengono e miseri tuffati ne le miserie. Anzi gli riputerebbero[15] nati a la scontantezza se le rovine guardasseno[16] che sopra stanno a l'altezza del trono dove si veggono, e donde (come per prova si vede) non dico sovente, ma il più delle volte, caggiono[17] in precipizio con istremo fiaccacollo[18] dei loro giubili. Il perché si mostra con evidenza, che meritevolmente niuno si può né beato, né contento nomare[19] anzi la morte. Chi non sa che i Prelati de la Chiesa d'Iddio paiono[20] gionti al segno del contentarsi quando e de la Mitera[21] di Pietro e de le sue Chiavi s'insignoriscono? Certamente così si pare perché vedendo gli[22] sommi Pontefici

---

'ei'. Leggano Dante, e ve li troveranno amendue in gran numero". BEMBO nelle *Prose*, II, pp. 118-119 dice così: "Nel numero del più *egli* serba la primiera voce per aventura in tutti i casi, dal terzo in fuori. E questo numero non entra nelle prose se non di rado, con ciò sia cosa che le prose usano il dire *Essi* nel primier caso, e negli altri *Loro* in quella vece; ma è del verso. Le quali prose nondimeno, accrescendonelo d'una sillaba negli antichi scrittori, l'hanno alle volte usato nel primo caso così, *Ellino*. E queste voci, che al maschio tuttavia si danno, i meno antichi dissero *Egli* et *Eglino* più sovente".

[14] *Manco*: "Nemmeno" (TOMMASEO-BELLINI, 3¹, p. 64 e BATTAGLIA, IX, p. 616). Cfr. anche BOERIO, p. 329 per il significato avverbiale di "meno". Si trova anche in FLORIO-TORRIANO, M m 2.

[15] *Riputerebbero*: tipico esempio di condizionale la cui nascita è strettamente connessa con la formazione del futuro romanzo, col quale sta (da un punto di vista formale) nella stessa relazione che corre tra presente e imperfetto (o perfetto): *cantare habeo: cantare habebam* ovvero *habui*. Si sa, infatti, che il condizionale è una creazione delle lingue neolatine: non corrisponde né per forma né per funzione ad alcuna forma verbale del latino.

[16] *Guardasseno*: significa guardassero. Per questa forma in -àsseno si veda ciò che dice ROHLFS, II, 560 sulle forme della lingua letteraria del congiuntivo imperfetto: "Alla terza persona plurale la lingua antica ha -*àsseno*, -*ésseno*, -*ìsseno*, cfr. nel Sacchetti *fossono*, *avessono*, in Guittone *volesseno*, nel Compagni *potessono*, nell'antico senese *lassassono*, nella *Mandragola tenessino* (2,2)".

[17] *Caggiono*: cadono. Per la forma della doppia *g* anetimologica ofr. la nota 9.

[18] *Fiaccacollo*: grave caduta pericolosa per la propria incolumità.
[19] *Nomare*: chiamare.
[20] *Paiono*: cfr. nota 4.
[21] *Mitera*: Mitra, ornamento dei vescovi sul capo. "Fu detto anche per Mitra. S. Agost.C.D." (TOMMASEO-BELLINI, 3¹, p. 308).
[22] *Gli*: significa "i". "Quanto a *gli*, troviamo questa forma nella lingua antica non soltanto dinanzi a vocale e a *s* impura (anche *z*), ma anche davanti

e [ai lor p]iedi inchinate l'altrui corone, qua[si che ogniuno crede c]he si riputino cont[entissimi, ma soccede al]trimenti, se l'in[quieto del'ambizione, l']insaziabile de la si[monia, l'infi]nito de le loro infamie eviden[tissime], e l'uscita dei loro esiti miserevoli si contrapesano[23] con lo stato di maniera che, né gli ori, e né gli argenti che ammassono, beono[24] più veleno, che non gustano contantezza nel vivere. Ma pàrravi[25] per Dio che io cerchi la nostra comedia ridurre in satira, e ho errato là onde la festosa piacevolezza che il vostro avolo[26] volle tramezzare[27] ne la gravità dei suoi studi non merita che s'attoschi,[28] né con le infelicità dei Prencipi, né con le infamie dei Prelati.

E però ritorno a I Sei Contenti de la comedia, ove sommamente m'han sodisfatto lo stratagemma di Mastallone: perché colto in adulterio con la sua serva, per addolcire il cruccio de la mogliera, fece veduto[29] ch'egli voleva farsi castrare in penitenza de suoi misfatti, il che credendogli la pietosa consorte, e forse più per pietà di lei che di lui, non volle in veruna guisa.[30] Senza dubbio fu accorto l'avedimento del

---

ad altre consonanti, particolarmente all'inizio di frase e dopo *r*, per esempio *Gli diritti occhi* (Inf. 6, 91), *tutti gli lor coperchi* (9, 121), *per gli sepolcri* (10, 7), *chi fur gli maggior tui* (ibid., 42)" (ROHLFS, II, 414).
[23] *Contrapesano*: commisurano.
[24] *Beono*: bevono.
[25] *Pàrravi*: vi parrà. Cfr. legge Tobler-Mussafia che è una norma applicata ai versi danteschi sull'antica collocazione dei pronomi atoni rispetto a verbi di modo finito: a inizio di periodo è obbligatoria l'enclisi (Andovvi poi lo Vas d'elezione), pressoché obbligatoria anche dopo particella congiuntiva (e scolorocci il viso).
[26] *Avolo*: avo, antenato.
[27] *Tramezzare*: porre una cosa in mezzo all'altra.
[28] *S'attoschi*: da attossicare, avvelenare. L. Pulci, *Il Morgante*, a cura di F. Ageno (Milano-Napoli, 1955), canto 13, ottava 52: "Non fu mai lupo arrabbiato né cagna/che così morda e divori ed attosche".
[29] *Fece veduto*: "Fare veduto - (Val.) Mostrare. *Ant. Com. Dant. Etrur.* I, 440. 'Fintamente feciono veduto a questi frati, come spiacea loro la signorina' " (TOMMASEO-BELLINI, 1, p. 689).
[30] *Veruna guisa*: nessun modo.

buon marito. E [per dirlovi] francamente, emm[i³¹ paruto³² ch'egli non al]trimenti abbia fatto con la sua donna che i frati facciano con la Chiesa, perciò che da che s'incapucciano, e s'incocollano,³³ così subito danno a di vederci ch'essi vogliono in quello istante farsi castrare di tutti li stimoli del diavolo che gli³⁴ inabissi. La qual cosa sì bene si dà a credere al melenso³⁵ dei plebei, ed al berettino³⁶ dei piagnoni,³⁷ che perciò non s'accorgano come la semplicità de mondani si pigli a beffe, onde il cumulo de la fede ne sente tanto di scemo³⁸ che, se bene a le volte veggiamo sott'abito fratesco qualche spirto di santimonia,³⁹ a pena ch'el crediamo ch'egli sia tale, tanto n'è chiaro a la stimativa⁴⁰ che i vizi non sappiano trovarsi altrove che ne le toniche. Perché, se i castroni⁴¹ dovutamente si castrasseno di tutto l'allettevole⁴² che può pingergli⁴³ a rio prevarico,⁴⁴ andrebbe la schernita religione tanto avanti quanto ne pare che torni indietro; ma eccomi intoppato⁴⁵ ne

---

³¹ *Emmi*: "Mi è" (FLORIO-TORRIANO, Y).
³² *Paruto*: parso.
³³ *S'incocollano*: "Incocollare; intr. con la particella pronom. (m'incocóllo). Raro. Indossare l'abito monacale, farsi frate" (BATTAGLIA, VII, p. 700).
³⁴ *Gli*: li. Cfr. nota 4.
³⁵ *Melenso*: sciocco, balordo (cfr. BOERIO, p. 346). "Gullish, Simplewitted" (FLORIO-TORRIANO, N n 2).
³⁶ *Berettino*: piccolo beretto e una specie di panno di color berettino, ossia bigio (cfr. CRUSCA, 2, p. 147).
³⁷ *Piagnoni*: cittadini popolari o di quelli che affezionati a Fra Girolamo erano dal Volgo chiamati Piagnoni.
³⁸ *Scemo*: mancanza.
³⁹ *Santimonia*: aff. al lat. aur. *Sanctimonia*. Vita e atti di persona santa e devota (cfr. TOMMASEO-BELLINI, 4¹, p. 539).
⁴⁰ *Stimativa*: facoltà di giudicare, giudizio.
⁴¹ *Castroni*: "Castrone dicesi anche ad uomo stolido di grosso ingegno e di poco animo; tolta la figura dalla balordaggine di quest'animale (agnello castrato)" (CRUSCA, 2, p. 656).
⁴² *Allettevole*: da allettare, essere piacevole.
⁴³ *Pingergli*: spingergli.
⁴⁴ *Prevarico*: trasgressione (lat. aur.).
⁴⁵ *Intoppato*: inciampato (cfr. FLORIO-TORRIANO, I i 2).

l'altra satira [senza avedermene[46]]. E perché non m'abbat[ta[47] a la terza,] il meglio si è ch'io finisca e dicavi solamente che la comedia de I Sei Contenti, per le meraviglie che mostra, [mer]ta che ne le stampe si canonizzi,[48] sì che ciascun'altro ne goda leggendola come io n'ho goduto. Il quale perciò ve ne resto con obbrigo[49] e vi s'accenna[50] da le man vostre, quali io vi bascio.[51]

Di Casale di Monferrato a. XX. di Decembre. Del. M.D.XLI.

---

[46] *Avedermene*: verbo indicato con una solo *v* (avvedermene, accorgermene).

[47] *M'abbatta*: abbattersi significa incontrarsi casualmente.

[48] *Si canonizzi*: da canonizzare che significa approvare secondo le norme. Il verbo si trova anche in FLORIO-TORRIANO, M.

[49] *Obbrigo*: obbligo.

[50] *S'accenna*: accennare significa fare un segno.

[51] *Bascio*: bacio. "*Il nesso si̯ in Toscana.* Il risultato normale e indigeno in Toscana è certamente š. Vale a dire che la *i̯* si è unita con la consonante sorda precedente formando un unico suono prepalatale. Dal punto di vista ortografico questa š viene espressa con la combinazione delle due lettere *ci* . . . In epoca antica si usava invece di *ci* anche la grafia *sci*: per esempio nei manoscritti del "Decamerone" *bascio, basciare, camiscia, brusciare,* e in altri testi toscani antichi *Parisci* (Parisii), *Ambruosci* (Ambrosiu), *Peroscia*=Perugia, *marchisciano* (-esianu), *prescioni* (Monaci, 575)" (ROHLFS, I, 286).

Gli interlocutori de la comedia

MASTALLONE, *pa[t]rone*[52]
CRISTINA, *ancella*
IULIA, *mogliera di Mastallone*
GRAZIUOLO, *servo*
BRUNETTA, *ancella*
STOPPINO, *parasito*
CROCETTO, *ragazzo*
MASTRO BERTUCCIO, *castratore*

---

[52] *Patrone*: uomo potente (o patrono) invece di padrone in senso aureo latino.

Prologo

SPETTATORI, di qualunque sorte voi siate, istrione[53] son io de la Cità[54] d'Alba Pompeia; nuovamente qua a voi mandato da certi buon compagni di quella terra, il qual vi porto non con le spalle, né con le braccia, ma con la lingua, questa non manco istoria[55] che favola, e perché è antico di noi costume, nel principio del narrare, salutare gli ascoltanti con qualche salutifero avvenimento, il quale sia da la più parte de le persone desiderato, vi vorrei augurare la santa pace, ma per esser gita[56] presso ch'io non dissi in bordello,[57] e per esser in

---

[53] *Istrione*: sm. Nell'antica Roma, attore di teatro (e il termine, dapprima riservato ai saltimbanchi e ai domatori estruschi, fu poi dato agli attori locali che imitavano gli estruschi e più tardi esteso agli attori della commedia latina).
"Recitante di scena. La voce, d'origine etrusca, vive tuttavia nel popolo lucchese dove la gente di teatro non è chiamata altrimenti. Di Toscana certamente cavarono i Romani il modo de' ludi scenici e gl'istrioni, e di questi ne porta seco . . . la fede il nome stesso. I comici presso i Latini furono così chiamati da un tale Istra, toscano, recitante bravissimo" (TOMMASEO-BELLINI, 2², p. 1710).
[54] *Cità*: città.
[55] *Istoria*: lett. disus. storiografia. In partic.: esposizione di fatti, avvenimenti, fenomeni (sociali, politici, economici, militari, religiosi, ecc.) riguardanti un ambito generale o universale oppure un particolare ambito cronologico o geografico oppure una determinata attività.
[56] *Gita*: andata (cfr. FLORIO-TORRIANO, D d).
[57] *Bordello*: (andare in bordello) andare alla malora. Aretino, *Teatro*, a cura di N. Maccarrone (Lanciano, 1914), vol. L, p. 148 (*La Cortigiana*)

tempi di guerra, sì come voi a vostro costo talora avete provato, e di nuovo provate, non possendovi imprecare[58] quella, vi desidererò questa, dicendo in questo mio picciolo prologo, la pace di Marcone[59] sia con voi. Orsú, non più riso e senza strepito, e silenzio sel vi piace e se non, e ascoltate talché l'argomento vi sottentri[60] più leggiermente.

" -Sta saldo che ho trovato il modo di ruinarlo - Come? - Adesso lo penso. - Pensalo bene, ché andato lui in bordello, io sarei *dominus dominantium*".
[58] *Imprecare*: augurare (cfr. FLORIO-TORRIANO, G g).
[59] *La pace di Marcone*: "Il congiungimento carnale" (ARETINO, *Sei giornate* a cura di G. Aquilecchia, Bari, Laterza, 1969, p. 458). Cfr. PRATI, *Voci*, 225.
[60] *S'ottentri*: penetri.

Argomento

Graziuolo servo, innamorato di Iulia, sua patrona, col mezzo di Brunetta, sua fidata ancella, conseguirá il voto suo il qual' da Crocetto ragazzo a Mastallone suo patrone, e marito di lei, sará rivelato. Il marito stará tra sí e non di parlarne con Iulia in grave suo danno e scandolo;[61] alfine risolverarsi di tacere, e non scandelezzarla e tanto più ch'egli pigliandosi piacere con Cristina, ancella di sua moglie, caduto vederassi in conforme fallo, nel qual' da lei a la sprovista[62] sarà colto. Ne la corrotta fede sdegnata molto lamentarassi. Il marito conoscendo il furor de la moglie con nova[63] astuzia fingerà di volersi far castrare da Mastro Bertuccio per placar la crucciata Iulia. Verrà da lui e in presenza di quella il[64] farà legare sopra una tavola e mostrerà con suoi ferri, e stromenti[65] di volerlo castrare. La

---

[61] *Scandolo*: scandalo.
[62] *A la sprovista*: senza avvertimento.
[63] *Nova*: nuova (cfr. BOERIO, p. 380 e FLORIO-TORRIANO, Q q 2).
[64] *Il*: lo. "*La terza persona singolare (accusativo)*. Nel toscano da *illu* e *illa* si è regolarmente avuto *lo* e *la* . . . Accanto a *lo* l'antico toscano aveva per vero anche un altro sviluppo di *illu*, collo stresso esito *il* già veduto per l'articolo. E, come quello, anche questo *il* era originariamente legato alla posizione preconsonantica, dopo finale vocalica, per esempio nel Boccaccio *quando il vide, io il farò, lungo tempo il cercava*, nel Petrarca *chi 'l crederà, perché giurando il dica* . . . " (ROHLFS, II, p. 455).
[65] *Stromenti*: strumenti.

moglie, veggendo[66] il maestro in procinto de seguir l'officio[67] suo, farà ogni opera con esso lui che non la tagli: il marito starà costante e, fingendo, insterà[68] che l'effetto si faccia, alfine la moglie per liberar il marito di tal atto a lei dannoso sarà contenta che si possa dar trastullo con Cristina e parimenti il marito grato consentirà che Iulia possa talvolta sollazzarsi con Graziuolo. E Stoppino, parasito,[69] con Brunetta, ancella. Or state attenti, eccovi Graziuolo che si lamenterà de la sua disgrazia.

---

[66] *Veggendo*: vedendo. Cfr. la nota 9.
[67] *Officio*: suo servizio, dovere dal lat. aureo.
[68] *Insterà*: ant. Persistere, accanirsi in un'azione. L. Ariosto, *Orlando Furioso*, a cura di L. Caretti (Milano-Napoli, 1954), canto 41, ottava 99: "L'incauto Brandimarte, non pensando/ ch'Orlando costui, lasci da sé tôrre,/ non gli ha né gli occhi né 'l pensiero instando/ il coltel ne la gola al pagan porre".
[69] *Parasito*: "Colui che mangia al più spesso che può alla mensa altrui. Castigl. *Cortegiano* 2–176: '-S'ha da fuggir, narrando ed imitando, di rassimigliarsi ai buffoni e parassiti ed a quelli che inducono altrui a ridere per le lor sciocchezze' " (TOMMASEO-BELLINI, 3², p. 763).

Atto Primo

GRAZIUOLO, *servo su la porta solo*

Ahi lasso! A che passo son gionto[70] per causa d'amore? Il focoso desir mi cresce, e la misurata ragion vien meno. Io amo, anzi ardo, anzi muio, per cui[71] non ama, né scorge i martiri miei, né considera la mia morte. Strano, duro e inusitato[72] partito è questo mio, mal misurata, e peggio essaminata[73] è la mia pertinace voglia. Gran disaguaglianza, dal basso grado mio a l'alto stato di quella che tant'amo. O che amore se pur accender mi voleva, e legarmi con i suoi lacci, far mi doveva per fortuna tant'alto, ch'io fossi stato uguale a lei, o far lei sì bassa, che fosse stata pari a lo stato mio, overo non avessemi posto in tant'alti pensieri. Io ardo e non ardisco scovrirlo[75] a quella gelata che tant'amo. Di Iulia

---

[70] *Gionto*: giunto.
[71] *Per cui*: per colei che.
[72] *Inusitato*: insolito.
[73] *Essaminata*: considerata (cfr. FLORIO-TORRIANO, Y 2).
[74] *Disagualanza*: disuguaglianza.
[75] *Scovrirlo*: mostrare (cfr. BOERIO, p. 562).

mia patrona dico che il nome ha conseguente agli effetti del caldo iulio,[76] il quale come riscalda la terra, gli uomini, gli animali e augelli[77] di grandissimo calore, così costei col suo gelato cuore, mi scalda il corpo, l'anima, i spirti, sensi e il cuore. Come averò[78] mai tanto ardire di scoprirgli i concetti miei? Se glieli dico, che dirà? Forse che l'amore costretto m'ha. Questa canzonetta viene molto a proposito, "Timor e desio combattono insieme nel cuor mio".[79] Timor mi dice che, parlando di questo amor mio con la patrona,[80] mi scaccerà da lei con severo volto, o forse con danno minacciandomi del mio presuntuoso e temerario ardire. Il desir, accompagnato da qualche speranza, mi dà ardire che le scopra il concetto mio, e del resto ch'io lasci fare ad amore. Forza è[81] ch'io parli se dovessi aver a la gola ben mille spade. Di qual megliore, o più degna morte morire posso io come per colei per cui ben mille volte non morendo pur muoio? E che m'è patrona in esser da me servita, patrona del mio cuore, patrona de l'anima mia e, orsù mia lingua quando sarò avanti a lei non star mutola,[82] ma parla arditamente. E tu, mio cuore, non ti + + ire, che non credo che in cuor genti[le com]e il suo regni durezza.

BRUNETTA, *ancella*, e Iulia, *patrona*.

BRUNETTA. Madonna, buone nuove.[83]

---

[76] *Iulio*: dal latino luglio.
[77] *Augelli*: uccelli.
[78] *Averò*: avrò. Forma di futuro che mantiene la *e* nella penultima sillaba (cfr. BEMBO, *Prose*, III, p. 148). Tale forma è citata come futuro di *havere* ne *A brief introduction* di FLORIO-TORRIANO, p. 10.
[79] *Desio . . . mio*: formazione della rima in -*io*.
[80] *Patrona*: forma femminile di patrone. Cfr. nota 52.
[81] *Forza è*: sono forzato.
[82] *Mutola*: "Mutolo assolut. si dice a quello che non sente nè parla per esser sordo dal nascimento" (BOERIO, p. 371). Muta (cfr. FLORIO-TORRIANO, P p 2).
[83] *Nuove*: l'aggettivo ha valore fonetico e suona come il numero "nove".

IULIA. Migliori sariano[84] se fusser dieci.
BRUNETTA. Elle sono migliori che se fussero mille.
IULIA. Che nuove son queste e cotanto[85] buone?
BRUNETTA. Oggi, essendo in camera per dar ordine a lo spazzar dei vostri panni, udi' il nostro Graziuolo far solo un gran ramarico[86] d'una ardente passione ch'el torm[enta], il qual si doleva de la sorte sua, e de l'amore che egli dice portare ad una gran donna, al suo basso stato non condecente,[87] ma molto più de la tema[88] che l'impediva, che non aveva ardire di scoprir le sue pene.
IULIA. Puote[89] essere che Graziuolo sia innamorato?
BRUNETTA. Gli è[90] quel che vi dico.
IULIA. Grande amirazione perdio ne prendo di questo novo[91] amor suo.

Infatti Iulia risponde: "Migliori sarebbero se fossero dieci".
[84] *Sariano*: sarebbero. Cfr. nota 6.
[85] *Contanto*: così tanto.
[86] *Ramarico*: lamento (cfr. FLORIO-TORRIANO, A a a 2).
[87] *Condecente*: disus. e letter. Che si addice, conveniente; decoroso, onorevole.
[88] *Tema*: paura, timore.
[89] *Puote*: può. E' una forma verbale rimasta forte senza subire il processo di toscanizzazione. Così dice ROHLFS, I, 320: "*Abbreviazioni di forme verbali*. Certe forme verbali di uso frequente subiscono talune abbreviazioni a causa dell'indebolimento dell'accentazione dovuto alla posizione proclitica: per la lingua letteraria si può citare *vuoi* (invece di *vuoli*), *può* (invece di *puote*)". Spiega chiaramente BEMBO, *Prose*, III, p. 137: "Levarono in *Puote* i toscani prosatori, che la intera voce è, tutta la sezzaia sillaba e *Può* ne fecero, più al verso lasciandolane che serbandola a sé, il qual verso nondimeno usò parimenti e l'una e l'altra".
[90] *Gli è*: egli è. Per questa forma afferma così il ROHLFS, II, 449 e 451: "*Il neutro*. Il pronome personale italiano non possiede in genere una forma particolare per il neutro. Il neutro s'identifica col maschile cosí nel toscano come nei dialetti settentrionali... Per la Toscana d'oggi citiamo: fiorentino *gli è piovuto tanto*... Sono esempi tratti dal toscano popolare; per la valutazione stilistica di questo modo d'espressione dal punto di vista della lingua letteraria, è istruttivo che il Manzoni, nel rifacimento del suo romanzo, mutò un *che era egli?* in *cos'era?*... Particolarmente interessante è l'uso del pronome nella frase relativa e interrogativa, cfr. *i mmale gli è che son pochini gli omini che gli hanno i nostri sentimenti*... Quest'uso del pronome personale è particolarmente caratteristico per Firenze, e la limitrofa fascia settentrionale della Toscana".
[91] *Novo*: nuovo. Il passaggio dal lemma *nuovo*, con il dittongo *uo*, a *novo* è

BRUNETTA. Maggior maraveglia[92] prenderete, quando intenderete di che si sia infregiato[93] il cervello.
IULIA. Deh dim[mi ti] prego [chi è que] sta sciaglierata[94] che tanto ama?
BRUNETTA. Se vel dico, non mel crederete, e mi spaccerete per sciocca.
IULIA. Perché?
BRUNETTA. Perché quella siete voi, che Graziuolo tanto ama, per cui sospira, e per cui si strugge.
IULIA. E' possibil' ch'egli abbia cotal pensiero e che non si misuri a porre l'amor suo, e vana speranza in me, sendo[95] egli mio servo, e io suo patrona?
BRUNETTA. Non sapete voi ch'amor è cieco, e che porta gli strali, e non il compasso, e ch'è uomo di carne e d'ossa come gli altri?
IULIA. Non mi curo di sua carne, né de suoi nervi, né de sue ossa, e s'ha caldo, rinfreschesi ne la cantina.
BRUNETTA. Oh madonna, sangue dolce, non vi adirate con esso meco.[96]
IULIA. Non mi corruccio teco, ma ridendo mi sdegno, e sdegnandomi rido de l'ardimento di quella bestia.
BRUNETTA. Anche potreste voi far peggio, perché, se ben fosse [vo]stro servo, gli è[97] pur bel giovane, + polito e do + grado,

---

ulteriore prova del carattere essenzialmente fonetico del linguaggio usato in questa commedia. A tal propositio cfr. la nota 83.
[92] *Maraveglia*: mereviglia. Il BOERIO, p. 334 dà il lemma "maravègia".
[93] *Infregiato*: da "Infregiare, Att. ornare di fregi; comunemente fregiare . . . E figuratamente. *Aretino*, -Cap. 7: 'Se vedete il marchese di Sarzino che le Virtù con le promesse infregia, Ditegli ecc.' " (CRUSCA, 8, p. 757).
[94] *Sciaglierata*: scellerata.
[95] *Sendo*: forma abbreviata per essendo.
[96] *Esso meco*: "E' ancora *Esso*, voce di questa medesima qualità, la quale, come che regolarmente si muti e ne' generi e ne' numeri, ché *Esso* et *Essa*, *Essi* et *Esse* si dice, niente di meno è alle volte che il primiero ad ogni genere e ad ogni numero serve, quando con altra voce di queste o ancor d'altre voci si pone, e ponsi innanzi; per ciò che e *Con esso lui* e *Con esso lei* e *Con esso loro* e *Sovr'esso noi* e *Con esso le mani* e *Lungh'esso la camera* medesimamente si dice, toscanamente parlando" (BEMBO, *Prose*, III, p. 130). *Esso lei* è lemma riportato anche da FLORIO-TORRIANO, Y 2.
[97] *Gli è*: cfr. la nota 90.

e se vi ama, non vi taglia le vostre vigne.
IULIA. Va, che tu mi pari una scempia.[98]
BRUNETTA. Scempia non sarei, chi m'indoppiasse.[99]
IULIA. Oh, che bella razza fora[100] la tua.
BRUNETTA. Ancora a me piace il mèle,[101] ma a tornar al nostro proposito, che vi par di Graziuolo?
IULIA. Dico che non è pazzo come altri il tene.[102]
BRUNETTA. Pazzo è ch'el tien pazzo.
IULIA. Questa è la causa, che m'è cossi[103] intento a servire, e che talora l'odo cantare, "Meglio è stare con madonna, che non stare con missere". E quando sono a tavola o in altro luoco[104] tutta m'adocchia,[105] e tutto si tramuta nel viso.

---

[98] *Scempia*: sciocca, scimunita o contrario di doppio - contraria di consonante doppia.

[99] *M'indoppiasse*: "Figur. Ingravidare, impregnare" (BATTAGLIA, VII, p. 839). La citazione del BATTAGLIA viene tratta proprio da questa commedia del Del Carretto. L'aggettivo "scempia" della nota 98 assume il doppio valore di scimunita e contraria di consonante doppia. La battuta di risposta di Brunetta ("Scempia non sarei, chi m'indoppiasse") comprova il fatto della conoscenza dei due significati di "scempia" e del conseguente giuoco di parole.

[100] *Fora*: sarebbe. Dice il BEMBO a proposito di tale forma verbale: "Le terze voci di lui (essere), che si danno al tempo che è a venire, in due modi si dicono, *Sarà* e *Fia* e *Saranno* e *Fiano*; e poi nel tempo che corre, condizionalmente ragionandosi, *Sia* e *Siano* e *Fora*, voce del verso, di cui l'altr'ieri si disse, che vale quanto *Sarebbe* (BEMBO, *Prose*, III, p. 163).

[101] *Mèle*: *mièle* (letter. mèle). Come metafora sessuale: fluido seminale. ARETINO, *Sei giornate*, p. 39: "E il giovane amante . . . venne a lei: acconciatosi alla ferrata, abeverava il bracco alla tazza che si gli sporgeva in fuore, tenendo però le braccia intrecciate con i ferri traditori. E venendo il mèle sul fiadone, la dolcitudine gli tornò più amara che non è una medicina".

[102] *Tene*: da "tenere" con il significato di "stimare, giudicare, reputare e credere. Boccaccio, *Ameto*. 52. 'E come Dafne, sempre portante le verdi foglie, era tenuta bella'. *Tesoretto*, Br. 15.125. 'E tengo grande scherna chi dispende in taverna'. *Galat*. 38. 'Ma chi va alquanto più oltra di quello che egli è tenuto, pare che doni del suo, ed è amato e tenuto magnifico'. *Prov. Tosc*. 38. 'Chi sta fermo in casi avversi, buon amico può tenersi' " (TOMMASEO-BELLINI, 4², p. 1407).

[103] *Cossi*: così.

[104] *Luoco*: luogo.

[105] *M'adocchia*: Guardare fissamente.

BRUNETTA. Ancor' io me ne sono accorta, ma che ne dite? Disponete[106] voi d'amarlo o non?
IULIA. Non mi parlar di questo, basta assai ch'io l'amo come buon servitore, e che attenda[107] a servir se vuole.
BRUNETTA. Meglio vi servirà di coppa [e di col]tello,[108] ma, eccolo là, che viene a la vostra nostra.
IULIA. [Voglio a]spettarlo, e [ve]diamo gli atti [a]morosi + + mostriamo di non esserci avedute del suo amore.
BRUNETTA. Gli è[109] se non bene che ci prendiamo qualche trastullo del fatto suo.

IULIA, GRAZIUOLO e BRUNETTA.

IULIA. Ben venga il mio Graziuolo, donde ti menano[110] i pedi?
GRAZIUOLO. Dove il cuor mi conduce.[111]
IULIA. E dove ti conduce il core?[112]
GRAZIUOLO. Dove è quella che mi guida[113] il cuore.[114]
IULIA. Quale è questo cuore ch'è calamita del tuo?

---

[106] *Disponete*: "Disporre vale anche fermare dentro di sé, risolvere, deliberare" (CRUSCA, 4, p. 634).
[107] *Attenda*: da attendere con il significato di "badare o curare" (CRUSCA, 1, p. 819).
[108] *Vi servirà di coppa e di coltello*: "Servire alcuno di coltello, o del coltello, e servirlo di coppa e di coltello vale far da scalco e da coppiere nella mensa ad alcuno. *Filoc.* 2. 208. (C). 'Il quale per quel giorno il serviva davanti del coltello'. *Morg.* 16.24. 'E sempre di sua man servì il Marchese Massime Antea, con molta riverenza, Di coppa, di coltello e di credenza. E fig. Servire alcuno di coppa e di coltello vale servirlo pienamente in tutto ciò che desidera o che gli bisogna' " (TOMMASEO-BELLINI, 1², p. 1512).
[109] *Gli è*: cfr. la nota 90.
[110] *Menano*: da menare che significa accompagnare qualcuno in un dato luogo, per lo più con un determinato scopo; guidarlo, additandogli il cammino da seguire, la via da percorrere; condurre, scortare.
[111] *Conduce*: altro sinonimo di "menare".
[112] *Core*: cuore.
[113] *Mi guida*: altro sinonimo di condurre e menare. Quindi vengono usate in battute successive tre forme per lo stesso significato.
[114] *Cuore*: cfr. la nota 112. Vengono impiegate le due forme in battute successive.

GRAZIUOLO. Ohimè! Ohimè!
IULIA. Che hai? Che ti senti che sospiri così?
GRAZIUOLO. Ohimè, il cuore, ohimè, la testa!
IULIA. Parla se vuoi, e dimmi se qualche strano caso t'è occorso, o se mio marito è contra te irato?
GRAZIUOLO. Deh Dio!
IULIA. Parla ormai, né ti grattar' il capo.
GRAZIUOLO. Ohimè, aiuto!
IULIA. Brunetta gittagli[115] de l'acqua [con]aceto nel volto che qualche [mome]nto è svenuto.
GRAZIUOLO. Non ho bisogno d'acqua, né d'aceto, né di vino, madonna.
IULIA. Orsù parla ormai in buona ora.
GRAZIUOLO. Gli è[116] vero che son più giorni ch'io . . .
IULIA. Di' su.
GRAZIUOLO. Ohimè, che nol posso dire.
IULIA. Brunetta, a te dico, gittagli quell'acqua nel volto, altrimenti per l'angoscia ci verrà manco.[117]
BRUNETTA. E io t'ubidisco.
GRAZIUOLO. Non più Brunetta, no, tien le mani a te[118] e a voi, madonna, dico, di quest'acqua non ho bisogno, ma non so chi mi vieti che non possa parlare.
BRUNETTA. Chi ti vieta, Graziuolo mio, di non dir' il tuo concetto a la nostra patrona che è sì dolce e così piacevole?
GRAZIUOLO. Amor e timore sono quelli che mi tengono la lingua aggroppata.[119]

---

[115] *Gittagli*: da gittare che è come gettare.
[116] *Gli è*: cfr. la nota 90.
[117] *Manco*: cfr. la nota 14.
[118] *Tien le mani a te*: tenere le mani a posto, a sé: astenersi o desistere dal percuotere, dall'accapigliarsi o dall'attaccar briga; evitare atti scorretti o sconvenienti. *Trattatello di colori rettorici*, (Imola, 1851 -È del secolo XIV), p. 35: "Le mani terrai a te, sicché rade volte le menerai".
[119] *Aggroppata*: "(tr.) (aggroppo). Legare con un nodo, annodare. Fig. Francesco da Barberino, I-62 (*Documenti d'amore*, a cura di E. Egidi, 3 voll. Roma, 1905): 'E è un difetto chi sua lingua aggroppa/ per lo corrente parlar et inciampa' " (BATTAGLIA, I, p. 251).

IULIA. Tu cominciasti a parlare, e poi, cessastine![120] Meglio, veramente questi sono veri indici di grande amore.
GRAZIUOLO. Voi dite il vero. +
 +
GRAZIUOLO. Poiché pur m'astringete[121] che vi dica, pregovi mi perdoniate.
IULIA. Di' su che ti perdono, se ben m'avesti morto il mio patre.
GRAZIUOLO. Madonna, sono già molti giorni che l'alta vostra bellezza e le singulari[122] vertuti e graziosi modi e gentilezza grande m'hanno talmente legato il cuore, che guidato dal cieco amore, non misurando la bassezza mia con la vostra altezza, mi lasciai incappar[123] nei lacci amorosi vostri, che

---

[120] *Cessastine*: intr. ant. anche con la particella pronominale (cèsso). Aver fine, finire, terminare (indica l'arrestarsi, l'interrompersi di un evento, di un'esperienza, di un sentimento, di una pena). Francesco da Barberino, *Reggimento e costumi di donna*, a cura di G. E. Sansone (Torino, 1957), p. 18: "E chi potesse della sua figliuola dire: 'Ella fia veramente buona', cessariano tutte queste mie parole; ma pur, nel dubio, dobiamo pigliar la più sicura". Dante, *Conv.* I–ii–16 (trattato, capitolo e paragrafo): "La quale infamia si cessa, per lo presente di me parare interamente lo quale mostra che non passione ma virtù sia stata la movente cagione". Bembo, *Gli Asolani e le Rime*, a cura di C. Dionisotti-Casalone (Torino, 1932), p. 73: "Cessando l'amare che ci si fa, cessano le consuetudini tra sé de' mortali, le quali cessando, necessaria cosa è che cessino e manchino eglino con esso loro insiememente".

[121] *M'astringete*: disus. e lett. costringere. Francesco da Barberino, *Reggimento e contumi di donna*, p. 141: "Onde neente o poco parla, se caso di ciò non t'astringe". I. Sannazaro, *Opere volgari*, a cura di A. Mauro (Bari, 1961) p. 79: "Ella, non per bisogno, credo che a ciò la astringesse, ma forse pensando di meglio nascondere la sopravvenuta rossezza si bassò in terra",

[122] *Singulari*: singolare.

[123] *Incappar*: (ant. incapare) intr. Andare a finire, inavvertitamente e inopinamente, in un ostacolo, o in un'insidia; incorrere in una disgrazia o in gravi danni; venire a trovarsi in gravi difficoltà. G. Boccaccio, *Dec.*, a cura di N. Sapegno, 2 voll. (Torino, 1956), Giornata 2, Novella 4, p. 152: "Gastigato dal primo dolore della perdita, conoscendo che egli aveva assai, per non incappar nel secondo a se medesimo dimostrò quello che aveva, senza voler più, dovergli bastare". M.M. Boiardo, *Orlando Innamorato, Amorum Libri* a cura di A. Scaglione (Torino, 1974), Libro I, Canto 8, ottava 12: "Ma, per mia fede! sei male incapato, /ed al presente te dico palese,/ come io te avrò tutt'arme dispogliate, /via cacciarotte a suon di bastonate". N. Machiavelli, *Opere* a cura di G. Mazzoni e M. Casella (Firenze, 1929), p. 652: "Io sono stato per incappare in uno male da farsi beffe di me".

oltra[124] ch'io vi sia servo[125] per servigio che vi faccio, sonvi[126] ancora maggiormente servo[127] per l'immenso amor che vi porto. E ben mille volte ho fatto penseri[128] vari meco da scoprirvi questo mio fuoco, ma quando io considerava a l'infimo mio stato, timor e ragione vincevano l'appetito, e il sommo desio ch'aveva di parlarvi mi formano a la lingua tal nodo, che non poteva formar parola, ma poiché la cortesia del vostro animo s'è degn[ata] di darmi baldanza [a rag]ionare +

+

sia per racomandato, e non guardiate a la mia bassezza, ma a la gran fede, e a la affezion che vi porto; e se pur vi pare ch'io abbia fallito, in presumer di volare tant'alto, darete la colpa ad amore, e non al mio stolto ardire.

IULIA. Graziuolo mio, gran castigo meriteresti da me, per l'ardimento che t'ha commosso in voler adulterare il grado mio alto e gentilisco, e in volerti parangonare[129] con una tua patrona tanto alta quanto sono io. Ma poiché ti diedi licenza di poter parlare con fiduzia meco, io ti perdono, e hotti[130] alquanto per iscuso; e sel cieco amore t'ha indotto ad amarmi di questa sorte, veramente ben è stato per te cieco, ma già non voglio che sia cieco per me, né sia senza compasso,[131] che non misuri l'altezza mia con la tua bassezza, né l'onor mio col pensiero tuo.

---

[124] *Oltra*: oltre (FLORIO-TORRIANO, Q q 2).
[125] *Servo*: servitore. (Questo è il significato più comune e generico).
[126] *Sonvi*: vi sono.
[127] *Servo*: servitore d'amore. (Ecco il secondo significato).
[128] *Penseri*: pensieri.
[129] *Parangonare*: paragonare.
[130] *Hotti*: ti ho (TOMMASEO-BELLINI, I¹, p. 775).
[131] *Compasso*: strumento costituito da due aste di uguale lunghezza collegate fra loro a cerniera in modo da poter assumere un'inclinazione relativa qualsiasi. Francesco da Barberino, *Documenti d'amore* (Roma, 1640), p. 257: "Ed al compasso stieno/ color che dotti en sieno". M. Bandello, *Opere* a cura di F. Flora, 2 voll. (Milano, 1952), Parte 1, Novella 25, Vol. I, p. 242: "Leggendo le lor pazzie, vi sforzarete più di giorno in giorno misurare le operazioni vostre come saggiamente fate, col compasso de la ragione".

GRAZIUOLO. Madonna, giá vi chiesi da principio perdono e di nuovo ancora vel chieggo, e [se non] vi piace ch'io vi [parli] mi conviene [morire] piacendo il mio [amore], [e questa vita] toglietela, e con quella di vostra mano m'uccidete, ché mi sia meglio morir per vostra mano e al cospetto vostro che campare[132] in vostra disgrazia, la quale mi sarebe il tormento di mille morti.

BRUNETTA. Deh, madonna cara, abbiate qualche pietà di Graziuolo vostro fidele e devoto servo! Che cosa fareste a vostri nemici, se a vostri affezionati servi e amici vi mostrate così severa?

IULIA. Taci ché ben mi pari una bestia e poco ami l'onor mio, né di mio marito.

BRUNETTA. Non mi fate dire di vostro marito.

IULIA. Perché questo?

BRUNETTA. Perché vi serva[133] molto bene la fede.

IULIA. Ecci[134] qualche cosa dei falli suoi?

BRUNETTA. Ad altro tempo intenderete da me quello che ne so, ma torniamo al nostro proposito.

GRAZIUOLO. Brunetta, mia dolce Brunetta, mia gentile, prega la nostra patrona per me che non voglia essermi contanto[135] dura.

BRUNETTA. Deh, madonna cara, il vostro Graziuolo vi sia per raco[mandato], [date] gli, per mia volta,[136] il vostro essere graziosa.[137]

---

[132] *Campare*: sostenersi in vita; continuare a vivere, durare in vita, sopravvivere; condurre la vita, vivere. Anche al figur. BOIARDO, *Opere Volgari*, a cura di P.V. Mengaldo, *Amorum Libri*, son. 61: "Deh, chi può ben morir, adesso mora;/ ché chiunque il suo ben perde e di poi campa,/ campando, mille morti el giorno prova".

[133] *Serva*: da servare con il significato di conservare la promessa.

[134] *Ecci*: "as ci è, there is "(FLORIO-TORRIANO, X 2).

[135] *Contanto*: cotanto, così.

[136] *Per mia volta*: tramite me.

[137] *Graziosa*: si nota in queste battute sucessive l'uso, quasi intenzionale, del nome "grazia" che diventa aggettivo, grazioso o graziosa, e nome proprio di persona, Graziuolo. Si confronti a tal proposito BRUNO MIGLIORINI, *Dal nome proprio al nome comune: studi semantici sul mutamento dei nomi propri di*

IULIA. Non mi rompere il capo!
GRAZIUOLO. Orsù, madonna, fate che mi parta con buona grazia.[138]
IULIA. Non più, vàttene che un'altra volta mi parlerai più ad àgio,[139] perché Brunetta m'ha posto un polce ne l'orecchia[140] che mi dà forte da sospettare.
GRAZIUOLO. Andrò dal patrone a veder se vole qualche cosa da me.
BRUNETTA. Va' e sta' di buona voglia.[141]

---

persona in nomi comuni negl'idiomi romanzi (Genève: L. S. Olschki, 1927).
[138] *Grazia*: cfr. nota precedente.
[139] *Ad àgio*: locuz.: *Ad àgio; a grande, a bell'àgio; mio, tuo, nostro agio*: con agio, con tutto comodo; nel modo più conveniente; nel momento più apportuno; agevolmente, comodamente. A. Pucci, *Poeti minori del Trecento* a cura di N. Sapegno (Milano-Napoli, 1952), p. 400: "A noia m'è chi soffia nel boccone/ possono ad agio lassarlo freddare,/però ch'el mi par atto di ghiottone". L. Pulci, *Il Morgante* a cura di F. Ageno (Milano-Napoli, 1953), Canto I, ottava 29: "Morgante aveva a suo modo un palagio/ fatto di frasche e di schegge e di terra;/ quivi, secondo lui, si posa ad agio,/ quivi la notte si rinchiude e serra". Bembo, *Gli Asolani e le Rime*, p. 32: "Parlisi a suo bell'agio egli oggi quanto ad esso piace".
[140] *Un polce ne l'orecchia*: "Prov. Mettere o Entrare una pulce nell'orecchio: dire o ascoltare una cosa che tenga in confusione o dia da pensare ... *Pulce*: sostantivo più comunemente femminile che maschile" (TOMMASEO-BELLINI, 3², p. 1319). Per il fatto che "un polce" è sostantivo di genere maschile si veda ROHLFS, II, p. 394: "*Pulce*: conserva l'antico genere maschile in tutto il mezzogiorno, in Sardegna e in alcuni dialetti settentrionali (Lombardia, Veneto), mentre per innovazione si ebbe in Toscana *la pulce*". Quindi se ne deduce che "un polce" della commedia potrebbe essere una forma lombardo-veneta. Riguardo a "polce" invece di "pulce" si vedano i paragrafi 37 e 38 sui passaggi spontanei e condizionati da $\bar{u}$ ad o in ROHLFS, I.
[141] *Sta' di buona voglia*: star di buon animo. Voglia, accompagnato da un aggettivo, buona, cattiva, accenna a buona o cattiva disposizione d'animo o di corpo.

Atto Secondo

GRAZIUOLO *per strada dice solo.*

Graziuolo mi chiamo io e ben mi si confà[142] questo nome, il quale tanto è quanto sarebbe a dir graziato.[143] Il che mi conviene, per <d> io, essere ne la grazia[144] di mia patrona, onde se, per grazia de cel[145] e per grazia d'amore, per grazia di lei, aviene ch'io gionga a quel [beatissim]o punto, sarò non pur Graziuolo, [ma graziato e graziatissimo per tanta grazia gratisdata[146] e per quel dì] scorso ch'abbiamo fatto con Iulia mia

---

[142] *Si confà*: intr. con la particella pronom . . . Essere adatto, appropriato; convenire; fare il caso (specialmente nelle forme della terza persona: si addice, si addicono ecc.). BOIARDO, *Opere Volgari*, son. 36: "Datimi e' fiori e candidi e vermigli,/ confano a questo giorno e' bei colori".
Aretino, *Lettere* a cura di S. Ortolani (Torino, 1945), p. 194: "Vo pensando a una comperazione che si confacci con ciò che io paio, in quel mentre che una massara di venticinque caratti mi si attraversa tra i piedi".
[143] *Graziato*: participio passato dal verbo graziare; altro giuoco di parole dal nome "grazia". Cfr. nota 137.
[144] *Grazia*: essere nella grazia vuol dire essere nel favore di qualcuno. E' un altro giuoco di parole dal sostantivo grazia. Cfr. nota precedente.
[145] *Cel*: "cielo".
[146] *Gratisdata*: *gratisdato* (gratis dato), agg. Concesso da Dio per la sua infinita bontà, senza tener conto dei meriti o delle colpe di chi ne beneficia (la

patrona e con la mia cara Brunetta. Chi avrebbe mai pensato che mi fosse entra venuto[147] tempo con Iulia di parlarle e scoprirle con dolci preghi il concetto mio? In un'ora Dio lavora,[148] accade in un punto quel che non aviene in un anno.[149] A qualche atto m'accorgo che non sprezza il mio amore, ancora che m'abbia data qualche brusca risposta, Brunetta le ha dato un certo stimolo di mente, parlando di suo marito, che ne sa il diavolo e molto ne sta pensosa. Pure lascerò combattere i cani con le mosche.[150] Purch'io faccia i fatti miei, che mi porta questo? Ma qualche cosa c'è, perché l'orecchie mi zuffolano, per certo denno[151] parlare di me. Amor, io ti prego che mi sii propizio. Brunetta dolce, col cuor ti parlo da lontano. Fammi buon tenore[152] con la patrona, ne le tue mani sta la mia vita. Ma ne vo[153] dal patrone a veder se vuol tornare di piazza per accompagnarlo a casa.

---

grazia). Bianco da Siena, *Laudi Spirituali* (Lucca, 1851), p. 184: "Nella remissione di tutte le peccata/ per grazia gratisdata/ credo del mio Signore".

[147] *Entra venuto*: cfr. nota 2.

[148] *In un'ora Dio lavora*: "Prov. Tosc. 276- 'In poche ore (o in un'ora) Dio lavora' (e Dio, e la natura e il tempo, ministri di lui preparano e compiono gli avvenimenti in modo che l'uomo da sè non potrebbe nè eseguire, e talvolta neanco imaginare)" (TOMMASEO-BELLINI, 2², p. 1775). "*-In un'ora il cielo lavora*: le opere della Provvidenza non sono condizionate dai limiti del tempo" (BATTAGLIA, VIII, p. 856).

[149] *Accade in un punto quel che non aviene in un anno*: "L'uomo s'imbatte in un punto in quello che non è possibile a imbattersi in uno anno" (ARETINO, *Sei giornate*, p. 300).

[150] *Pure lascerò combattere i cani con le mosche*: "Non intervenire nelle contese e nelle risse altrui" (BATTAGLIA, X, p. 981). Come citazione è indicata la parte di questa commedia delcarrettiana.

[151] *Denno*: debbono.

[152] *Fammi buon tenore*: "Fare il tenore, fig. vale Accordarsi nell'armonia. Essere in concerto. Tenere il tenore: secondare altrui nel parlare, o ne' motti" (TOMMASEO-BELLINI, 4² p. 1422).

[153] *Vo*: "*Il presente di andare* [. . .] Alla prima persona la Toscana oscilla tra *vado* e *vò*. La prima forma è di Pisa, Arezzo, e della Toscana meridionale; la seconda di Firenze, Siena e Pistoia" (ROHLFS, II, 544). Il BEMBO, *Prose*, III, p. 162 dice: "Ragionare oltre a questo de' verbi, che sotto regola non istanno, non fa lungo mestiero; con ciò sia cosa che essi son pochi, e di poco escono; sì come esce *Vo*, che *Ire* e *Andare* ha per voce senza termine parimente, e del quale le voci tutte del tempo, che corre mentre l'uom parla, a questo modo si dicono, *Va Vada*".

IULIA e BRUNETTA

IULIA. Che ti par,[154] Brunetta, del nostro Graziuolo?
BRUNETTA. Me ne par ben, ma che volete voi dir per questo?
IULIA. Io voglio dire che ha buon animo, e che non guarda in terra, anzi quarda ben alto a richiedere d'amore una sua patrona.
BRUNETTA. Il tenete[155] voi stolto per questo? Se v'ha detto apertamente il voler e desir suo e tanto più che l'avete costretto a parlare. E, ben che vi paia strano, mostra avervi grande osservanza, benché nel principio non potesse formar parola. Ché, nel vero, sono tutti segni manifesti di grande amore.[156]
IULIA. Che vuoi tu concluder per questo?
BRUNETTA. Voglio dire che farete bene ad accettarlo per vostro amante, e sollazzar[157] seco talvolta, quando vostro marito è fuori.
IULIA. Questo è un buon consiglio che tu mi dai.
BRUNETTA. Buono[158] è il mio consiglio, e meglior[159] seguirà l'effetto sel gusterete.
IULIA. A la fede mia se mi viene avanti con tale assalto, gli laverò il capo con altro che con sapone.[160] +

+

IULIA. Buona grazia mostri con tuoi motteggi.

---

[154] *Par*: pare. Per queste forme "paia", "par" o "pare" cfr. la nota 4.
[155] *Tenete*: cfr. la nota 102.
[156] *Segni manifesti di grande amore*: Brunetta ripete la battuta di Iulia a p. 87: "... veramente questi sono veri indici di grande amore".
[157] *Sollazzar*: sollazzare, sollacciare, solacciare, soalzare. V. a. e N. pass. Dar piacere, dar sollazzo, intrattenere piacevolmente. Da *solor, -aris*, in senso aff., aureo. N. Pass. E ass., per pigliarsi piacere, e buon tempo.
[158] e [159] *Buono e meglior*: nella stessa frase si ritrova l'uso dell'aggettivo e del suo comparativo.
[160] *Laverò il capo con altro che con sapone*: lavare il capo; lavare il capo coi ciotoli, con le frombole: gridare, rivolgere un forte rabbuffo. Bandello, *Opere*, Parte 1, Novella 26, Vol. I, p. 318: "Ma poi che io ... non volli dir male de le donne senza altrimenti agli uomini lavare il capo d'altro che di sapone, me ne

BRUNETTA. Lasciam le burle, madonna, e fate quel che vi dico, perché non parlo senza cagione.
IULIA. Perché mi persuadi di questo? Non mi dee bastar mio marito a cui porto tanta fede e amore?
BRUNETTA. Non, che non vi dee bastare, perché a dirvela, non v'usa già termini[161] sì fedeli che voi gli debbiate servar la fede e, perdonatemi, se uso tanta presunzione, ché l'amor che vi porto mi fa parlare, e per amor vostro sto in casa vostra, non per amor di lui.
IULIA. Deh, dimmi di grazia, che diffetto[162] di fede ti pare in lui?
BRUNETTA. Se vel dico forse rimarrete di mala voglia, e alfine questa fava si romperà sopra 'l capo mio,[163] e poi tra voi sarete d'accordo, e io, che avrò parlato, porterò la pena, avendo posta la mano fra due mole.[164]
IULIA. Di' sicuramente, che non ti lascerei patir un dannuzzo,[165] nè torcer pur un capello da mio marito per tutto l'oro del mondo.[166]

---

passerò via leggermente confidandomi nei giudicii vostri". Si veda BOERIO, p. 303 al lemma *Lavàda*: "Dar una lavàda de testa a qualcùn detto fig. Lavare il capo ad alcuno colle frombole o col ranno; Dare una buona mano di stregghia o una buona stregghiatura; Dare una canata; Fare un bel rabbuffo con le parole; Dare o Fare una sbarazzata, una scopatura, un lavacapo, un rovescio".

[161] *Termini*: fig. Limiti prescritti ad atti, a ragionamenti.

[162] *Diffetto*: difetto.

[163] *Questa fava si romperà sopra 'l capo mio*: "Sopra il suo capo si batterà questa fava. Che ben sappiamo quanta difficoltà habbia la fava per frangersi, che ha bisogno fin d'una dura mola. E se con altro poi, fa mestiero, che sia cosa molto dura, onde se si deve frangere sopra il capo di alcuno bisogna confessare, che al tritolare di quella, egli habbia a sentire acerbo dolore, si che perciò mostriamo il proprio danno, che patir debba alcuno" (T. BUONI, *Tesoro dei Proverbi Italiani*, p. 339).

[164] *Avendo posta la mano fra due mole*: "Porre la mano fra due mole: essere imprudente, mettersi in una situazione pericolosa" (BATTAGLIA, X, p. 692). Viene citato proprio questo passo delcarrettiano.

[165] *Dannuzzo*: "Il significato del suffisso oscilla nella lingua scritta tra il valore diminutivo, peggiorativo e vezzeggiativo . . . la forma usata in Italia settentrionale e meridionale è -*uzzo*" (ROHLFS, III, 1041).

[166] *Per tutto l'oro del mondo*: avverbialmente significa a qualunque prezzo.

BRUNETTA. E mi date la fede di tenermi secreta.
+

+
IULIA. Or ti prometto e giuro, e dona la mano in fede, orsù comincia di grazia.

BRUNETTA. Dico che son già molti giorni ch'io mi accorsi che vostro marito amava Cristina la quale è meco conserva[167] vostra. E una volta, fra l'altre, andando a mezzogiorno a fare i letti de le camere, senti' drieto[168] a le cortine[169] del letto un gran bisbiglio di due persone. Io che non sapeva di questo e mi puosi[170] nel cantone del letto, e vidi come vostro marito sollazzava là con Cristina, e pian piano mi parti' de la camera che non fui veduta da loro.

IULIA. Veramente credo che tu dici la verità, e a qualche segno e sguardo tra loro me ne sono talvolta accorta e anche a qualche parola.

BRUNETTA. Ora l'intendete meglio, e ne sète[171] più chiara per

---

[167] *Conserva*: disus. e lett . . Chi è a servizio con altri presso la medesima persona. F. Del Tuppo, *Vita di Esopo*, in *Il Novellino* di Masuccio Salernitano, a cura di G. Petrocchi (Firenze, 1957), p. 465: "Sentendo Esopo lo desiderio delli so' compagni venire ad effetto, buttato a terra avante lo signore, tartagliando e titubando, lo meglio che possea se escusava con li atti e con lo guardare fermo alli occhi alli conservi".

[168] *Drieto*: dietro. "Drièto, Drièto, Behind, or after" (FLORIO-TORRIANO, X 2).

[169] *Cortine*: tende, per lo più di tessuto prezioso, che scendono liscie o, più spesso, arricciate o drappeggiate o raccolte inferiormente da un lato per mezzo di una fascia, a chiudere o nascondere porte, finestre, alcove, a coprire muri, a occultare angoli in una camera, a formare un padiglione (intorno a un altare, un trono, e anche, nell'arredamento antico, intorno al letto). A tal proposito si legge nel TOMMASEO-BELLINI, 1², p. 1770: "Tenda che fascia intorno intorno il letto, ed è parte del cortinaggio".

[170] *Mi puosi*: mi posi. Per ROHLFS, I, 106, il fenomeno è così descritto: "*Dittongazione di ǫ in uo nella lingua nazionale.* [. . .] Vi sono inoltre alcune parole che nella lingua di epoca più antica presentavano *uo* e che oggi non lo hanno più: per esempio *truovo, pruovo, puoi* 'poi' . . . Secondo A. Castellani il dittongo *uo* sarebbe accertato in Toscana già in documenti del secolo VIII".

[171] *Sète*: siete. Il lemma è citato in *A brief introduction* di FLORIO-TORRIANO, p. 10. Il ROHLFS, I, 85, parla della *Conservazione di ę in sillaba libera in Toscana* e cita proprio i due lemmi *sęte* per "siete" e *męle* per "miele".

bocca mia la qual ne posso rendere testimonio di veduta, però se voi sarete di fereta,[172] gli renderete pan per fogazza[173] e carne per cotal carne.

IULIA. Per la tua fe', mi consigli tu ch'el debba dare?

BRUNETTA. Io dico che per [più ri]spetti[174] pigliate Graziuolo prima, costui sa [ag]ire, bene, povero [e] gentil giovane, e vi potrà servire come vostro marito. L'altro è che vi sta bene a pagarlo di quella moneta che egli vi paga.[175]

IULIA. Orsù, io son contenta, e a te lascio il carico[176] de l'impresa, prendi l'occasione, e parlagli quando ti pare, ché a te sta far il tutto, e di me puoi quel che vuoi.

BRUNETTA. Vi ringrazio, lasciate fare a me, chi'io vo[177] da lui.

---

[172] *Fereta*: forse significa: "se volete vendicarvi, se volete ferire".

[173] *Renderete pan per fogazza*: focaccia (ant. foccaccia, fogàzza, fugàccia, fuggàccia), sf. Pane di forma circolare e appiattita, condito con olio e altri grassi, che si cuoce nel forno o sotto la brace. La locuzione "rendere pane o pan fresco per focaccia" significa ripagare un'offesa, un'ingiuria con la stessa moneta; rispondere sullo stesso tono; rendere la pariglia. Boccaccio, *Dec.*, Vol. II, Giornata 5, Novella 10, p. 88: "Tu farai molto bene a rendere al marito tuo pan per focaccia, sì che l'anima tua non abbia in vecchiezza che rimproverare alle carni". G. Parabosco, *I Contenti* (Venezia, 1560), p. 22: "Lascia ch'io ti voglio render pane per fuggaccia, voglioti far vedere ch'io ne saprò quanto te".

[174] *Rispetti*: riguardi, considerazioni.

[175] *A pagarlo di quella moneta che egli vi paga*: pagare, ripagare, ricambiare della moneta che si merita, della stessa moneta, di pari moneta, di quella moneta o di tale moneta: ricambiare il bene o il male ricevuto da altri; trattare nello stesso modo con cui si è stati trattati; rendere la pariglia. Boccaccio, *Dec,*. Vol. II, Giornata 6, Novella 5, p. 117: "Il che messer Forese udendo, il suo error riconobbe, e videsi di tal moneta pagato, quali erano state le derrate vendute, Bembo, *Opere*, 12 voll. (Milano, 1808–1810), Vol. VII, p. 304: "Vi direi . . . che io v'amo come se mi foste figliuolo e desidero ogni ben vostro, . . . se non fosse che potrebbe parere che io vi volessi ricambiar di quella medesima moneta che a me avete donata". p. 329: "Chiunque il segue niuno altro guiderdone delle sue fatiche riceve che amaritudine, niuno altro prezzo merca, niuno appagamento che dolore, perciò che egli Amore di quella moneta paga i suoi seguaci che egli ha".

[176] *Lascio il carico*: figur. Incarico, incombenza; attribuzione, mansione. Boccaccio, *Dec.*, Giornata 3, Intr., p. 269: "De' quali il primo a cui la reina tal carico impose fu Filostrato". Lorenzo de' Medici, *Scritti scelti*, a cura di E. Bigi (Torino, 1955), p. 644: "Io veggendo le condizioni nostre cattive ed atte a peggiorare ogni dì, non credo potere fare meglio che fare a modo d'altri, e volessi Dio che sino a qui avessi più creduto ad altri che preso tanto carico".

[177] *Vo*: cfr. la nota 153.

IULIA. Va a tuo piacere, ma ben ti dico ch'io non delibero[178] che Cristina pratichi con mio marito, e starò a vedere se posso pigliarla in fallo.
BRUNETTA. Temprate la vostra colera, e pensate che gli rendete il cambio.
IULIA. Ben mi consigli, e non dirò altro insino a tanto che non mi accada l'occasione.
BRUNETTA. Sarà ben fatto, ma in questo mezzo[179] non bisogna farne motto.
IULIA. Così farò.

GRAZIUOLO, *servo*, MASTALLONE, *patrone* e STOPPINO, *parasito*.

GRAZIUOLO. Patrone, a quest'ora sono uscito di casa per venire a trovarvi.
MASTALLONE. A tempo sei venuto, prendi quelle tre starne che Stoppino ha in mano, e portale in casa e dàlle al cuoco, e digli che ne cuoccia una lessa e l'altre due aroste,[180] ché, forse, menerò meco qualche amico a cena.
GRAZIUOLO. Farò ciò che mi comandate. Stoppino, dàmmele!
STOPPINO. Eccole, prendile e io andrò con Mastallone a spasso come abbiamo ordinato.
MASTALLONE. Ora andiancene noi altri a spasso.
GRAZIUOLO. Io vi aspetterò a casa.
MASTALLONE. Così apunto,[181] ma farai ch'io che t'ho comandato, Stoppino mio diletto, che ti par de la nostra Cristina sdegnosetta? Come sta corrucciata e se n'è fuggita di casa,

---

[178] *Delibero*: deliberare. Tr. Disus. e letter. con il significato di liberare, rendere libero, indipendente, padrone di sé. Anche al figur.
[179] *In questo mezzo*: "Nel frattempo, frattanto; in questo, in quel mentre" (BATTAGLIA, X, p. 322).
[180] *Aroste*: arrostite. "Arosto, any roast, or roasted meat" (FLORIO-TORRIANO, F 2).
[181] *Apunto*: "Apuntíno, Apúnto as Appunto" (FLORIO-TORRIANO, F2).

perché non le ho comprato lo scoffione,[182] né la gorghera[183] che m'avea chiesto.

STOPPINO. Ora che Graziuolo è ito[184] a casa noi possiam[o] parla[re] di lei sicuramente, a senza suspetto[185] d'essere uditi.

GRAZIUOLO. Forse che sì e forse che no, e tal vi ascolta che non pensate e perciò m'ascondo, qui di strada . . . +

MASTALLONE. Sì, paregli che m'abbia a comandare, più che non mi comanda mia moglie?

STOPPINO. Non ti turbar per questo, ché, se bene la pizzica de lo stizzoso e de levantino,[186] ha però buon sangue, e torna tosto in cervello, e so che t'ama molto.

---

[182] *Scoffione*: accr. cuffiòne, sm. (popol. scuffiòna, scuffiòne): ampia cuffia. Lorenzo de' Medici, *Scritti scelti*, p. 142: "Ché non mi chiedi qualche zaccherrella? / ché so n'adopri di cento ragioni; / o uno ritaglio per la tua gonnella,/ o uncinegli o maglietti o bottoni,/ o pel tuo camiciotto una scarsella,/ o cintolin per legar gli scuffioni?".

[183] *Gorghera*: sf. Nell'abbigliamento femminile medievale, striscia di tela che circondava il collo e il mento; nei secoli XVI e XVII collare di bisso, di seta o di altro tessuto fine, molto increspato in modo da formare fitti cannelli disposti a raggiera, che faceva parte sia del costume maschile sia di quello femminile (ed era detto anche gorgiera a lattuga). A. Poliziano, *Le Stanze - L'Orfeo - Le rime*, a cura di G. Carducci, (Bologna, 1912), p. 713: "Non porta, che la copra,/balzi, scuffie e gorgiere". Bandello, *Opere*, Parte 1, Giornata 8, Vol. I, p. 112: "Si vestì il suo valescio de boccassino bianco come neve ed una gorgiera di velo candido lavorato, con un grembiule di velo bianco". Aretino, *Sei giornate*, p. 255: "Una veste, una gorghiera, o simil bazzicature da ornar donne".

[184] *Ito*: andato. Part. Pass. di *ire*. Andato. In ROHLFS, II, 545 si legge: "La coniugazione del presente di 'andare' è passata nei paesi neolatini attraverso tre, in parte anche quattro, fasi. La più antica è rappresentata da latino *eo, is, it, imus, itis, eunt* . . . In Toscana questo tipo non è ancora scomparso . . . dove ancora vivono l'infinito *ire*, il participio passato *ito*, alcune forme dell'imperfetto".

[185] *Suspetto*: sospetto.

[186] *De lo stizzoso e de levantino*: region. Propenso all'ira, alla collera o alla superbia. A. Piccolomini, *La Raffaella*, a cura di D. Valeri (Firenze, 1944), p. 157: "Di mille non se ne trova un solo che non sia scempio, superbo, levantino, fumoso, vantatore, fastoso, scandaloso e malcreato". *Gherardini* S-V. (Vocabolario della lingua italiana proposto a supplemento a tutti i vocabolari fin ora pubblicati, 6 voll. Milano, 1880): "I Senesi per 'levantino' intendono anche una persona che facilmente si leva ad ira, che ci vuol poco a farla levare in colera, di poca levatura, facile all'ira".

MASTALLONE. A sua posta,[187] quando la richiederò che mi compiaccia, cachimi addosso.
STOPPINO. Non ti corruccian seco.
MASTALLONE. Che si crede d'essere questa fumosetta,[188] che ha tanto fumo [189] sotto 'l naso che basteria a tre camini?
GRAZIUOLO. La va da buon senno,[190] e sono a le mani tra loro. E ben disse la verità Brunetta a la patrona: che Mastallone amava molto costei.
STOPPINO. Mastallone non star sdegnato ché voglio esser quel io che faccia questa pace.
MASTALLONE. Non me ne curo.
GRAZIUOLO. Costui se ne muore di voglia e ne fa lo schivo.[191]
STOPPINO. Or lascia fare a me che tosto te la conduco pacifica e senza sdegno.
MASTALLONE. [Non curo] questa scimmia, Iulia, mia consorte, qua +   + caldamente, ché s'ella non fusse in casa mia mi morrei di fame.
GRAZIUOLO. A quest'ora, pover sciagurato, te ne accorgi che ben ti starebbeno due gran corna in fronte, ma ch'io ne fossi il piantatore.
STOPPINO. Convien che questa pace segua, con questo che egli compri lo scoffione[192] e la gorghera.[193]
MASTALLONE. Io l'ho voluto fare, ma ora per dispetto non intendo più comprargliele.

---

[187] *A sua posta*: "A farlo apposta, (a dispetto)" (TOMMASEO-BELLINI, 3², p. 1142).

[188] *Fumosetta*: figur. Altera boriosa tronfia vanagloriosa (una persona, il suo atteggiamento). Ariosto, *Opere minori*, a cura di C. Segre (Milano-Napoli, 1954), *Sat*. 2, verso 164: "In Roma fumosa/ il signore è più servo che il ragazzo".

[189] *Fumo*: trapasso dalla metafora (fumosetta) alla realtà (fumo per i camini).

[190] *Da buon senno*: "Avverbialmente e vale In sul sodo, seriosamente. Vive nel dial. ven. contro di Per celia o leggermente. Talora per maggior efficacia vi si aggiunge la voce Buono" (TOMMASEO-BELLINI, 4₁, p. 793).

[191] *Schivo*: ritroso.

[192] *Scoffione*: cfr. la nota 182.

[193] *Gorghera*: cfr. la nota 183.

STOPPINO. Voglio per amor mio che ne le compri, e quando pur non volesti, io le comprerò di mia borsa.

MASTALLONE. Orsù, per amor tuo, son contento, ma pensa di farla tornare a casa avanti che[194] mia moglie se n'accorga, ch'io sarei ruinato[195] da duo canti,[196] da la moglie, prima, io rimarrei povero essendo seco in guerra, da Cristina poi, io sarei più che morto non tornando a casa ché senza lei non saprei vivere per un'ora.[107]

GRAZIUOLO. O Dio, quanta varietà è in questo mio patrone, prima dice che gli è[198] una scimmia, e ben dice la verità, di poi le pare sì bella, che senza lei si morrebbe. Ma prima Mastallone parlava per sé, ora l'amore e l'appetito parlano e gliene fanno parer bella, ma a tal carne tal coltello,[199] e dopo che se ne vanno, io me ne vo[200] alla cocina.[201]

---

[194] *Avanti che*: prima che. Dante, *Inf.*, Canto 3, verso 119: "Così sen vanno su per l'onda bruna,/ e avanti che sien di là discese,/ anche di qua nuova schiera s'auna". Boccaccio, *Dec.*, Giornata 2, Novella 6, p. 180: "E più mesi durò avanti che di ciò niuna persona s'accorgesse". Machiavelli, *Opere*, p. 152: "Debbe uno principe, avanti che prenda una impresa, misurare le forze sue, e secondo quelle governarsi".

[195] *Ruinato*: rovinato da "Ruinóso, as Rovína" (FLORIO-TORRIANO, F f 2).

[196] *Canti*: lato, fianco; banda; parte, verso. - Anche al figur. Dante, *Inf.*, Canto 12, verso 118: "Mostrocci un'ombra dall'un canto sola,/ Dicendo: 'Colui fesse in grembo a Dio/ lo cor che 'n su Tamici ancor si cola' ". Bembo, *Gli Asolani e le Rime*, p. 138: "Dall'uno de' canti mi venne una capanuccia veduta, e poco da lei discosto tra gli alberi un uom tuto solo lentamente passeggiare".

[197] *Non saprei vivere per un'ora*: a distanza di poche battute Mastallone ha cambiato idea su Cristina. Prima era considerata "una scimmia", ora non saprebbe vivere senza di lei.

[198] *Gli è*: cfr. la nota 90.

[199] *A tal carne tal coltello*: "Qual carne, tal coltello: la persona malvagia e disonesta deve ricevere da un suo simile e nei modi che le sono propri la punizione delle sue malvagità" (BATTAGLIA, II, p. 784). Per BOERIO, p. 104, tale è il significato: "Tal carne Tal cortèlo, Qual guaina tal coltello, Allude alla relazione di una cosa coll'altra".

[200] *Vo*: cfr. la nota 153.

[201] *Cocina*: cucina (ant. anche *cocina*). Secondo il TOMMASEO-BELLINI, 1², p. 1475, questo è il significato: "S.F. Lo stesso che Cucina. V. Forma antica dei Lat. per Coquina. *Tesoretto, Brun.* 21. 248. (M.) 'La gola si avvezza Alle dolci vivande, E a far cocine grande, E mangiare anzi l'ora' . . . *Bern. Tasso. Lett.* 1.206. 'Fra l'armi, fra 'l fuoco . . . nelle cocine, ne' bagni' ".

BRUNETTA, *ancella*, e GRAZIUOLO, *servo*.

BRUNETTA. Graziuolo, o là a te, Graziuolo, dico volgiti ormai, dove ne vai cossi[202] in fretta con quelle starne?
GRAZIUOLO. Brunetta mia, perdonami ch'io non t'aveva veduta né sentita, e vòmmene[203] a trovare il cuoco con queste starne, che'l patrone me l'ha fatte dar da Stoppino, e ammendoi[204] sono andati a spasso.
BRUNETTA. Che c'è di nuovo, che ridi?
GRAZIUOLO. Ridomi d'un bel personaggio ch'ho visto e inteso.
BRUNETTA. Che cosa è?
GRAZIUOLO. Saper dei[205] che ne l'uscir ch'io feci di casa pur dianzi[206] m'incontrai nel patrone e con Stoppino, i quali ritornavano a casa con queste starne, e, trovandomi a la porta, me le diedero che le portasse a la cocina, e mi dissero ch'io rimanessi in casa, ché tra loro volevano andare a spasso. Io finsi d'andar al cuoco, e stetti ascoso dietro la porta, e senti' mille belle ragionette[207] che tra loro dicevano.

---

[202] *Cossi*: cfr. la nota 103.
[203] *Vòmmene*: "Vómmene, me ne vo, I go hence, I go my way" (FLORIO-TORRIANO, T t t 2).
[204] *Ammendoi*: (anche *amendùo*, e *amendùa*), agg. e pron. plur. Invar. Ant. Ambedue, tutti e due, entrambi.
[205] *Dei*: devi . [. . .] "Alcuna volta *Deo* dagli antichi rimatori toscani s'è detta, sì come in Guittone si vede. Da questa primiera voce *Deo*, la quale in uso non è della lingua, s'è per aventura dato forma alla terza di quello stesso numero *Dee*, che è in uso, e *De'* medesimamente in quella vece; quantunque *De'* eziandio nella seconda voce, in luogo di *Dei*, s'è parimenti detto" (BEMBO, *Prose*, III, p. 138).
[206] *Dianzi*: avv. di tempo. Lett. Per l'innanzi, una volta, poco fa. Boccaccio, *Dec.*, Vol. II, Giornata 7, Novella 1, p. 154: "Io dissi dianzi il 'Te lucis' e la 'ntemerata, e tante altre buone orazioni, quando al letto ci andammo". Poliziano, *Stanze cominciate per la giostra di Giuliano de' Medici*, a cura di V. Pernicone, (Torino, 1954), Libro, stanza 59: "Dianzi eri di una fera cacciatore; / più bella fera or t'ha ne' lacci involto".
[207] *Ragionette*: "S.F. Dim. di Ragione. Ragione debole e malferma. Pros. Fior. Borgh. Lett. 4.4.14. (M.) 'E se non fusse che quel non se ne trovan mai memoria sicura, se non dopo Augusto, intorbida ogni cosa, e qualche altra ragionetta appresso, sarebbe forse bene chiudere gli occhi'" (TOMMASEO-BELLINI, 4[1], p. 45).

BRUNETTA. Che cosa, perdio, dicevano?
GRAZIUOLO. Il patrone e Cristina sono corrucciati insieme.
BRUNETTA. Per che causa?
GRAZIUOLO. Ella voleva che gli comprasse su la sera[208] uno scoffione e una gorghera,[209] e perché non l'ha comprata sì tosto come voleva, tutta sdegnata, se n'è partita di casa, del che il patrone ne mena ismanie.[210]
BRUNETTA. Non sentisti quello ch'io dissi a la patrona come costui era invaghito di lei? Ma che seguì poi di loro?
GRAZIUOLO. Stoppino gli promise di far questa pace fra loro, ma lasciamo queste parole che'l buon pro gli faccia[211] quando saranno insieme, che mi sai tu dire de la patrona?
BRUNETTA. Buone nuove. Io ho tanto predicato che è contenta di compiacerti.
GRAZIUOLO. O Brunetta mia saporita,[212] o unico mio conforto, quanto ti sono tenuto ch'io posso dir con +   + che mi +   + io?
BRUNETTA. Oggi, a mezzogiorno, mentre che'l patrone starà fuori a spasso co Stoppino, tròvati ne la camera de la patrona, e mostra di scoparla o far altro servigio, e io, come

---

[208] *Su la sera*: verso sera. "Su. Talora denota tempo, e vale Circa, In" (TOMMASEO-BELLINI, 4¹, p. 1283).
[209] *Scoffione* e *gorghera*: cfr. le note 182 e 183.
[210] *Ismanie*: menare smanie significa folleggiare. Il fenomeno della *I* anteriore al lemma "smanie" viene così spiegato dal Bembo:" Senza che uso de' Provenzali per aventura fia stato lo aggiugnere la *I* nel principio di moltissime voci (come che essi la *E* vi ponessero in quella vece, lettera più acconcia alla lor lingua in tale ufficio, che alla toscana) sì come sono *Istare, Ischifare, Ispesso, Istesso* e dell'altre, che dalla *S*, a cui alcun'altra consonante stia dietro, cominciano, come fanno queste" (BEMBO, *Prose*, I, p. 25).
[211] *Buon pro gli faccia*: "buon pro ti faccia": formula di congratulazione e di augurio. *Esopo volgar.*, ovvero *Volgarizzamento delle favole di Esopo*, (Firenze, 1778), p. 165: "Amico mio, pro ti faccia, del fatto tuo mi pare molto bene, perché sei grasso e gagliardo, e hai bello pelo fresco e risplendente".
[212] *Saporita*: "Detto di persona, vale Che è di spirito; e per ironia Malizioso. *Salvin. Pros. Tosc.* 2. 109. (C). 'Come si vede giudiciosamente fatto dal saporito Redi nel suo vago e famoso Ditirambo' " (TOMMASEO-BELLINI, 4¹, p. 554).

sappia che vi sia dentro, incontanente[213] la condurò dove stai.
GRAZIUOLO. Così farò. Infinitamente te ne ringrazio, e però pur ora mi vo partire.
BRUNETTA. E io vado per la patrona.

---

[213] *Incontanente*: avv. Ant. E Lett. Subito, immediatamente; senza indugio, senza esitazione; all'istante. Dante, *Inf.*, Canto 3, verso 61: "Incontanente intesi e certo fui/ che questa era la setta de' cattivi,/ a Dio spiacenti ed a' nemici sui". Boccaccio, *Dec.*, Giornata I, Novella 7, p. 108: "Come veduto l'ebbe, incontanente gli corse nello animo un pensier cattivo".

Atto Terzo

MASTALLONE e STOPPINO.

MASTALLONE. Orsù, Stoppino, ho pur comprato a tua richiesta lo scoffione e la gorghera a quella mariuola[214] Cristina che m'ha rubato il cuore, eccoli, prendegli, e vàttene prima a casa di quella vicina, dove ora si trova.
STOPPINO. Hai fatto bene, e per poca cosa la contenterai. Chi vole esser innamorato e godere il frutto d'amore bisogna che spenda, e che non tenga la scar[sella][215] serrata.
MASTALLONE. Vàttene dunque prima, e bussa a quell'uscio, e

---

[214] *Mariuola*: (mariúolo), agg. Che vive di truffe e di espedienti, furfante, imbroglione, briccone (una persona: anche con valore attenuato o scherz.). Aretino, *Lettere*, 6 voll. (Parigi, 1609), Vol. 5, p. 182: "Una ruffianella, isporchetta e, mariuola, sta molto meglio ai vostri servigi che ai miei". N. Franco, *Pistole volgari* (Venezia, 1539), p. 94: "Volete più mariuola gente ch'è quella dei marinari?". "Mariόla, mariuόla, a cunny-catching, a cat-purse, or a pickpocket-whore" (FLORIO-TORRIANO, N n 2).
[215] *Scarsella*: "S.F. Specie di taschetta o borsa di cuojo cucita a un'imboccatura di ferro o d'altro metallo, per portarvi dentro danari. Lo fanno venire da *Sarcinula*; altri da *Sacculus*, *Saccellus*. In più dial. è Tasca in gen.; e anco i Tosc. l'intendono, e dicono come per celia vale, come Tasca, Borsa e sim., Il danaro stesso; e la più o meno ricchezza o povertà. E però altri ci vede un antifr. di Scarso "(TOMMASEO-BELLINI, 4¹, p. 619).

pàrlale, a fàlle questo bel dono per parte mia ch'io t'aspetto in questo cantone. E se farai opera che torni a casa, mi potrai prima far venire a parlar seco e io non ti mancherò d'una buona cena.[216]

STOPPINO. Così farò, e me ne vo verso la porta. O là.

CRISTINA. Chi è là? Chi bussa così forte?

STOPPINO. Apri ch'io sono un tuo caro amico.

CRISTINA. Eccoti la porta aperta. Oh! Oh! Stoppino, che buon vento ti mena qui?[217]

STOPPINO. Vengo da te come buono amico, e desideroso del tuo bene: e vorrei un piacer da te, e con fiduzia tel dimando per l'amicizia ch'è tra noi.

CRISTINA. Dìmmi pur quel che vuoi e lascia le parolette.

STOPPINO. Può esser che per una piccola cosa vogli sdegnarti col tuo patrone, sapendo l'animo suo? Credi tu che non t'ama e che non spendesse e robba[218] e sangue e anima e corpo per compiacerti?

CRISTINA. A la fede mia che me l'ha ben dimostrato per una frasca[219], a così parlare, che gli ho chiesta egli come ingratissimo e poco amorevole me l'ha negata.

STOPPINO. Deh, che non è così e l'hai tanto praticato notte e dì che dovresti conoscere com'è fatto.

CRISTINA. Ben sai ch'io 'l conosco, che avanti che[220] spenderebbe un quatrino si lascerebbe pelar la barba.[221] Che sia

---

[216] *Non ti mancherò d'una buona cena*: E riferito a grazia, favore; in definitiva significa: non ti negherò una buona cena.
[217] *Che buon vento ti mena qui*: chi viene, famigliarmente, per fargli buona accoglienza, diciamo: che buon vento vi porta?
[218] *Robba*: roba. "Róbba, Róbbe, Róba" (FLORIO-TORRIANO, E e e 2).
[219] *Frasca*: figur. Azione varia, inutile; sciocchezza, inezia, bazzecola; capriccio, ghiribizzo, leggerezza. F. Sacchetti, *Il Trecentonovelle*, a cura di V. Pernicone, (Firenze, 1946). Novella 43, riga 5: "Tagliò la via a chi avesse animo d'appiccare orinali o fare simili frasche". G. Della Casa, *Opere* in *Opere* di B. Castiglione e G. Della Casa, a cura di G. Prezzolini, (Milano-Roma, 1937), p. 761: "Per ogni minima frasca, le persone . . . usano di sgridare e ingiurare con villane parole".
[220] *Avanti che*: cfr. la nota 194.
[221] *Pelar la barba*: disus. Pelarsi la barba: per rabbia, dispetto. I. Pitti,

maledetto il dì e l'ora ch'io capitai ne la casa sua, ché m'ha viturperata e poi mi dà de piedi[222] ne la schiena.

STOPPINO. Non dir così, che gli è liberale[223] e t'ama e apprezza.

CRISTINA. Non è liberale, anzi è uno stitico,[224] e non ardisce a mangiare per non cacare, né manco m'ama, che, se m'amasse e de l'opera misurasse bene servici da me fatti col sudor mio e de le mie carni, non riguardando a mia madonna per fargli piacere, mi dovrebbe comprare a pesi d'oro.[225]

STOPPINO. Come vorresti che ti comprasse, se tu hai comprato lui, che t'è schiavo e non più patrone?

CRISTINA. Non so dir tante parole se non ch'è ingratissimo.

STOPPINO. Cristina, non voglio già consentir a questo, perché è uomo grato e ch'el sia vero eccoti lo scoffione e la gorghera ch'egli di buon cuore ti manda, pregandoti che l'accetti e non pure il picciolo dono, ma la buona [sua] volontà.

CRISTINA. Che voi che ne faccia di [questo dono]? Non me ne curo più, perché lo sdegno grande me n'ha tolto la voglia.

STOPPINO. Accetta il picciolo dono, ma più accetta l'animo suo

---

Apologia dei Cappucci, in *Archivio Storico Italiano*, Tomo IV, Vol. II, p. 369: "Ché come il re intese che egli si metteva in punto con le genti raccolte in Pisa, si pelava la barba, temendo che non fusse dalla fazione franzese d'Italia seguitato".

[222] *Dà de piedi*: Dare di (con un sost.): equivale al verbo che si può ricavare dal sostantivo. Dante, *Purg.* Canto 1, verso 49: "Lo duca mio allor mi diè di piglio/ e con parole e con mani e con cenni/ reverenti mi fe' le gambe e 'l ciglio".

[223] *Liberale*: incline a spendere o a donare, a offrire, ad aiutare con spontanea generosità, con larghezza munifica, con prodigalità: munifico, prodigo. Boccaccio, *Dec.*, Giornata 10, Novella 8, p. 475: "Chi avrebbe Tito senza alcuna dilazione fatto liberalissimo a comunicare il suo ampissimo patrimonio?". Bembo, *Opere*, Vol. VII, p. 429: "Buon costume è delle donne lo essere più tosto avarette che liberali, perciò che debbono essere conservatrici della roba del marito". In P. ARETINO, *Tutte le commedie* a cura di G. B. De Sanctis (Milano: Mursia, 1968) il lemma "liberale" significa "generoso" (p. 372, nota 16).

[224] *Stitico*: avaro, difficile al dare, al beneficare.

[225] *Comprare a pesi d'oro*: dare o prendere tanto peso d'oro quanto è il peso della cosa comperata o venduta; ma per lo più si usa fig. e significa a carissimo prezzo".

ben disposto inverso di te, e fammi questa grazia che ti prometto per parte sua, che sempre l'avrai a tuo comando e non gli saprai dimandare[226] cosa che non l'ottenghi da lui, il qual si morde le mani per rabbia d'averti offesa.
CRISTINA. Sarà poi vero quel che mi dici?
STOPPINO. Stanne sicura e ti prego che accetti questo scoffione, e guarda come è ben lavorato e così questa gorghera fatta a la nova fogia con tanti lavori a torno: prèndila dunque e insieme col dono prendi la fede sua.
CRISTINA. Oh sei il buono avocato! Ti prometto che sai ben procurar per lui. Io accetto il dono prima per lui e poi ancora perché mi prega.
STOPPINO. Io ti ringrazio, ma uno altro piacer vorrei da te: che, come hai accettato il dono, così vogli ancora accettare lui ne la buona grazia.
CRISTINA. Son contenta di quel che vuoi.
STOPPINO. Vorrei ancora che tu t'abboccassi seco.
CRISTINA. Dove e quando?
STOPPINO. Egli è in strada e non ardisce a venirti avanti, e, se sarai contenta, il farò venire pur' ora.
CRISTINA. Fa' come vuoi.
STOPPINO. Mastallone!
MASTALLONE. Stoppino!
STOPPINO. Viene sicuramente a la tua Cristina, perché t'aspetta, ed è più tua che mai fusse.
MASTALLONE. Cristina mia, io tanto consoli te quanto tu oggi hai me consolato, cuor mio. Io ho creduto morire veggendoti partire così sdegnata, non so dove io l'avessi l'animo quando ti negai la richiesta. Ma pensa ch'io voglio esser tuo in corpo e in anima, né credere che Iulia, mia consorte, potesse mai rimovermi da l'amarti.
CRISTINA. Patrone, non son donna d'assai parole, vero è che

---

[226] *Dimandare*: domandare.

mi sono sdegnata teco veggendoti tanto avaro e per una frascariuola.[227] Quando una persona serve bene ed è mal remunerata, dei[228] pensare che le sono coltellate al cuore. Ma sia come si voglia. Stoppino m'ha saputo così ben parlare che, oltra[229] che naturalmente, io t'amo non per roba, ma per amore, sono costretta ad essere più tua che mai.

STOPPINO. Il corrucciar de gli amanti è [uno] reintegrarsi[230] ne l'amor loro. Ma, se mi crederete ammendue,[231] non staremo più qui, ma ce n'andremo a casa.

MASTALLONE. Ben hai parlato, Stoppino, e così parmi che noi facciamo.

CRISTINA. Io son contenta, ma vorrei che non andassimo tutti insieme per non dare sospetto a Iulia ch'è sì gelosa!

MASTALLONE. Questo sarà ben fatto, or vàttene tu sola in casa, e noi daremo di volta[232] in piazza.

CRISTINA. Vòmmene.

MASTALLONE. E noi ce n'andiamo per questa via.

CRISTINA, e BRUNETTA, *ancelle* e CROCETTO.

CRISTINA. Brunetta, compagna mia, che fai qui sola su l'uscio?
BRUNETTA. Guardava pure se ti vedeva ché gli è una buona pezza[233] che ti vo cercando, e non t'ho trovata.

---

[227] *Frascariuola*: cfr. la nota 219.
[228] *Dei*: cfr. la nota 205.
[229] *Oltra*: oltre.
[230] *Reintegrarsi*: per riconciliarsi.
[231] *Ammendue*: cfr. la nota 204.
[232] *Daremo di volta*: "Vale Tornare addietro. *Tass. Ger.* 9. 94. (C) 'E con messi iterati istando prega E Argante e Clorinda a dar di volta: La fera coppia d'eseguir ciò nega' " (TOMMASEO-BELLINI, 2², p. 49). "Dáre vólta, to turn away, or back" (FLORIO-TORRIANO, S 2).
[233] *Buona pezza*: "In senso avverbiale, si usa per denotare una Quantità di tempo. Gran pezza, Buona pezza e sim. E' rimasto, e non freq. al linguaggio scritto. *Bocc. Nov.* 3.g. 2. (C) 'Già essendo buona pezza di notte ed ogni uomo andato a dormire' . . . *Sannaz. Arcad.* pros. 5. 'Essendo gran pezza della notte passata, quasi stanchi di piacere, concedemmo all'esercitate membra riposo' "

CRISTINA. Sono stata a casa de la nostra vicina per vedere s'aveva una pezza[234] di tela che mi manca per le camiscie.[235]
BRUNETTA. L'hai tu trovata?
CRISTINA. Non già, che m'ha detto averla venduta. Ma che è de la madonna nostra?
BRUNETTA. E' poco meno d'un'ora che se ita[236] a riposare.
CRISTINA. Che nuova cosa è questa? La non è[237] già usata de dormire a mezzogiorno?
BRUNETTA. M'ha detto c'ha mal dormito la notte passata.
CRISTINA. Sarà ben fatto che la svegliamo avanti che'l[238] patrone venga a casa, ché al giudicio mio non può tardare a venire.
BRUNETTA. Deh! Non la sconciamo,[239] lasciamola riposare e cerchiamo tenerla sana.
CROCETTO. La dorme[240] d'un sonno faticoso, ma piacevole e gioioso, e ch'il fa e chi nol fa.
CRISTINA. Poiché ti pare di lasciarla dormire, non la voglio già disturbare dal suo riposo, io me ne vado in sala a fornire[241] un certo mio lavor di seta.

(TOMMASEO-BELLINI, 3², p. 970). "Pezza . . . also a while, an interval, a space or distance of time" (FLORIO-TORRIANO, V v 2).
  [234] *Pezza*: in questo caso significa una quantità di stoffa. Da notare il giuoco di parole, nelle due battute successive, fra due diversi significati di "pezza".
  [235] *Camiscie*: cfr. la nota 51.
  [236] *Ita*: cfr. la nota 184.
  [237] *La non è*: ella non è. "*Terza persona singolare*. Come proclitica, . . . Al femminile troviamo *la* nel toscano antico, per esempio *io non so dove la stia* (Straparola I, 298), *innanzi che la se ne venghi al letto* (Machiavelli, Mandr. 2, 6)". (ROHLFS, II, 446).
  [238] *Avanti che*: "Al latino *priusquam* corrispondono in italiano prima che, avanti che, innanzi che, per esempio molto sarei vago di vederlo attuffare in questa broda, prima che noi uscissimo dal lago (Inf. 8, 54), avanti che la proda ti si lasci veder, tu sarai sazio (Ibid., 56)" (ROHLFS III, 769).
  [239] *Sconciamo*: "Per Iscomodare. Men com. *Lab*. (*Laberinto d'amore* del Boccaccio) 260. (C)'Non fu giammai, ch'io non avessi, senza sconciarmi di nulla, ad un compagno, che con minore albero di me navigato fosse, fatto luogo' " (TOMMASEO-BELLINI, 4¹, p. 680).
  [240] *La dorme*: ella dorme. Cfr. la nota 237.
  [241] *Fornire*: fornire: - Portare alla massima perfezione (un'arte) dare

BRUNETTA. E io starò qui fuori ad aspettar ch'ella si desti, ché gran fatto non può più tardare.

CROCETTO. E io, non veduto da costoro, mi trarrò da parte e mostrerò di venire per altra via, acciò che[242] Brunetta, consapevole de l'adulterio, non s'accorga di quello ch'ho veduto con questi occhi; e andrò a trovar Cristina e le scoprirò tutto 'l fatto come passa.

CROCETTO, *ragazzo*, CRISTINA, *ancella*.

CROCETTO. Buon Vespro,[243] Cristina.
CRISTINA. Che vai facendo per qua ora che'l patron[244] è fuor di casa? Perché nonne[245] vai da lui?
CROCETTO. A qualche importante effetto[246] pensar dei che da te vengo.
CRISTINA. Gli è[247] forse qualche nuovo caso?
CROCETTO. Ben sai che si è caso che molto importa.
CRISTINA. Deh! Dìmmelo, Crocetto mio, mostazzin[248] mio dolce.
CROCETTO. Voglio che sappi che pur dianzi, quando tu parlavi con Brunetta, io era in luoco che udi' ciò che ragionavate de

---

forma definitiva, completare, rifinire: ornare, abbellire (un'opera, un lavoro ecc.). Anche al figur. F. Petrarca, *Le rime sparse e i Trionfi*, a cura di E. Chiòrboli (Bari, 1930), *Rime*, Componimento 40, verso 9: "Mi manca a fornir l'opra/ alquanto de le fila benedette, ch'avanzano a quel mio diletto padre".

[242] *Acciò che*: affinché "Accioché, adv. that, to the end that" (FLORIO-TORRIA-NO, B 2).

[243] *Vespro*: sera.

[244] *Patron*: padrone (cfr. BOERIO, p. 416).

[245] *Nonne*: "Lo stesso che NO usato a modo di sostantivo" (TOMMASEO-BELLINI, 3¹, p. 508).

[246] *Effetto*: fine, scopo. "Efféo, Effettióne . . . end, accomplishment" (FLORIO-TORRIANO, X 2).

[247] *Gli è*: cfr. la nota 90.

[248] *Mostazzin*: mostàccio. Parte anteriore della testa dell'uomo: viso, volto, faccia (e ha talora un valore scherz. o iron.) - Anche con uso spreg.: viso rozzo e inespressivo, irregolare e malfatto; ceffo Dimin. Mostaccino.

la nostra patrona che dormiva, ah, ah, ah!
CRISTINA. Che voglion dir queste parole ch'hai tu udite? E di cosa tu ridi tanto?
CROCETTO. A questo effetto[249] sono venuto da te per farti intendere un nuovo e strano caso che occorre.
CRISTINA. Dìmmelo se tu m'ami.
CROCETTO. Giura di tenermi secreto[250] di quello che ti dirò.
CRISTINA. Così ti giuro e te ne do la mia fede.
CROCETTO. Io ti fo sapere come non è ancora un'ora che, volendo andare a la camera del patrone per torre il suo manto e cappello, la trovai oltra il solito serrata, del che mi maraviglia, e, guardando per una fissura[251] de l'uscio, vidi le fenestre aperte e la patrona nostra sul letto sollazzare e ridere col buon fante[252] di Graziuolo.
CRISTINA. E' possibile che la nostra patrona si sollazzasse con un suo fante? Va[253] che non posso credere.
CROCETTO. Gli è così.
CRISTINA. Guarda che tu non l'abbi tolta in cambio.[254]
CROCETTO. Tu mi fai morire, credi tu ch'io non conosca mia madonna e de che panni oggi è vestita? E Graziuolo che abito sia il suo, o forse che oggi le traveggole[255] mi danno impaccio?

---

[249] *Effetto*: cfr. la nota 246.
[250] *Secreto*: segreto.
[251] *Fissura*: fessura.
[252] *Fante*: servitore, garzone. - Per estens.: persona sottoposta, servo, schiavo. "Servidore, Garzone o in generale uomo di vile condizione e di piccola qualità. *Bocc. Nov.* 1.11. 'Al quale i due fratelli fecero prestamente venire medici e fanti che'l servissero'. *Teseid.* 4.23.' Doloroso più che altro e tristo Arceta,/Se' fatto fante, là dove solea/Esser tua casa di servi fornita' " (TOMMASEO-BELLINI, 2¹, p. 82).
[253] *Va*: esclamazione di sdegno, di spregio o di scherzo.
[254] *Tolta in cambio*: scambiare una cosa con un'altra. Boccaccio, *Dec.*, Vol. II, Giornata 10, Novella 10, p. 509: "La fanciulla era guardata da ogn'uomo, e ciascun diceva che Gualtieri aveva fatto buon cambio". Ariosto, *Orlando Furioso*, Canto 20, ottava 132: "E sospirando: -Ohimè, Fortuna fella -/dicea - che cambio è questo che tu fai?".
[255] *Traveggole*: aver le traveggole: significa che uno guardando vede

CRISTINA. Guarda che non t'abbia ingannato il vino.
CROCETTO. Il vino non mi fa parlare quel che non è.
CRISTINA. Che facesti poi?
CROCETTO. Stetti un pezzo a vederli sollazzare, poi vidi che si levàrono e la patrona, tutta con i capelli rabuffati,[256] andarsene a lo specchio a raconciarsi[257] il capo e spazzarsi la vesta.
CRISTINA. E Graziuolo che faceva egli in quel tempo?
CROCETTO. Graziuolo riprese la spada e la cappa[258] con la beretta, e salì fuora per l'uscio di dietro e se ne andò pe' fatti suoi.[259]
CRISTINA. Chi arebbe[260] mai detto, né pensato che nostra madonna che pare una santarella[261] e che predica tutto 'l giorno la pudicizia, fosse traboccata[262] a peccare con il suo guattero[263] simile a Graziuolo? A questo conosco bene che

---

imperfettamente o stravede. "Dárle le travéggole, to make one believe that the moon is made of green cheese" (FLORIO-TORRIANO, Q q q 2).

[256] *Rabuffati*: "Scompigliare e si dice più che d'altra cosa, di capelli, di peli e di penne" (TOMMASEO-BELLINI, 4¹, p. 8).

[257] *Raconciarsi*: accomodare, rassettare da *Reconcinno, Aureo lat.* "Racconciare" (BOERIO, p. 100 dell'*Indice Italiano-Veneto del dizionario Del Dialetto Veneziano*).

[258] *La spada e la cappa con la beretta*: (per cappa e spada) il mantello dei cavalieri, assunto poi quasi ad emblema nobiliare e cavalleresco: cavaliere di cappa e di spada. Aretino, *Teatro*, Vol. II, p. 42: "Un tutto miniato di condorcini con duo mila bordelletti ne la cappa, ne la berretta e nel saio". Per cappa si trova il seguente significato: "any kind of cape-cloak, a Spanish cloak" (FLORIO-TORRIANO, M 2).

[259] *Pe' fatti suoi*: andare per i fatti suoi. Andare ad accudire alle proprie faccende, anche in senso più generico: partire, allontanarsi. Boccaccio, *Dec.*, Vol. II, Giornata 5, Novella 3, p. 36: "E mangiato e bevuto s'andarono pe' fatti loro".

[260] *Arebbe*: avrebbe. "Una forte tendenza alla caduta della *v* si nota nel toscano popolare" (ROHLFS, I, 215).

[261] *Santarella*: ipocrita. "Santárello . . . also used for an Hypocrite or pretender to be a Saint" (FLORIO-TORRIANO, G g g).

[262] *Traboccata*: scesa a un punto tale di degradazione.

[263] *Guattero*: aiutante del cuoco nei servizi di cucina, sguattero, in senso generico: servo addetto alle mansioni più umili. L. Domenichi, *La vita del Gran Capitano e del Marchese di Pescara di Paolo Giovio tradotte*, a cura di C. Panifada (Bari, 1931), p. 291: "Furono gettati a terra i padiglioni e gli alloggiamenti, e i vasi d'argento d'Antonio da Leva e del duca di Termoli andavano in preda a guatteri e a saccomanni".

l'amore ha la benda su gli occhi, ma farai bene andare dal patrone, e riconta <r> gli[264] tutto quello che hai veduto, che non farai se non bene.

CROCETTO. Così farò e me ne vo a[265] lui verso la piazza.

---

[264] *Ricontargli*: per raccontare o narrare. "Ricontare: Tornàr a contàr (raccontare)" (BOERIO, *Indice*, p. 105).
[265] *Me ne vo a lui*: me ne vado da lui. La forma "vo a" risente del latino. A proposito cfr. ROHLFS, II, 544, nota 1: "Per l'etimologia di *andare* . . . si sostiene uno sviluppo *ambulare* > *amlare* > *amnare* > *annare* > *andare*; cfr. in una iscrizione di Cartagine (secolo VI) *ad magistru non amnavit*".

Atto Quarto

GRAZIUOLO *solo parla.*

O giorno dolce e inzuccherato nel quale amore m'è stato sì buon compagno. Io ho pur conseguito ciò che desiderava; ho pur' avuta in queste braccia la mia speranza. O che dolce trastullo è stato il mio! A pena ch'io 'l posso credere che sia così. Perdio che mi pare un sogno. Quanto ho da ringraziare quella scanfarda,[266] gricciosa,[267] testa de grilli[268] de la fortuna? Quanto obligo ancora tengo a la Brunetta mia saporita[269] che m'è stata tanto amorevole pollastriera.[270] La patrona mia

---

[266] *Scanfarda*: "Nome ingiurioso dato a una donna quasi dire Sgualdrina, Cialtrona, e sim. Forse la radice è cane, colla desin. dispreg. in ardo. *Lor. Med. Arid.* (C) 'O porta i fiaschi da te scanfarda' " (TOMMASEO-BELLINI, 4¹, p. 605). ARETINO, *Tutte le commedie*, p. 397, nota 15: "ciarlona, meretrice, strega". "An over-ridden whore" (FLORIO-TORRIANO, G g g 2).

[267] *Gricciosa*: capricciosa, piena di ghiribizzi.

[268] *Testa de grilli*: avere il capo ai grilli, o pieno di grilli: perdersi in leggerezze, in futilità, in facili amori; vivere nelle nuvole. L. Pulci, *Il Morgante* a cura di F. Ageno (Milano-Napoli, 1955), Canto 22, ottava 101: "Tu hai il capo pien di grilli,/e fusti sempre pazzo e sbardellato".

[269] *Saporita*: cfr. la nota 212.

[270] *Pollastriera*: ruffiana. Lo stesso significato si trova in ARETINO, *Tutte le commedie*, p. 241, nota 31. "By met., a Bawd that carrieth young Pullets to

gentile m'ha data la fede[271] di ricevermi nel suo letto quando avrà tempo opportuno. Così me ne vo consolato e sarò solo, sollecito e secreto,[272] e anderò a comprare certe cose che'l patrone m'ha detto stamane. Ma chi è colui che viene a me? Parmi Stoppino, non scorgo bene s'è d'esso o no voglio ritrarmi[273] da parte per udir quello che va parlando.

STOPPINO, *parasito*, GRAZIUOLO, *servo*.

STOPPINO. Che cosa non fa far questo cervello? Chi è meglior maestro di me per saldar[274] le rotture? Ben si può dar vanto c'aver grande industria[275] e destrezza![276] Per questo il mio proprio nome mi sta bene e mi si confà; ché Stoppino[277] sono per stoppar ogni piaga di discordia e d'inimicizia, e tutti i forami so stoppare se non quello di colei ch'io Stoppino vorrei stoppare non con stoppa[278] né con canape,[279] ma co l'ingegno, con che si suol stoppare ogni buco che ha bisogno che sia stoppato.

---

make sale or profit of by prostitution" (FLORIO-TORRIANO, X x 2).
[271] *M'ha data la fede*: in questo senso significa giurare.
[272] *Sarò solo, sollecito e secreto*: "Vale Non accompagnato, In solitudine; In luogo fuor di frequenza d'uomini, Unico. *Prov. Tosc.* 44. 'L'innamorato vuol esser solo, savio, sollecito e segreto' " (TOMMASEO-BELLINI, 4¹, p. 976.
[273] *Ritrarmi*: ritirarsi, farsi indietro. "Ritràrsi as Ritìrarsi" (FLORIO-TORRIANO, E e e 2).
[274] *Saldar*: unire e appiccicare le cose separate. Da *solidare*, latino aureo.
[275] *Industria*: astuzia, scaltrezza. Boccaccio, *Dec.*, Giornata 1, Novella 8, p. 110: "Poscia che udito ebbe lodare la 'ndustria di Bergamino . . . senza alcun comandamento aspettare, piacevolmente così cominciò a parlare".
[276] *Destrezza*: accortezza, avvedutezza, sagacia, priudenza. Anche scaltrezza, astuzia, accorgimento. Machiavelli, *Opere*, p. 23: "Assicurandosi con destrezza di quelli che gli paressino troppo arditi".
[277] *Stoppino*: "Tappo di stoppa, (metaf. sess. euf. condiz.) "(ARETINO, *Sei giornate*, p. 577).
[278] *Stoppa*: stoppa indica la parte che risulta dalla seconda pettinatura della canapa e del lino.
[279] *Canape*: "Dicesi particolarmente della Stoppa o Filo del canape purgato da cannelli, e questo mercantilmente si dice canapa soda" (TOMMASEO-BELLINI, 1², p. 1161).

GRAZIUOLO. Questi sono gran stoppamenti che questo nostro Stoppino senza stoppa cerca stoppare.[280]
STOPPINO. Di Brunetta dico che mi sta sul cuore, e che ha un buco[281] mal stoppato e perde tempo, e non vorrei già che i ragni con la lor tela vanamente glielo stoppassero.
GRAZIUOLO. Oh! Oh! Ora intendo lo stoppamento e quella che Stoppino stoppar vorebbe.
STOPPINO. Or lasciamo gli stoppamenti, tornar voglio al mio proposito. So[282] stato quello che ho accordato[283] Cristina col suo patrone e fattagli far pace, e l'ho lasciato in piazza a parlare con certi suoi debitori.
GRAZIUOLO. Ora intendo e scorgo quest'altra inchiodatura.[284] Ogniuno lavora sul podere e terreno[285] d'altri. Chi non fa, non aspetti,[286] e faccia chi può, ché ogni pentir dà doglia.[287]
STOPPINO. Ho lasciato Cristina che se n'è ita a casa del patrone con la gorghera e lo scoffione. Me ne vo al sarto per farmi tagliare un par[288] di calze che stamane gli lasciai il panno. In

---

[280] *Stoppare*: si notano in queste battute successive giuochi di parole tra stoppare, stoppato, stoppamenti ecc.
[281] *Buco*: "(Euf. sess.)" (ARETINO, *Sei giornate*, p. 536).
[282] *So*: sono. Cfr. ROHLFS, II, 540: "Alla prima persona l'Italia settentrionale presenta . . . son (*sun, so*)".
[283] *Accordato*: participio passato dal verbo "accordare" (mettere d'accordo).
[284] *Inchiodatura*: locuz. Trovare, ritrovare l'inchiodatura: trovare il modo giusto per fare qualcosa, il punto esatto per venirne a capo. F. Guicciardini, *Carteggi—1499–1527*—a cura di R. Palmarocchi e P. G. Ricci, 13 voll. (Bologna-Firenze-Roma, 1938–1968), Vol. VII, p. 210: "Alla fine si doverrà pure trovare l'inchiodatura di questa cosa".
[285] *Lavora sul podere e terreno*: "Lavorare il terreno: (metaf. sess. euf. cond.)" (ARETINO, *Sei giornate*, p. 555).
[286] *Chi non fa, non aspetti*: chi non agisce non può aspettarsi una ricompensa. E' un proverbio che elogia il darsi da fare. Riecheggia il noto proverbio "Chi la fa l'aspetti" che ha un significato diverso, quasi contrario. Infatti vuol dire: "chi fa male, deve attendersi un'adeguata contropartita".
[287] *Doglia*: dolore, patimento, dal latino aureo *doleo*.
[288] *Par*: un paio. Per questa forma in *r* si legga ciò che dice ROHLFS, I, 284: "*Il nesso ri in Toscana*. Lo sviluppo di *ri* si allontana da quello dei rimanenti nessi con *i*, in quanto qui non si è verificato l'allungamento della consonante; anzi, in Toscana la *r* si è assimilata alla *i*, o per meglio dire si è fusa nella *j* senza

questo mezzo[289] verrà l'ora di cena e io non la perderò per mangiar di quelle starne ed empirmene ben la pancia.

GRAZIUOLO, *servo*, e CROCETTO, *ragazzo*.

GRAZIUOLO. Ho inteso pienamente come passano le cose de la casa di mio patrone. Parmi che tutti sian macchiati d'una pece,[290] or lasciamo andare chi gode goda, e chi tribola triboli,[291] ma veggio[292] là Crocetto che se ne va molto in fretta, e credo che vada dal patrone. Voglio chiamarlo che mi aspetti. Crocetto, Crocetto, non odi? Aspettami! Poiché non m'ode e finge di non udirmi, vo' lasciarlo andare a sua posta[293] per quella strada e io me ne andrò pian piano per quest'altra dove il patrone la più parte[294] ne suol venire.

CROCETTO. Parmi un'ora, mill'anni, ch'io giunga dal patrone, acciò che[295] gli narri le gentilezze di Iulia, sua moglie, e la

---

lasciare traccia: cfr. *aia* < area, *paio, paiuolo, ghiaia, vaio, granaio* . . . Nell'estrema zona nord-occidentale della Toscana, invece, si è avuto il passaggio di *ri* a *r* (evidentemente sotto influssi liguri o transappenninici): cfr. in Lunigiana (Sarzana, Fosdinovo, Fivizzano, Massa, Carrara) *ara, paro, fornaro* . . . " Secondo il TOMMASEO-BELLINI, 3, p. 719: "La seconda forma in Tosc. (par) non s'usa che scorciata. 'Un par di . . . ' ".
[289] *In questo mezzo*: cfr. la nota 179.
[290] *Tutti sian macchiati d'una pece*: prov. Esser macchiati d'una pece o d'una stessa pece: avere i medesimi difetti.
[291] *Chi gode goda, e chi tribola triboli*: un altro proverbio incorporato nel testo della commedia. Il verbo tribolare significa affliggere e travagliare.
[292] *Veggio*: vedo. Per questo lemma il ROHLFS, II, 534 dà la seguente spiegazione: "*Palatizzazione della consonante finale del tema*. La *j* prodottasi nelle desinenze -*eo* e -*eo* ha in vari casi condotto ad una palatalizzazione della consonante finale del tema verbale. In toscano *debeo, facio, taceo, jaceo, placeo, noceo, *cadeo, video, sedeo, fugio, soleo, salio, *voleo, valeo, doleo, remaneo, teneo, venio* hanno regolarmente dato le forme: *deggio, faccio, taccio, giaccio, piaccio, noccio, caggio, veggio, seggio, fuggio, soglio, saglio, voglio, vaglio, doglio, rimagno, tegno, vegno*".
[293] *A sua posta*: a differenza della nota 187 qui il significato è cambiato. Vuol dire a suo piacimento o beneplacito.
[294] *La più parte*: il più delle volte.
[295] *Acciò che*: cfr. la nota 242.

fede che gli serva e ricordargli che tenga ben caro il suo fidel Graziuolo perché il[296] merita, ma spero di trovarlo a mano a mano.[297]

IULIA, *patrona*, e BRUNETTA, *ancella*.

IULIA. Ho pur fatto contento[298] il tuo Graziuolo, e più non sospirerà.
BRUNETTA. Ben faceste, madonna, e vi sarà fedele e secreto. Ma, nel tempo che voi trovaste in camera, vi sopra gionse Cristina la quale ha dimandato[299] assai di voi e voleva pur venir ne la vostra camera, ma le dissi che voi dormivate, e quasi si è maravigliata di questo vostro dormire di mezzogiorno.
IULIA. Per mia fe' non mi manca altro nonché fosse entrata e m'avesse vista, ché la sarebbe stata assai a dirlo a mio marito, ma facessi bene a tenerla fuora. Dove poi è andata ella?
BRUNETTA. In sala a fare un certo suo lavoro, secondo che m'ha detto.

---

[296] *Il merita*: lo merita. Cfr. la nota 64.
[297] *A mano a mano*: Subito, immediatamente; entro breve tempo; tosto. A. Pucci, *Fiore di leggende. Cantari antichi*, a cura di E. Levi (Bari, 1914), p. 186: "Benché morto fusse l'animale,/chi l'uccidesse arebbe fatto invano,/ perché una lepre sopranaturale/ gli uscirebbe di corpo a mano a mano". Pulci, *Il Morgante*, Canto 21, ottava 67: "Mandai per Astolfo a mano a mano". Boiardo, *Orlando Innamorato*, Canto 27, ottava 39: "Non so come ad Orlando venne detto/ch'è là giuso il sir de Montealbano./La dama se commosse nello aspetto,/odendol nominare a mano a mano". Lorenzo de' Medici, *Opere*, a cura di A. Simioni, 2 voll. (Bari, 1939), *Canzoni a ballo*, XXV, p. 219: "Ricordossi a mano a mano/ che gli avea a dar l'usura".
[298] *Ho . . . fatto contento*: da fare contento qualcuno. Contentarlo, soddisfacendone i desideri, le aspirazioni, renderlo felice, lieto e beato. Anche per estens. e al figur.; con riferimento a desideri, sensi, passioni, sentimenti, ecc. Boiardo, *Opere Volgari, Amorum Libri*, son. 32: "Perché non corresponde alcuno accento/ de la mia voce a l'aria del bel viso?/ ch'io faria in terra un altro paradiso / e il mondo ne l'odir di lei, contento".
[299] *Dimandato*: domandato. Cfr. la nota 226.

IULIA. Ora andiamo un poco nel giardino a spasso ch'io sono mezza fastidita.[300]
BRUNETTA. Avete forse voi temuta la giostra?[301]
IULIA. Questi sono pure de tuoi soliti ragionamenti!
BRUNETTA. Andiamo.

GRAZIUOLO, *solo per la strada.*

Questo è pur gran fatto che non sappia trovar questo mio patrone. Non ho lasciato chiasso[302] per la cità, dove non è consueto stare, che non l'abbia ben cerco;[303] se fosse stato un ago, l'arei trovato, credo che sia fatto invisibile. Cercarollo ancora da quest'altro canto[304] de la terra. Sel troverò a la buon'ora,[305] se non, io tornerò a casa dove l'aspetterò infino che venga, chè mi rendo certo non debba indugiare.

---

[300] *Fastidita*: da fastidio "Sfinimento; svenimento" (BOERIO, p. 213). Lorenzo d' Medici, *Opere*, Vol. II, p. 35: "Quivi era d'ogni fior vermiglio e bianco/l'erbetta verde; ed infra sì bei fiori/ riposai il corpo fastidito e stanco".
[301] *La giostra*: Gara d'amore; trattenimento erotico. Aretino, *Le carte parlanti*, p. 4: "Coteste sono trame da chi si diletta di giostre d'amore, in cui i galanti della persona fanno mostra dell'agilità, della disposizione, della bellezza, e della eccellenza della vita". Domenichi, *Facezie, motti e burle* (Venezia, 1677), p. 212: "S'io avessi intenzione di gabbare mio marito, ciò vorrei fare per altro viso che per il vostro. Il quale dimostra voi aver più bisogno di ristorativi che d'esser atto alla giostra di Venere". "Metaf. sess. euf. cond." (ARETINO, *Sei giornate*, a cura di G. Aquilecchia, p. 551).
[302] *Chiasso*: postribolo, bordello. Pulci, *Sonetti* (s.l., 1759), p. 2: "E trovera'ti all'una e mezzo in chiasso". "A narrow lane, a by-alley, or an out-nook in a City or Town, where poor folks dwell, and which hath but one going in and one coming out from the street. By met. a bawdy-house, a brothel house because such houses are commonly kept in such allies and corners" (FLORIO-TORRIA-NO, O). In senso generale vuol dire viuzza stretta dal latino *clausum*.
[303] *Cerco*: per cercato (part. pass, di cercare), agg. (ant. e dial. cérco). Lorenzo d'Medici, *Scritti scelti, Altercazione*, Cap. I, p. 53: "Le vesti vostre non son come quelle/ cerche in paesi stran per le salse onde:/ contenti state alla velluta pelle". Per i participi passati accorciati si veda la nota 7.
[304] *Canto*: cfr. la nota 196.
[305] *A la buon'ora*: una buona volta, finalmente; in ogni modo, comunque; così sia. Boiardo, *Orlando Innamorato*, Libro I, Canto 25, ottava 34: "Rise

IULIA e BRUNETTA.

IULIA. Non mi posso trar del cuore quel atto c'ha usato mio marito con quella cattivella di Cristina, e sarò costretta, a la fine, di darle tante bastonate in presenza di lui, che la lascerò per morta.
BRUNETTA. Voi mi fate ridere, e non pensate di voi, ma, ditemi, voresti[306] voi che vostro marito battesse Graziuolo per voi in vostra presenza? Però temprate la vostra colera ché ora non è tempo di mostrarvi corrucciata, e aspettate l'ora che la trovate in fallo e allora[307] avrete giusta causa di dolervi con vostro marito.
IULIA. Così dispongo[308] di fare, e questo è il meglio.

MASTALLONE *accompagnato da* CROCETTO.

MASTALLONE. Che non fa la fortuna? Oggi ho avuta una buona nuova e un'altra trista: la buona per essermi rappacificato con la Cristina e fattala tornare a casa, la trista è per quello c'ho inteso de la landra[309] di mia mogliera, che sia traboccata[310] con un suo servo, e ha lasciato me per lui, me dico che ben l'attendo[311] di notte e di dì, me che non le manco di

---

Aquilante che lo cognoscia,/ed al duca rispose: 'Alla bon'ora,/ dapoi che esser convene, e così sia!' ".
[306] *Voresti*: vorreste.
[307] *A l'ora*: tale forma del testo è stata trascritta allora.
[308] *Dispongo*: da disporre. Cfr. la nota 106. Il significato intrinseco è disegnare, avere in animo; decidere, risolvere, deliberare. Pulci, *Il Morgante*, Canto 10, ottava 41: "Vincere o morir/ dispose certo".
[309] *Landra*: sf. donna di mal affare; sgualdrina. A. Pucci, *Il Centiloquio*, in *Delizie degli eruditi toscani*, Voll. III, IV, V, VI, (Firenze, 1770), Canto 36, terzina 38: "I conti di Fiandra, d'oggi non sono per lato mascolino/discesi dagli antichi, ma di landra". ARETINO, *Tutte le commedie*, p. 421, nota 19: il lemma "slandra" viene reso come "un'altra variante di donnaccia".
[310] *Traboccata*: da traboccare con il senso di cadere sfrenatamente nel vizio (cfr. la nota 262).
[311] *Attendo*: da attendere, ant. Custodire con cura, tenere diligente-

debito[312] che si conviene. Ben si dice che l'amore è cieco che non guarda dove si mette. Io sto in dubbio dei casi mei, s'io parlo, è male. Se taccio è peggio. Se l'attosco,[313] mi scuopro[314] per becco[315] publico,[316] se non le accurto[317] la vita, m'allungo le corna![318] Insomma io non so quel che mi faccia. Se parlo, io scandelezzo me e lei, e la vergogna sarà comune oltra che la facultà,[319] e quasi tutta sua dote e, volendo, mi può lasciar nudo e crudo.[320] Se tacerò, scoppio di doglia. Tanto è che io non so che partito[321] ne debba prendere. Pure quando ho ben pensato, trovo esser menor male il tacere, e finger di non intenderlo, e tanto più che a dir' il vero ancora io le fo le fusa torte[322] e la tratto come mi

---

mente. Andrea da Barberino, *Storia di Aiolfo del Barbicone*, a cura di L. Del Prete, 2 voll. (Bologna, 1863), p. 95: "E poiché ella fu cavata di prigione, e fu molto bene attesa".

[312] *Manco di debito*: da mancare al proprio debito, del proprio debito: (probabilmente dovere che i coniugi hanno fra di loro relativamente al compimento dei rapporti sessuali) venir meno al proprio dovere.

[313] *Attosco*: cfr. la nota 28.

[314] *Mi scuopro*: mi scopro. Per il fenomeno di dittongazione si veda la nota 170.

[315] *Becco*: sm. Marito ingannato dalla moglie; uomo che porta le corna del tradimento coniugale; cornuto; ingiuria sanguinosa. Pulci, *Il Morgante*, Canto 14, ottava 9: "Non pensi tu che in Ciel sia più giustizia,/malfusso, ladro, strupatore e mecco,/ fornicatore, uom pien d'ogni malizia,/ruffian, briccone e sacrilego e becco". Boiardo, *Orlando Innamorato*, Libro I, Canto 18, ottava 9: "Chiama iniquo Macone e doloroso,/cornuto e becco Trivigante appella:/'Ribaldi', a lor dicea 'per qual cagione/tenete il cavalliero in su lo arcione?' ".

[316] *Publico*: pubblico. Il termine forse è veneto; lo si trova in BOERIO, p. 469, ma in relazione al Governo della Repubblica".

[317] *Accurto*: accorcio.

[318] *M'allungo le corna*: prolungo la mia vergogna pubblica. C'è da notare il giuoco semantico fra i verbi accorciare e allungare.

[319] *La facultà*: il complesso degli averi, dei possedimenti che costituiscono il patrimonio di un privato. Per estens.: condizione agiata, ricchezza. Sannazaro, *Opere volgari*, p. 323: "S'io mi trovasse re in questo tempo, con un poco di facultà mi confidaria presto guadagnare assai più paese di quel che avesse".

[320] *Nudo e crudo*: in stato di estrema indigenza, poverissimo. Aretino, *Ragionamenti* (Roma, 1911), p. 220: "S'egli ti dice: che hai? rispondigli: una pessima sorte ho, e di qui nasce che son nuda e cruda, e ò mi avviene per essere troppo buona".

[321] *Partito*: decisione, alternativa.

[322] *Le fo le fusa torte*: fare le fusa torte o incroccare il fuso torto: tradire il

tratta, e so se parlassi seco di questo non lascerebbe di far' a suo modo. Orsù, dunque, chi ne può far ne faccia, e con questo me ne vo a casa per solazzare anch'io con Cristina. Crocetto, vàttene avanti, e dirai a Cristina che si trovi nel camerino.
CROCETTO. Così farò.

STOPPINO e GRAZIUOLO.

STOPPINO. Una parte del giorno è già passata, e dopo ch'io m'ho fatto tagliar le calze, delibero[323] d'andar' a casa di Mastallone e aspettar l'ora de la cena, ché mi sento già venir gran fame. E spero di cavarmela[324] questa sera, oltre ch'io vederò la mia cara Brunetta, e, se potrò, le dirò qualche parola, e vo' veder con Iulia se sarà contenta di darmela per moglie, ché, quanto per Mastallone, son certo che si contenta. Ma veggio venire in fretta il buon Graziuolo, voglio aspettarlo, e intender da lui donde viene. Buon Vespro, Graziuolo mio!
GRAZIUOLO. Dio ti contenti, Stoppino caro, dove ne vai?
STOPPINO. Vo da tuo patrone, e credo che sia in casa perché poco è ch'el lasciai in piazza e mi disse che era per ritornarsene, e io me ne andai in un mio servizio, ma tu donde[325] vieni?[326]
GRAZIUOLO. Vengo di piazza, e sono andato in molti luochi per

---

marito o l'amante. Domenico Di Giovanni detto il Burchiello, *Sonetti* (Londra, 1757), p. 121: "Non ti fidar di femina, ch'è usa/ di far le fusa torte a suo marito". Aretino, *Ragionamenti*, p. 283: "Fu portato, non sapendo da quali piedi, a casa di colei che gli aveva fatte le fusa torte". ARETINO, *Sei giornate*, p. 550: "fusa torte (fare le -): f. le corna". "Fúse tórte, crooked-spindles, by *met.* horns, that women give their husbands" (FLORIO-TORRIANO, B b 2).

[323] *Delibero*: cfr. la nota 178.
[324] *Cavarmela*: cavàrsela.
[325] *Donde*: da dove.
[326] *Vieni*: la stampa dava la forma "veni".

trovarlo, ma mai non l'ho saputo trovare e così me ne torno a casa.
STOPPINO. Molto mi pari polito[327] e galante[328] con calze e con barba. Dubbito[329] che non sii innamorato.
GRAZIUOLO. Questo è di costume mio e di quel poco ch'io guadagno [certamente mi onora].
STOPPINO. Dico che dubbito che tu non sia innamorato, ché ti veggio pallido più del [solito].
GRAZIUOLO. Potrebbe ben essere perché son secco . . .[330]
STOPPINO. Oh, non dir così, amore trova partito[331] per ogni luoco.
GRAZIUOLO. Insino a qui, io nol trovo, ché le donne gli vogliono ricchi e belli.
STOPPINO. Sia come si voglia, se tu 'l sei mi piace, se nol sei, amor' ti dia ventura.[332]
GRAZIUOLO. Io ne sarei contento.
STOPPINO. Andiamo dentro.
GRAZIUOLO. Andiamo, ché ti seguo.

IULIA e MASTALLONE.

IULIA. Ahi, falso, iniquo e perfido uomo! A questo modo mi tratti? Ahi, scelerato adultero! A questo modo per una vil

---

[327] *Polito*: pulito.
[328] *Galante*: agg. Vestito con eleganza per lo più vistosa, con esagerata ricercatezza; attillato. Bembo, *Opere*, Vol. IV, p. 71: "Stimava che fusse in ciò più pratico di voi per conto della moglie più ornata e galante che non va la vostra".
[329] *Dubbito*: dubito.
[330] *Secco*: "Omo seco, Secco, dicesi per magro" (BOERIO, p. 567)
[331] *Partito*: "Sm. Via, modo" (TOMMASEO-BELLINI, 3², p. 803). Qui, nel contesto, il lemma ha un altro significato diverso da quello della nota 321. "Amore trova partito per ogni luoco" risulta un altro proverbio tratto dal testo della commedia.
[332] *Ti dia ventura*: dare la buona ventura, augurare bene.

massaruzza[333] io son lasciata? A questo modo me disprezzi? Me dico quale posso campare[334] io, parla Dio grazia, fra le belle, e meglio io per donna, che tu per uomo? Me dico che t'ho tolto da lo spedale,[335] ché, se io non veniva, del che me ne pento, in casa tua, tu ti potevi morir di fame; ahi, Dio, come patirò tanta ingiuria?
MASTALLONE. Deh, non ti crucciare, anima mia. +
IULIA. +   ascondo   farti
                                          +
MASTALLONE. [Conosco] d'aver peccato e prègoti che mi perdoni che'l poco lume di ragione e il molto desio me c'hanno indotto.
IULIA. Non so pensar che beltà, che grazia, che virtù siano in quella cattivella, che tu debbi lasciare me per una villana, per una povera e per una disgraziata.
MASTALLONE. Ecci[336] altro da dirti se non che ho fallito?
IULIA. Mastallone ti chiamano le genti per nome, ma non l'hanno bene inteso, ché non Mastallone, ma mal stallone[337] ti vo' chiamare, che invece di me, tenera giovenetta, abbi cercato una giomenta,[338] anzi una brutta cavalla[339] che fino

---

[333] *Massaruzza*: massaia. disus. donna addetta a servizi domestici; cameriera, domestica, donna di servizio. Il Battaglia cita come diminutivo del lemma in questione proprio "massaruzza" della commedia delcarrettiana (cfr. BATTAGLIA, IX, p. 889). Il suffisso -uzzo ha qui, nel contesto, un significato peggiorativo (Cfr. ROHLFS, III, 1041).
[334] *Campare*: cfr. la nota 132.
[335] *Spedale*: ospedale. In genere il lemma "spedale" è legato all'idea di furfante. "*Proverbio Toscano* 60.'Il furfante in ogni luogo trova tre cose: osteria, prigione e spedale' " (TOMMASEO-BELLINI, 4¹, p. 1082).
[336] *Ecci*: cfr. la nota 134.
[337] *Mal stallone*: cattivo stallone. Questo lemma è uno di quei nomignoli allusivi di cui parla FRANCA BRAMBILLA AGENO nel suo articolo "Nomignoli e personaggi immaginari, aneddotici, proverbiali" in *Lingua nostra*, 19 (1958), pp. 73–78.
[338] *Giomenta*: è il femminile di cavallo. Figur. Femmina, donna (procace, formosa, talvolta con valore spreg.). G. Giraldi Cinzio, *Gli Ecatommiti* (Firenze, 1883), Introd., Novella 1, p. 1775: "Avete così affaticata la giumenta al corso questa notte, ch'ella non ha veduta l'ora che vi sia levata di sotto". Ariosto, *Orlando Furioso*, Canto 28, ottava 43: "Gli dimostrò il bruttissimo omiciuolo/ che la giumenta altrui sotto si tiene".
[339] *Cavalla*: "Met. sess. cond.: donna (disposta all'atto sess.)"

ai frati[340] l'avriano a schivo. Ché se la mi viene per le mani io la pelerò[341] sì bene, che non le lascerò un pelo addosso.
MASTALLONE. Quello son io che merito castigo, non ella ch'io l'ho costretta al male.
IULIA. Tanto più, sciagurata me! Hommi[342] a lamentare di te ingrato, di te malvaggio, di te perfido, di te tristo.
MASTALLONE. Deh, non più, di grazia, cara Iulia, e renditi certa che, se fallo[343] mai più, [sarò] contento che tu m'uccidi.
IULIA. Io non mi curo di te, né ti voglio per amico, né per marito, né per ben volente[344] ch'io son certa m'hai rotta la fede[345] una volta, me la romperai tante, quante te ne verrà volontà.
MASTALLONE. Un sol remedio trovo a purgare il mio fallo per soverchio[346] furore, e a farti certo ch'io non sono per romperti mai più fede.
IULIA. E che rimedio sarà egli trist'uomo?
MASTALLONE. Ecci[347] da far' altro che castrarmi ne la malora?[348]

(ARETINO, *Sei giornate*, p. 559).
[340] *Fino ai frati*: allusione alla novella 10 della giornata IX del *Decameron* di Boccaccio.
[341] *Pelerò*: da pelare con il significato di scorticare.
[342] *Hommi*: mi ho. FLORIO-TORRIANO dà: "Hovvi for vi hò" (F f).
[343] *Fallo*: da fallire; voce dotta, dal latino *fallĭre per il class. fallĕre, ingannare, venir meno (alla fede, alla promessa, alla parola). Il termine ha usufruito di una migliore diffusione, nel senso religioso di "cadere in colpa, in peccato" e in quello giuridico di "cadere in dissesto".
[344] *Ben volente*: con buona volontà di promesse future.
[345] *M'hai rotta la fede*: da rompere la fede con il significato di "mancare a una promessa, a un giuramento, a un obbligo di fedeltà, di onestà, di giustizia. Bandello, *Opere*, Parte 1, Novella 19, Vol. I, p. 220: "I mariti mertano biasimo grandissimo/rompendo la fede maritale".
[346] *Soverchio*: agg. Troppo, eccessivo.
[347] *Ecci*: cfr. la nota 134.
[348] *Ne la malora*: in malora (anche alla, con la, nella malora): come imprecazione (e talvolta come inciso nel discorso). Boccaccio, *Dec.*, Vol. II, Giornata 5, *Concl.*, p. 96: "La reina ridendo disse: '-Deh in mal'ora, dinne una bella, se tu vogli, ché noi non vogliam cotesta". Machiavelli, *Opere Letterarie*, a cura di L. Blasucci (Milano, 1964), p. 112: "-Infine vuoi tu che la venga?- Sì, voglio, in malora, ed ella e la fante e la gatta e chiunque vi è!".

IULIA. Ahi, mastino![349] Sopra la vergogna le beffe?
MASTALLONE. Io vi dico che non son beffe, e ch'io delibero farmi castrare. Vorrò vedere s'avrai più sospetto di casi miei.
IULIA. Or va in malora, va, questa è la menda[350] de l'error tuo? E con queste favole mi vieni inanzi?
MASTALLONE. Tosto il[351] vedrai. Vien qua Crocetto, vàttene in piazza al[352] barbiere che si chiama Bertuccio che ha quel banco con tante braghe[353] e con tanti ferri, e dìgli, per mia parte, che per buon rispetto conviene mi faccia castrare e che non tardi a venire con tutti quelli stromenti[354] che ci[355] bisognano, e che sarà ben pagato.
CROCETTO. Patrone, io vi vo, e farò sì ch'egli venga.
MASTALLONE. [Orsù che povero ne la] sala e con [questa Iulia da te mi privo] come uomo poiché pace non posso avere.
IULIA. Vàttene a posta tua,[356] che Dio ti dia tanti tormenti quanti ne hai dati a me.

---

[349] *Mastino*: figur. Persona spietata o crudele, di indole malvagia e feroce Dante, *Inf.*, Canto 27, verso 46: "E 'l mastin vecchio e 'l nuovo da Verrucchio,/ che fecer di Montagna il mal governo/ là dove soglion fan de' denti succhio".
[350] *Menda*: sf. Ant. Risarcimento di un danno; riparazione di un torto, di un'offesa o di una colpa. Sacchetti, *Il Trecentonovelle*, Novella 141, riga 25: "Questo mio fratello dee avere da lui danari di quattro opere, e la menda d'uno asino, che gli guastò".
[351] *Il*: lo. Cfr. la nota 64.
[352] *Vàttene . . . al*: vattene dal. "*Diretta eredità* latina [. . .] In antico *a* s'usava anche per le persone presso cui si va, per esempio *andrò* al padre ("Novellino", 18) . . . *Ricciardo se n'andò ad una buona femmina* (Decam., 3, 6)" (ROHLFS, III, 798).
[353] *Braghe*: da braca "cavo con cui si legano determinati oggetti (botti, casse, balle, travi) per sollevarli, stringendoli in due punti con i cappi. Per il TOMMASEO-BELLINI, 1², p. 1030, braga ha questo significato: "Diz. marit. mil. E' una staffa di ferro che abbraccia l'assale delle casse dell'artiglieria, cioè, uno staffone che si tiene il detto assale".
[354] *Stromenti*: strumento. Cfr. la nota 65.
[355] *Ci*: gli. "*La terza persona singolare (dativo) nel toscano*. Lo sviluppo normale di *illi* in posizione proclitica dovrebbe essere nel toscano *li* per entrambi i generi . . . Un'altra forma popolare è *ci*, che si può udire con una certa frequenza nella conversazione quotidiana in varie parti della Toscana, per esempio *ci ho mandato una lettera*" (ROHLFS, II, 457).
[356] *A posta tua*: cfr. la nota 293. "A túa pósta, A súa pósta . . . At his

MASTALLONE. Non so più gran tormenti di quelli ch'io sono ora per patire, ma non diciamo più parole, tu vedrai tosto se sarà vero.

IULIA. E io volentieri mi vi troverò.

---

pleasure, choice, peril . . . " (FLORIO-TORRIANO, Y y).

Atto Quinto

IULIA e BRUNETTA.

IULIA. Che ti par del valentuomo, del nostro non Mastallone, ma mal stallone?
BRUNETTA. Parmi che sia un buon stallone, e non mal stallone quando non pur attende a coprire[357] voi, ma Cristina ancora.
IULIA. Come sarei mai una cavalla da esser coperta da una stallone?
BRUNETTA. Non dico che siate cavalla, ma una giovane graziosa, ché le cavalle sono robbe[358] da frati.[359]
IULIA. Parti[360] ch'io gli abbia lavato il capo?[361]

---

[357] *Coprire*: congiungersi carnalmente (con una donna). Bandello, *Opere*, Parte I, Novella 53, Vol. I, p. 611: "Ma quello che più d'ogni altra cosa la sventurata e disperata giovane tormentava, era il vedersi un marito vecchio a lato, che tante vigilie e digiuni far le faceva, che a pena una volta al mese la copriva". "[. . .] by *met.* to cloak . . . to use carnal copulation" (FLORIO-TORRIANO, R).
[358] *Robbe*: il lemma in questione viene usato dall'ARETINO, *Sei giornate*, p. 570. Cfr. anche la nota 218.
[359] *Frati*: ancora un'allusione alla novella boccaccesca. Cfr. la nota 340.
[360] *Parti*: ti pare. Cfr. la legge Tobler-Mussafia della nota 25.
[361] *Lavato il capo*: cfr. la nota 160.

BRUNETTA. Sì, d'altra cosa che di sapone, e d'altra sorte che non gliene ha lavato la Cristina.
IULIA. Gliene ho detto di quelle, che s'ha discrezione le può ben tenere a mente e legate al dito.[362]
BRUNETTA. A la fede[363] sì e davantaggio,[364] e voi siete una mala corrucciata,[365] e avrebbe voluto esser sotterra tanto l'avete storpiato.[366]
IULIA. Credi tu che si farà castrar, [come ha detto?]
BRUNETTA. Credo di sì, che'l conosco uomo di tanto affar'[367] che farebbe assai peggio.
IULIA. O Cristo, vorrei vederlo!
BRUNETTA. Voi lo vedrete forse a vostro costo.
IULIA. Che n'ho io a fare?
BRUNETTA. Che vorreste far' d'un capone[368] nel vostro letto?

---

[362] *Legate al dito*: legarsi qualche cosa al dito: imprimerselo bene nella memoria. "Dicesi 'legarsela al dito', e vale Tenere bene a mente qualche torto ricevuto; modo tolto dall'uso che hanno alcuni di legarsi al dito un filo, o nastro, come ricordo di cosa da fare o da dire. *Morg.*, 22-19. 'Ma sia che vuole, al dito leghera'ti/Ch'io nacqui per punire i tuoi peccati' " (TOMMASEO-BELLINI, 2², p. 1788).

[363] *Fede*: anello matrimoniale.

[364] *Davantaggio*: davvantaggio. locuz. avverb. Ant. Letter. Di più, maggiormente. F. Berni, *Poesie e Prose*, a cura di E. Chiorboli (Ginevra-Firenze, 1934), p. 357: "Col medesimo dispiacere che voi ho sentita io la partita del reverendissimo di Verona mio padrone, considerate tutte le cause che ne adducete voi, e qualch'una davantaggio".

[365] *Corrucciata*: "(Part. pass. di corrucciare), agg. (ant. e dial.) adirato e sdegnato, risentito, addolorato; che manifesta e dimostra negli atti, nel comportamento ira e dolore insieme; che esprime con un atteggiamento di chiuso e imbronciato dispetto, uno stato d'animo di collera e di stizza mista a sdegno.

[366] *Storpiato*: da storpiare con il significato di "Dare in sulla voce (rimproverare)" (TOMMASEO-BELLINI, 4¹, p. 1230).

[367] *Di tanto affar'*: per significare l'alta e la bassa condizione delle persone, la loro eccellenza o mediocrità, la molta o la poca importanza delle cose, si aggiungono i modi "di grande affare", "di piccolo affare", e simili. Bocc. *Decam.*, Giornata 10, Novella 5, p. 693: "Messere Ansaldo Gradense, uomo d'alto affare, e per arme e per cortesia conosciuto per tutto".

[368] *Capone*: cappone. Per simil. Uomo evirato, eunuco. G. Straparola, *Le notti* (Venezia, 1560), Notte 6, Novella 2: "Con tanta destrezza gli cavò ambi i testicoli, che quasi non sentì dolore . . . Castorio, già fatto cappone, anzi eunuco, mise mano alla borsa e cinquanta fiorini li donò". Sm. aff. al lat. aureo

IULIA. M'ha fatto tanto oltraggio, che non pur lo vorrei veder castrato, ma morto per avermi cambiata per una fante.[369]
BRUNETTA. Madonna, a perdonar vada, ponetevi la mano sul petto ed essaminatevi la coscienza, ditemi, e voi come l'avete trattato questo buon uomo di vostro marito? Non l'avete voi fatto un montone[370] e a mano a mano un capone?
IULIA. Che vuoi tu dire per questo?
BRUNETTA. Voglio dire, che non manco[371] avete fatto con Graziuolo quanto egli ha fatto con Cristina, ed essaminate un poco fra voi se vorreste esser castrata per tal fallo come consentite voi ch'egli si faccia castrare?
IULIA. Questo è buono,[372] e ti ho a rifare,[373] chi è stato causa ch'io abbia consentito a Graziuolo, se non tu stessa, e che dirò io di te e di Stoppino in amore insieme, e pare non vi conoscate?
BRUNETTA. La mosca vi è già salita sul naso[374] e ben mi dubbitava di farvi corrucciare, ma l'ho detto a securtà,[375] e a buon fine come quella che vorrei vedervi in pace con vostro

---

Capo, caponis Dal veneto "Capòn. Detto all'uomo per similit. vale Musico; Castrato" (BOERIO, p. 100).
[369] *Fante*: serva. Cfr. anche la nota 252.
[370] *Montone*: maschio della pecora. In senso figurato vuol dire becco. Masuccio, *Il novellino*, a cura di G. Petrocchi (Firenze, 1957), p. 348: "Avevano Marco de montone becco fatto retornare".
[371] *Non manco*: "Anche, perfino, addirittura. *Lamenti storici, Lamenti storici dei secoli XIV, XV e XVI*, 4 coll. a cura di A. Medici e L. Frati (Bologna, 1887-1894), Vol. IV, p. 131: "Dal fiamengo fianco/ nuova mi vien come son ribellate/ molte città al suo gran re non manco, /e che gran massa avea di squadre armate/ unite sotto di diverse insegne".
[372] *E' buono*: ben detto, ironicamente "Escl. iron., contradicente a quel ch'altri propose. Lat. *Scilicet*" (TOMMASEO-BELLINI, 1², p. 1083).
[373] *Rifare*: rendere, restituire. Rifare il verso.
[374] *La mosca vi è già salita sul naso*: saltare, salire, andare la mosca al naso; saltare la mosca a qualcuno: adirarsi, perdere la pazienza. Ariosto, *Opere minori*, p. 168: "A questo detto vola/ la mosca sopra il naso di Agenorre, / gran conduttor di compagnia spagnuola". ARETINO, *Sei Giornate*, p. 115: "Salendogli la mosca sul naso al primo, non si poteva tenere per ogni cosa che non gli piacesse di non dirmi villania".
[375] *Securtà*: sicurezza, precauzione. Il lemma deriva dal latino aureo *securitas*.

marito e non star seco tanto sdegnata, né comportare che si la <s> si castrare perché n'arete di bisogno ancora.
IULIA. Non mi corruccio mica, e se dici da burla, io dico da scherzo.
BRUNETTA. O da burla, o da dovero,[376] io ve l'ho pur detto e voi parimente m'avete tocca ne l'onore. Ma ben vo' dirvi una cosa che oggi è un tempo che la vergogna è come il gratiglio[377] che gli è ch'il teme e chi non, ma la più parte de la gente nol teme, e si serra gli occhi purché si possa conseguire un suo appetitto,[378] e per questo io voglio concludere che non debbiate patire che vostro marito si castri e che voi ancora non lasciate di solazzare talora.
IULIA. Delibero vederlo e aspetto che'l maestro sia gionto.
BRUNETTA. Aspettiamo qua che tosto sarà l'ora.
IULIA. Che cosa è di quella capestrella[379] di Cristina?
BRUNETTA. La se n'è fuggita di casa per schifare[380] il furor vostro.
IULIA. Ha fatto bene che se m'incap +...+ guai a lei.

MASTALLONE, STOPPINO e GRAZIUOLO.

MASTALLONE. Graziuolo, va su la strada e per vedere quando Crocetto verrà con mastro Bertuccio castratore.

---

[376] *Da dovero*: avv. Ant. Dial. Sul serio, con certezza; veramente, realmente; proprio davvero. Boiardo, *Orlando Innamorato*, Libro I, Canto 5, ottava 40: "Questo demonio ne vene sul campo:/il passeggiare ha proprio di Gradasso;/ ben dadovero par ch'el butti vanto".
[377] *Gratiglio*: graticola. Probabilmente si allude al supplizio di S. Lorenzo.
[378] *Appetitto*: appetito.
[379] *Capestrella*: figur. Ant. Persona degna della forca, scellerato, scapestrato. Dimin. Capestrello, capestrùncolo, capèstruolo. Aretino, *Teatro*, Vol. I, p. 24: "Un cinedulo, un presuntuso capestrulo osa irritare i gravissimi precettori e le grammaticali discipline". "Capéstro, Capestréllo, by *met*: a Knavish-lad, or rogue, a wag-halter, a halter-sack" (FLORIO-TORRIANO, M 2).
[380] *Schifare*: schivare.

GRAZIUOLO. Così farò e starò ad aspetta <r> lo in strada.
MASTALLONE. Poiché Graziuolo è partito, mandato fuora a posta fatta,[381] acciò non oda le parole nostre. Che ti par de la nostra Iulia? So come ella è buona[382] se si crede che mi debba far tagliare[383] di ferro come d'altro taglio. Ho tagliata[384] Cristina che meglio meritarebbe di esser tagliata de ferri di maestro Bertuccio che del taglio che l'ha tagliata il buon Graziuolo, tagliatore di essa donna mia e tagliator di tavola.[385]
STOPPINO. Saresti ben sciocco se, a posta di[386] tua mogliera, ti volessi far tagliare di ferro per aver tagliata Cristina, e lasciar lei salva e non tagliata per esser stata tagliata dal tuo Graziuolo.
MASTALLONE. Che abbiamo adunque a fare sopra questo mio castramento?
STOPPINO. Parmi che tu parli al castratore. [Es] so senza mia[387]

---

[381] *A posta fatta*: a caso pensato, con deliberazione maturata.
[382] *Buona*: favorevole, ben disposta.
[383] *Tagliare*: in questa battuta di Mastallone comincia il giuoco del verbo tagliare e del nome taglio con diversi significati. Qui, nel contesto, il lemma assume il senso di separare, fendere, dividere un corpo con uno o più tagli usando una lama affilata o altro arnese tagliente.
[384] *Tagliata*: in questo contesto il significato del participio passato tagliata assume un altro significato. Vuol dire "Congiungersi carnalmente" (metaf. sess. euf. cond.); cfr. ARETINO, *Sei giornate*, p. 578.
[385] *Tagliator di tavola*: qui il significato è ancora diverso. Vuol dire trinciatore di carne. "Trinciare le vivande a tavola- Scalcare, Tagliare dei polli. *Bocc. Nov. 9, g. 7.* (C) 'Quando Nicostrato mangiava, l'uno gli tagliava innanzi, e l'altro gli dava bere' " (TOMMASEO-BELLINI, 4², p. 1344).
[386] *A posta di*: cfr. la nota 293.
[387] *Senza mia*: senza me, in mia assenza. Per *mia* con significato di *me* si veda ROHLFS, II, 442: "*Le forme settentrionali e meridionali*. Come già risulta dai §§ 434 e 435, nel Settentrione me, te sono stati sostituiti da mihi, tibi, cfr. l'antico lombardo *a mi, envers ti*, antico padovano *tra ti e mi*; fra i dialetti odierni: parmigiano *pensa a ti*, milanese *pensava intra de mi* . . . [Nel Meridione] . . . gli antichi me e te sono continuati solo sporadicamente, per esempio nella Puglia settentrionale *mai* e *tai*, con *ai* < e. Per lo più si sono imposte le antiche forme dative (mihi, tibi), cfr. nel Lazio meridionale (Velletri, Subiaco, ecc.) *a mmi, a tti, de mi, con ti*, salentino *de mie, a ttie*, calabrese meridionale e siciliano *di tia, cu mmia*; cfr. anche il còrso *a tia, de mia*

avanti che[388] mandi per Iulia e che gli dici che tu fingerai de farti castrare e che esso mostri di voler far l'officio,[389] legandoti sopra una tavola apposta ti legherà [e guardi che non ti] ordini[390] di ferro [e all'occorenza che gli sopravven] nero, quello ch'avrà a fare, in quel tempo noi vedremo come si porterà[391] teco la Iulia.

MASTALLONE. Questa è buona posta[392] a hai bene squadrato[393] l'animo mio e, come venga, parlerai con esso, e fa per mia parte il mezzano.[394] E guarda che niuno ti senta.

STOPPINO. Lascia fare a me che ti farò buon tenore,[395] ma eccoti venir Graziuolo in fretta.

MASTALLONE. Lascial venire.

GRAZIUOLO, MASTALLONE, MAESTRO BERTUCCIO e CROCETTO.

GRAZIUOLO. Patrone, son stato a tener mente[396] se maestro

(. . . E' difficile distinguere se la vocale finale rappresenti un ultimo riflesso dell'-i di tibi, ovvero sia da riguardare come l'antico toscano *mee, noe, sie, tree*)".
   [388] *Avanti che*: cfr. la nota 194.
   [389] *Officio*: dal latino *officium*: quello che ciascuno dovrebbe fare. Cfr. anche la nota 67.
   [390] *Ordini*: da ordinare "Deliberare, disporre . . . Colla partic. di. *Bocc. Introduzione*: 'Metti ragione della notte passata e ordina del dì che viene' " (TOMMASEO-BELLINI, 3¹, p. 642).
   [391] *Si porterà*: da comportarsi.
   [392] *Buona posta*: "Una b. somma, un buon compenso (propriam. quella che i giocatori concordano che corra nel giuoco)" (ARETINO, *Sei giornate*, p. 567).
   [393] *Squadrato*: da squadrare, descrivere o misurare minutamente quasi con la squadra le parti di una cosa.
   [394] *Mezzano*: chi si interpone fra due o più persone o gruppi di persone che non intendono o non possono avere relazioni dirette, per stabilire un primo contatto, avviare a composizione dissidi o vertenze, agevolare la stipulazione di accordi; intermediario, mediatore, conciliatore.
   [395] *Ti farò buon tenore*: cfr. la nota 152.
   [396] *Tener mente*: tenere, avere mente o la mente qualcuno o qualcosa: guardarli, osservarli, scrutarli attentamente. Pulci, *Il Morgante*, Canto 20, ottava 103: "Orlando ponea mente una sua spada".

Bertuccio veniva e l'ho veduto che viene con Crocetto e sarà qui incontanente.[397]
MASTALLONE. Venga al piacer suo, ma in questo mezzo[398] fa stendere quella tavola.
GRAZIUOLO. Vòmmene a far ciò che mi comandi, ma eccosi il maestro.
BERTUCCIO. Dio ti faccia contento[399] Mastallone mio, se ne hai bisogno.
MASTALLONE. Dio il faccia ché ben ne ho bisogno. Crocetto, va da Iulia, e dille che se ne venga che'l maestro è venuto + re avanti che son più +
CROCETTO. Patrone, io vo per essa + + viene con la Brunetta.

IULIA, BRUNETTA, MASTALLONE, STOPPINO *e il Maestro*.

IULIA. Oh, Oh, Maestro, voi siete venuto!
BERTUCCIO. Al piacer vostro, madonna.
IULIA. Mio marito ha deliberato, per bon rispetto, di farsi castrare e servar[400] castità e a me la fede che tante volte m'ha rotta.
MASTALLONE. Lasciamo queste parole. Stoppino, sollecita[401] Graziuolo che porti il desco[402] e mena[403] teco maestro

---

[397] *Incontanente*: cfr. la nota 213.
[398] *In questo mezzo*: cfr. la nota 179.
[399] *Ti faccia contento*: ti soddisfi. Per il significato particolare si veda la nota 298.
[400] *Servar*: mantenere.
[401] *Sollecita*: da sollecitare: operare con prestezza, affrettarsi Aff. al lat. *Solicito*.
[402] *Desco*: "Tavolo in generale;. . Banco di vendita (in partic.: quello sul quale nelle macellerie si taglia la carne). A. Pucci, *Poeti minori del Trecento*, p. 408: "[la piazza di Mercato Vecchio] par che tutta si rinfreschi,/che di giardini pare fatta un'aia:/rinnuovansi e racconcian tutti i deschi,/ veggonsi pien di cavretti e d'agnelli/ e di castron nostrali e gentileschi" (BATTAGLIA, IV, p. 235).
[403] *Mena*: cfr. la nota 110.

134

Bertuccio, e guarda con lui[404] se egli è al nostro proposito e farai quel che ho detto.

STOPPINO. Non ti curare ché faremo bene ogni cosa, ma fra questo mezzo[405] distringati[406] e tirati giù le calze.

MASTALLONE. Così farò, tu, Brunetta, recami quella corda, e quegli[407] legami che sonno[408] in quel cantone.

BRUNETTA. Sarà fatto.

MASTALLONE. Voglio pur contentar questa Iulia.

IULIA. Non ti vo'[409] fare altra risposta.

STOPPINO, e Maestro BERTUCCIO.

STOPPINO. Poiché noi siamo qui fuora, ne v'è chi c'a [la da come l'abbiamo Mastallone e de come gli] uomini quai[410] sono di carne e Mastallone ha rotta la fede a Iulia, sua mogliera,[411] e

---

[404] *Guarda con lui*: da guardare, intr. Accertarsi, assicurarsi di qualche cosa; informarsi, indagare.
[405] *Fra questo mezzo*: cfr. la nota 179.
[406] *Distringati*: da "Distingere (ant. destrìngere, distrìgnere), tr. Letter. Stringere, serrare con forza, impugnare saldamente; tenere legato, unire insieme strettamente" (BATTAGLIA, IV, p. 820).
[407] *Quegli*: quei. Il lemma viene citato dal TOMMASEO-BELLINI, 3², p. 1383.
[408] *Sonno*: sono.
[409] *Vo'*: voglio. Per questo lemma si veda BEMBO, *Prose*, pp. 134-135: "[I poeti] Né solamente di questa voce, la vocale o la consonante che io dissi, ma ancora tutta intera l'ultima sillaba essi levarono in questo verbo, *Vo* invece di *Voglio* dicendo; il che imitarono e fecero i prosatori altresì alcuna fiata".
[410] *Quai*: quali.
[411] *Mogliera*: ant. Dial. (miglière, moglière, moglièri, moière, molgièr, molgièra, molièr, mollièra, mugièra, muglièra, muglière), sf. moglie. I casi obliqui lat. *Mulieris, Muliere* Pulci, *Il Morgante*, Canto 20, ottava 79: "Una fanciulla, che il loro oste avea medicava Rinaldo e, perch'ella era/ molto gentil, Rinaldo gli dicea/ che la volea tor per sua mogliera". BOIARDO, *Opere Volgari* p. 230: "Voglio che sopra di me e de la fede mia tu prometti e faci la segurtade a Maestro Pollo de Mazo da Bologna . . . de li mantisi e de lo angogine di quella moiere che fu del Rosso Munaro, sia de restituirli la roba sia de lo afficto" "Móglie, Mogliéra, Mogliére" (FLORIO-TORRIANO, O o 2).

giacendo[412] con Cristina sua ancella, è stato colto da lei; la quale per tal atto gitta fuoco[413] per tutto e non si può dar pace[414] e non vole vivo questo povero suo marito, il quale, per mitigarla,[415] gli ha detto di farsi castrare per più non incorrere in tale errore. E la moglie pare come[416] sdegnata che ne sia contenta, ma non so poi nel secreto se ella sia di tal animo. Per il che ti dico, per parte di Mastallone, che mostri di far tutte l'opre[417] e di adoprare tutti i tuoi ferri e stromenti[418] per far l'effetto, ma guarda che tu non lo tocchi col coltello, né con ferro tagliente. E se egli ti dirà che tu facci l'officio[419] tuo, mostra di farlo, ma tieni le mani a te.[420]

BERTUCCIO. Làsciami fare che t'ho inteso e farò bene il gioco.

STOPPINO. Eccoti qui dieci fiorini d'oro, ch'egli ti dona, e fanne buona ciera[421] per amor suo.

BERTUCCIO. Io lo ringrazio molto. Or entriamo dove sta Mastallone con la consorte.

MASTALLONE, *Mastro* BERTUCCIO, STOPPINO, IULIA *e* BRUNETTA.

---

[412] *Giacendo*: da "Giacere (euf. sess.) . . . congiungersi carnalmente" (ARETINO, *Sei giornate*, p. 551).
[413] *Gitta fuoco*: da gettar fuoco (gli occhi): esprimere con lo sguardo collera violenta, ardente amore o altra passione intensa.
[414] *Dar pace*: dar (seguito da un sostantivo), procurarsi, attribuirsi. Equivale al verbo che si può ricavare dal sostantivo stesso. Quindi significa "pacificarsi".
[415] *Mitigarla*: affine al Lat. Aureo *mitigare*. Far mite, placare, addolcire.
[416] *Come*: tanto.
[417] *Opre*: sincope di opere. "Opra, Opráre, Opráro "(FLORIO-TORRIANO, R 2).
[418] *Stromenti*: strumenti. Cfr. la nota 65.
[419] *Officio*: cfr. la nota 389.
[420] *Tieni le mani a te*: cfr. la nota 118.
[421] *Fanne buona ciera*: "Mangiar bene, fr. *Bonne chère* per l'allegria che affettano i mangioni" (TOMMASEO-BELLINI, 1², p. 1343). Berni, *Poesie e prose*, p. 143: "Chi vuol di scudi aver le casse piene,/ chi stare allegro sempre e far gran cera,/ pigliando questo mondo com 'l' viene".

MASTALLONE. Orsù, Maestro, ecco[mi] per farmi castrare. Io + + servirai bene.
BERTUCCIO. Io ti vo servir bene e senza doglia del Mastro.
STOPPINO. Se forse nol servessi bene, noi castreremo te.
BERTUCCIO. Sarò contento di portar questa pena, si nol farò. Voi servi stendete la tavola e apparecchiatemi[422] la corda con legami.
GRAZIUOLO. Eccoti apparecchiata la tavola.
BERTUCCIO. Stoppino, aiutalo a distendere sopra essa.
MASTALLONE. Eccomi steso e apparecchiato al tormento. Maledetta sia Cristina, che troppo mi ha fatto alzar la cresta,[423] e che, per sì poco dolce, mi darà tanto amaro, e maladetto sia quel primo dì ch'io volli mogliera al mondo.
IULIA. A quest'ora ti penti, uomo lascivissimo[424] e bestiale?
MASTALLONE. Se ho fatto il male, ne porto la pena.
STOPPINO. Maestro, eccoti i legami. Guarda come tu vuoi legarlo.
BERTUCCIO. Piglia quella corda da una lato e legalo bene al traverso.[425]
STOPPINO. Eccolo legato, e poi che vuoi ch'io faccia? [. . . raccia e tu Stoppino con ni e stringi ben forte. tocchi nte che mi fate male. di screzione a lo stringerlo.]
MASTALLONE. Non tirate più ché son ben legato.
BERTUCCIO. Or dàtemi quel torchietto[426] prima.

---

[422] *Apparecchiatemi*: il lemma ha qui il senso di "Preparare, approntare, mettere a punto, apprestare, allestire, predisporre" (BATTAGLIA, I, p. 549). Nella battuta successiva (Eccoti apparecchiata la tavola) il lemma ha il valore di "Imbandire, preparare la tavola per il pranzo, ammanire un pranzo, le portate, le vivande" (BATTAGLIA, I, p. 549).
[423] *Alzar la cresta*: "Alzare, drizzare, levare, metter su, rizzare la cresta: inorgoglire, metter superbia, mostrarsi baldanzoso, arrogante, fiero. Lorenzo de' Medici, *Scritti scelti*, p. 592: "Allor, dove quest' aquila si vede,/tremava il mondo, come al vento foglia:/ ora in quel poco imperio che ci resta,/ o qui vil terra vuol rizzar la cresta".
[424]*Lascivissimo*: disonesto, dissoluto. Dal latino aureo *lascivus*.
[425] *Al traverso*: a traverso, posto avverb. Di traverso o trasversalmente.
[426] *Torchietto*: dim. di torchio; macchina che per mezzo di vari ordigni serve a premere fortemente stringendo. "A little torch or taper; also a little

MASTALLONE. Ahi, Dio, che non fussero mai nate le donne al mondo!
BERTUCCIO. Non dubitiare,[427] che tantosto[428] ti spediremo.
MASTALLONE. Ahi, Julia cruda, dammi pazienza,[429] o Dio!
BERTUCCIO. Alzateli un poco la camiscia.[430]
MASTALLONE. Ahi, Iulia, sei pur contenta! Ecco che non più ti dorrai[431] de gli inganni miei, eccoti sazia del mio male, ma col tempo t'avederai[432] del tuo errore.
BRUNETTA. Ohimè, madonna, bastavi il cuore di[433] vederlo con gli occhi vostri? Credete a me che ve ne pentirete un giorno.
IULIA. Che voi che gli faccia, se egli vuol così?
MASTALLONE. Orsù, Mastro,[434] fa l'officio tuo.
BERTUCCIO. Stoppino, tien fermo da quel lato il torchietto, e lo stringerai quanto tel dirò.
STOPPINO. Eccolo fermo dal mio canto.[435]
BERTUCCIO. Tu, Graziuolo, arrota bene quel coltello su [quella costa[436] acciò che]

---

winding-press" (FLORIO-TORRIANO, P p p 2).
[427] *Dubitiare*: da dubitare con il significato di temere (cfr. ARETINO, *Sei giornate*, p. 546).
[428] *Tantosto*: subito. "Soon after" (FLORIO-TORRIANO, O o o 2).
[429] *Pazienza*: il testo dà il lemma patienza.
[430] *Camiscia*: camicia. Cfr. la nota 51.
[431] *Dorrai*: un futuro coniugato perfettamente.
[432] *T'avederai*: accorgersi, rendersi conto. "To perceive" (FLORIO-TORRIANO, H).
[433] *Bastavi il cuore di*: bastar l'animo, il cuore (specie nell'uso negativo), avere ardire, capacità, forza, resistenza. Boiardo, *Orlando Innamorato*, Libro 2, Canto 17, ottava 31: "Poi mena a Sorridano un gran roverso,/ e lui distese sì come il primiero./ Allor fu Bardulasto tutto perso,/ né gli bastando d'affrontarsi il core/ venne alle spalle il falso traditore".
[434] *Mastro*: sm. Chi esercita in modo autonomo o alle dipendenze di un datore di lavoro un mestiere di tipo artigianale. G. Pontano, *Lettere a Principi ed a amici*, a cura di E. Pèrcopo (Napoli, 1907), p. 46: "Ogni dì me sono dati novi mastri, e non del manco me è gratissimo e reputolo per ben facto e ad me resulta onore, che poi le practiche de uno discipulo prevalano alli mastri". Nel testo della commedia si verifica oscillazione tra i lemmi mastro e maestro.
[435] *Canto*: cfr. la nota 196.
[436] *Costa*: parte laterale (opposta al taglio di una lama). "By met . . . The back of a knife or weapon" (FLORIO-TORRIANO, R 2).

MASTALLONE. [Il fo]
IULIA. [Brunetta, va da] [non mi basta l'animo]
BRUNETTA. Deh, madonna, nol comportiate,[437] ché v'è pur marito.
IULIA. Orsù, Maestro, tenete le mani indietro, ché non vo' che lo tormentiate, e più tosto il voglio tristo gallo, che buon capone.
MASTALLONE. Non perder tempo, maestro mio, e fa pure ciò che hai a fare.[438] Io mi delibero de castigare chiunche ha fallito.
BERTUCCIO. Io il farò da che vuoi così.
IULIA. Non fate, non fate vi dico, Maestro, e tenete le mani a voi.[439]
MASTALLONE. Fate, vi dico, e non guardiate[440] a lei altrimenti.
IULIA. Io dico che lasciate così.
MASTALLONE. Deh, spacciatevi[441] ormai, né mi tenete più a bada.[442]
BERTUCCIO. Vedete tutti che la[443] m'impedisce le mani.
MASTALLONE. Io dico che non guardiate[444] a le sue parole.
BERTUCCIO. Orsù, a le mani a nome di San Capone, aiutami, Stoppino, a sta attento a quello che ti dico.
STOPPINO. Eccomi ch'io non manco.[445]

---

[437] *Comportiate*: "Permettere, consentire, concedere, ammettere come possibile. Ariosto, *Orlando Furioso*, Canto 26, ottava 102: "E, credi, pazzo, ancor ch'io tel comporti,/ per una volta ch'io t'ebbi rispetto?".

[438] *Hai a fare*: la forma *aver a* + infinito è tipica del vernacolo toscano (cfr. ROHLFS, III, 702).

[439] *Tenete le mani a voi*: cfr. la nota 420.

[440] *Guardiate*: da guardare nel senso di fare attenzione, porre mente, badare a qualcosa.

[441] *Spacciatevi*: da spacciarsi con il significato di "Ispedire, sbrigare, spicciare. *Bocc. Nov. 7. g. 2.* (C) 'Avendo il mercatante lupinario ogni suo fatto in Rodi spacciato...'" (TOMMASEO-BELLINI, 4¹, p. 1054).

[442] *Tenete più a bada*: da tenere a bada con il senso di "To keep at a bay, to hold off, or in suspence" (FLORIO-TORRIANO, O o o 2).

[443] *La*: ella. Cfr. la nota 237.

[444] *Guardiate*: cfr. la nota 440.

[445] *Manco*: da mancare. Non esserci. In partic.: non trovarsi.

IULIA. Maestro, se voi non tenete le mani, io + che li questo coltellazzo[446] nel volto + tenete dietro e scioglie + + consorte così vuole + BERTUCCIO. + comanderà che a posta sua[447] vi sarà servito.

IULIA. Vi dico che lo sciogliate, a faccia a sua malora[448] ciò che gli piace. Debbo io fare i mariti che sieno casti? Ma mio danno,[449] se non proveggio.[450] Mastallone, Mastallone, s'io non ti rendo diece per cento, di' male di me.

MASTALLONE. Poiché tu vuoi così e m'accenni ch'io faccia quanto mi piace, e io anche ti do licenza[451] che tu faccia quanto ti piace. Dàtti pure buon tempo[452] con Graziuolo, che io mel darò con Cristina, e sia da qui inanzi comunanza di quanto c'è, e perciò non altro, e ciò che è fatto, sia fatto.

STOPPINO. Questa è la via[453] da star bene insieme e venga il cancaro[454] a tanto onore.

---

[446] *Coltellazzo*: "Coltellone as coltellazzo" (FLORIO-TORRIANO, P 2).
[447] *A posta sua*: cfr. le note 293 e 356.
[448] *A sua malora*: in o per malora di qualcuno: in suo danno, a suo svantaggio; per sua sventura (anche come imprecazione). Berni, *Orlando Innamorato*, rifatto da F. Berni, 5 voll. (Venezia, 1785), Canto 53, ottava 29, Vol. IV, p. 269: "Io son venuto sempre galoppando,/Oggier rispose, ne la mia malora".
[449] *Mio danno*: mio danno, tuo danno, suo danno: peggio per me, peggio per te, peggio per lui. B. Castiglione, *Il Cortegiano*, a cura di B. Maier (Torino, 1955), p. 271: "Se la guerra s'aveva da far così crudele, esso ancor farebbe porre il medicame in su le pallotte dell'artiglieria e poi chi n'avesse il peggio, suo danno".
[450] *Proveggio*: provvedo. Per le forme verbali in *-eggio* si veda la nota 292.
[451] *Do licenza*: dare, concedere licenza di fare qualcosa: permettere, acconsentire, lasciar fare. Bandello, *Opere*, Parte 3, Novella 46, Vol. II, p. 479: "Avendo i nostri veneziani deliberato di far purgare le fosse de la terra nostra di Crema, diedero licenza generale che ciascuno potesse in quelle come più gli piaceva pescare".
[452] *Datti . . . buon tempo*: darsi bel tempo "To betake himself to a merry life" (FLORIO-TORRIANO, S 2). Per il significato particolare del verbo modificato dal sostantivo si veda la nota 414. Come esempio si cita Boccaccio, *Dec.*, Vol. II, Giornata 8, Novella 7, p. 270: "Con l'opera di una sua fante, di cui ella si fidava molto, spesse volte con lui con maraviglioso diletto si dava buon tempo".
[453] *Via*: "Modo o maniera in buono o in mal senso" (TOMMASEO-BELLINI, 4², p. 1826).
[454] *Venga il cancaro*: imprecazione, maledizione, bestemmia. - Ti venga, ti

BERTUCCIO. Così è da fare, e con vostra licenza io lo sciolgo[455] da questa tavola.
IULIA. Brunetta, aiutalo acciò che tosto sia disciolto e così in segno di pace io ti bascio.
MASTALLONE. Gran mercé,[456] moglie cara, e io te ne rendo[457] un altro.
[BERTUCCIO.] Stoppino pagato + paga ti o senza enza infino a doman +
BERTUCCIO. Così sì, e mi contento di voi, e con la pace vi lascio.
STOPPINO. Poiché l'uno e l'altro di voi siate d'accordo di farvi serviti[458] e contracambi,[459] vi prego siate contenti che ancora io talvolta possa sollazzare[460] con la Brunetta, che tanto amo.
IULIA. Molto volentieri dal canto mio, e tu, Mastallone, sii contento che così sia.
MASTALLONE. Io sono contentissimo e sei uomo che merti ogni bene e la casa mia sarà tua insieme con Brunetta, e sarà tua moglie, s'ella ti piace.
STOPPINO. Io ne sarò molto contento.
IULIA. E tu, Brunetta, non sarai contenta d'esser sua moglie e di compiacerti[461]?

---

pigli il canchero: augurio di ogni male. A. Firenzuola, *Opere*, a cura di A. Seroni (Firenze, 1958), p. 640: "Così le venga il canchero alla poltrona! Che diavol di pensiero è 'l suo?".
[455] *Sciolgo*: libero. Da sciogliere. La forma verbale "scioglio" viene citata da FLORIO-TORRIANO a p. 17 dell'introduzione.
[456] *Gran mercè*: grande mercé: per grande fortuna, provvidenzialmente. Boccaccio, *Dec*. Giornata 6, Introd. p. 101: "Credi tu saper più di me, tu che non hai ancora rasciutti gli occhi? Gran mercé, non ci son vivuta invano io, no".
[457] *Te ne rendo*: te ne restituisco. Dal verbo rendere con il significato di restituire (cfr. TOMMASEO-BELLINI, 4¹, p. 132).
[458] *Serviti*: "Essére servito, to be pleased or contented" (FLORIO-TORRIANO, I i i 2).
[459] *Contracambi*: contraccambiati. Per il participio passato accorciato si veda la nota 7.
[460] *Sollazzare*: si veda la nota 157.
[461] *Compiacerti*: tr. E intr. Concedersi a un uomo, far copia del proprio corpo (una donna). Bandello, *Opere*, Parte 2, Novella 11, Vol. I, p. 778: "Se io

BRUNETTA. Farò quello che voi vorrete, ma conviene che noi mandiamo per[462] Cristina che torni a casa.
IULIA. Sarà ben fatto, e che tutti ceniamo insieme e allegramente, e dopo cena treschiamo[463] un poco. + patrone con Cristina + più de le volte, e parimente Iulia co + Graziuolo, non più graziuolo, ma graziato[464] e graziatissimo per tanta grazia gratisdata, e Stoppino prenderà per moglie la sua Brunetta e saranno i sei contenti. Così prego Amore, poiché il furfantello il[465] può fare, che conduca anche voi a le strette[466] di questi termini, senza che andiate più foianando[467] per ogni strada e, con questo, da voi mi parto e dicovi a dio e a' diavolo Fra Martino.[468]

Il fine de li Sei Contenti, Comedia del. Ill, S. Galiotto del Carretto.

Impressa in Casal di San Vaso per Gioan Antonio Guidone. Del M.D.XLII.

---

scrivo ch'una vergine compiaccia del suo corpo a l'amante, io non posso se non dire che il caso sia disonestissimo".

[462] *Mandiamo per*: mandare per qualcuno; inviare qualcuno con l'incarico di cercare, di convocare una determinata persona, di chiederne l'intervento. Pulci, Canto 8, ottava 74: "Mando pel prete e fa trovare i moccoli".
[463] *Treschiamo*: da trescare. "Dicesi nell'uso odierno di chi abbia pratica amorosa, in senso disonesto" (TOMMASEO-BELLINI, 4², p. 1590). "Scherzare: benchè alcune volte noi lo diciamo in mala parte" (BOERIO, p. 766).
[464] *Graziato*: cfr. la nota 143.
[465] *Il*: lo. Cfr. la nota 64.
[466] *A le strette*: da "Essere alle strette, Vicino a conchiuder un affare" (BOERIO, p. 641).
[467] *Foianando*: da foìa (ant. fuia), sf. Eccitazione sessuale, impulso libidinoso; desiderio prepotente di soddisfare lo stimolo dei sensi; anche soddisfacimento sessuale. Machiavelli, *Opere*, p. 878: "Per quel cielo che io darò, io non credo, mentre starò in Lombardia, mi torni la foia".
[468] *Martino*: "Becco, montone . . . Come eufemismo: membro virile. Migliorini, *Dal nome proprio al nome comune*, LIII, Astig[iano] S. XVI. 'Martin membro virile' " (BATTAGLIA, IX, 847).

La Sofonisba

Tragedia del Magnifico
Cavaliere e Poeta
Messer Galeotto Carretto.

Con Grazia e Privilegio
Vinegia Appresso Gabriel Giolito
de Ferrari

MDXLVI.

Nicolò Franco al Signor Alberto Del Carretto

Non è egli tra poeti cosa che ora avenga il fare dei bellissimi soggetti, quel che sogliono i proposti[1] ai lauti conviti, mentre una carne istessa[2] in diverse vivande condiscono, e quelle agli assidenti[3] de le lor mense dinanzi propongono, là dove sendo[4] diversissimi gli altrui gusti, possa ogniuno a quello che più gli aggrada, e più a l'appetito suo si conface porre la bocca, e così gli altri; che ogni manicaretto assaggiano, abbiano quivi, come possano in un cibo svogliarsi[5] diversamente. Perché gli scrittori de la vaghissima poesia, ne le invenzioni che essi veggono[6] potersi con vaghezza mostrare,

---

[1] *Proposti*: da proposto, sm. direttore delle mense. Deriva da "Proposto della casa, per soprintendente della casa. *Bib*.1. 39.'Onde divenne al servigio del suo signore, in tanto che da lui fue fatto proposto della sua casa, governandone agni cosa' ".
(TOMMASEO-BELLINI, 3², p. 1283).
[2] *Istessa*: agg. Ant. Dial. Medesima, immutata, inalterata.
[3] *Assidenti*: da assìdere, letter. Sedersi, mettersi a sedere.
[4] *Sendo*: essendo.
[5] *Svogliarsi*: da svogliáre, "to make or become unwilling" (FLORIO-TORRIANO, N n n 2).
[6] *Veggono*: vedono. Secondo il ROHLFS, II, 535 *veggano* (e così anche *veggono*) è forma usata in Versilia, nel pisano e nel Mugello.

non lasciano d'attenersi a quelle, ancora che tali lor paiano,[7] che bersaglio sieno[8] di molte penne, laonde confida ogniuno esprimere i suoi concetti in maniera che, scritti alla fine in diverse guise,[9] possano alle voglie dei lettori, che diverse sono, altresì non pur sodisfare variamente, ma invogliarli a leggere, ancora che svogliati ne sieno. E il vero dunque che la tragedia di Sofonisba è stata altre volte mostrata in rima, né perché, come dico, sia stata letta, resterà che ora dandosi a leggere in altre rime, se ne rimaranno i lettori; concio sia che[10] sendo il soggetto qual'egli è, ciascuno può considerare che colui, il quale ultimamente ne pare scrivere, non scriverebbe per recare fastidio a chi la vede, ma per dilettarlo più tosto. Non niego[11] che chiunque è il primo in uno istesso soggetto, non paia[12] la scorta de tutti gli altri, pure, se ben si guarda a l'opra che il vostro avolo vi lasciò scritta, l'epistola fatta nel fronte fa segno ch'ei la compose negli anni più giovanili; onde si può presumere che niuno[13] inanzi[14] a lui n'avea scritto, e si

---

[7] *Paiano*: sembrano, da parere A proposito dei lemmi *paio* e *paro* (*paiano* deriva dal primo perché ne è il plurale) il Bembo sostiene che il primo è tipicamente toscano (cfr. BEMBO, *Prose*, III, p. 136).

[8] *Sieno*: siano.

[9] *Guise*: da guisa, sf. Modo, maniera. V. Franco, *Rime* di G. Stampa e V. Franco, a cura di A. Salza (Bari, 1913), p. 300: "A piagarmi in mille guise vòlto,/ dal fiume ancor de la vostra eloquenza/ il foco del mio incendio avea raccolto".

[10] *Concio sia che*: sarebbe una congiunzione causale. Il ROHLFS, III, 776 dice: "L'italiano antico ha il pesante *con ciò sia* (*Fosse*) *cosa che* (proprio della lingua cancelleresca)—che si trova anche senza *cosa* e che propriamente ha funzione concessive—nel senso di 'essendo che', cfr. *con ciò sia cosa che, secondo Tolomeo, nove siano li cieli che si muovono, questo numero fue amico di lei* (Dante, "Vita Nuova", 29)".

[11] *Niego*: nego da "Niegáre, to deny, to refuse" (FLORIO-TORRIANO, Q q).

[12] *Paia*: cfr. la nota 7.

[13] *Niuno*: nessuno. Pron. Agg. Si usa per lo più al singolare; in senso assoluto assume il valore di sostantivo. Lat: *ne unus quidem, nec unus* poiché il *nec* era, nel latino aureo, al posto del *non*.

[14] *Inanzi a lui*: prima di lui (come innanzi). Con riferimento a discorsi scritti: in precedenza, più sopra, prima. Dante *Conv.*, Trattato IV, *Canzone*, verso 69: "Ancor, segue di ciò che innanzi ho messo,/ che siam tutti gentili o ver villani,/ o che non fosse ad uom cominciamento".

sarebbe veduto nei tempi debiti, s'egli che niuna[15] gloria procacciava da le sue cose, avesse avuto pensiero di darla fuori, allora che la diede alle carte. Ma che monta[16] egli che altri sia stato il primo ed egli il secondo? Non si toglie di loda[17] alla libertà di poeti gareggiare in quelle cose che essi in altra guisa, che scritte sono si mettono a scrivere. Nepure[18] si scema[19] a la grandezza dei soggetti che da diversi diversamente son scritti, perché ora in un modo, ed ora in un altro si veggano rapresentati. Fu la statua di Venere in mille maniere sculpita[20] dagli antichi artefici, e benché talora la si vedesse uscita dal mare, e con l'una e con l'altra mano spremersi le umide treccie, e talora girsene sopra un nicchio[21] su per l'onde salse[22] a diporto, ed in altre portature[23] diverse, nulla di meno una istessa Venere era, benché le attitudini altrui fussero, e da diversi scarpelli fatte. Altretanto[24] è stato visto di Pallas, e così eziandio di Giove, la cui statua diversamente formata da più scultori, ne dimostra che ogniuno per la gloria del bel soggetto cercava avervi qualche picciola parte; ed il simile pur ora si potrà dire che avenga di Sofonisba, mentre per le mani del vostro avolo[25] con altre rime che per altri sia stata scritta, si dà a vedere[26] ed in un'altra

---

[15] *Niuna*: cfr. la nota 13.
[16] *Monta*: da montare, avere importanza, valore, peso, rilevanza. Boccaccio, *Dec.*, a cura di N. Sapegno (Torino, 1956), Giornata 2, Novella 6, p. 182: "Che monta a te quello che i grandissimi re si facciano?".
[17] *Loda*: "Lòde (ant. e letter. Lòda). Dante, *Conv.*, Trattato 1, Capitolo II, Paragrafo 8: "La propria loda e lo proprio biasimo è da fuggire".
[18] *Nepure*: neppure.
[19] *Si scema*: diminuisce. "V. a. e N. ass. e pass. Ridurre a meno, Diminuire. Dall'aureo *Eximo* che vale anche detrarre . . . Dant. Inf. 4 (C) 'La sesta compagnia in due si scema' " (TOMMASEO-BELLINI, 4¹, p. 627).
[20] *Sculpita*: scolpita. Deriva da *sculpere*, scolpire. Lat. Aureo.
[21] *Nicchio*: sm. Guscio, conchiglia.
[22] *Salse*: da salso. Agg. Di qualità e sapor di sale. Aureo lat.
[23] *Portature*: "S.F. Il portare. *Portatio* aureo in qualche senso" (TOMMASEO-BELLINI, 3², p. 1130).
[24] *Altretanto*: "Altre - tánto, as much more in quantity" (FLORIO-TORRIANO, D 2).
[25] *Avolo*: avo, nonno.
[26] *Dà a vedere*: si mette in evidenza, in risalto.

coppa d'oro bere quel veleno ch'ella mostra aver bevuto per le mani altrui, e questo per la novità almeno non potrà annoiare i lettori, i quali, se hanno spirito di gratitudine, lodaranno il nostro averla pur mo[27] data a leggere poiché (qual'ella si sia) non potranno tuttavia renfrescarsi[28] nella lor mente il mirabile caso de la dolente Reina,[29] senza che avranno come di tutto il suo fato lungamente disteso[30] in un altro modo informarsi ed allargare quella cognizione, ch'essi primieramente forse piu ristretta ne aveano[31] e di questo sarete lodato voi, ed il vostro Giolito che la darà alle mani[32] degli uomini per mezzo de le sue stampe.

Di Casale in Monferrato del M.D.X.L.V.

---

[27] *Pur mo*: poco fa, testé, da pochissimo tempo. M.N. Boiardo, *Orlando Innamorato, Amorum Libri*, a cura di A. Scaglione (Torino, 1974), Libro I, Canto 13, ottava 50: "Egli era bello ed allor giovenetto,/ nerboso e asciutto, e de una vista viva,/ stretto ne' fianchi e membruto nel petto:/ pur mo la barba nel viso scopriva".
[28] *Renfrescarsi*: il TOMMASEO-BELLINI, 4¹, p. 296 dà *refrescare* come rinfrescare. BOERIO, p. 491, dà "Refrescàr, Rinfrèscar, v. Rinfrescare, Far fresco quello ch'è caldo".
[29] *Reina*: regina. Sf. Lo stesso che Regina.
[30] *Disteso*: diffuso nel senso di particolareggiato, esauriente (discorso, scritto). Dante *Par.*, Canto 11, verso 23: "Tu dubbi, e hai voler che si ricerna/ in sì aperta e 'n sì distesa lingua/ lo dicer mio, ch'al tuo sentir si sterna,/ ove dinanzi dissi 'U' ben s' impingua' ".
[31] *Aveano*: avevano.
[32] *Darà alle mani*: dare a mano, fra le mani, in mano, nelle mani, per le mani a o di qualcuno: raccomandare alla cura, all' assistenza, alla tutela, alla guida di una persona.

Alla Illustrissima e Molto Eccellente Signora Isabella Marchesana Di Mantua.

Galeotto Del Carretto.

Altissima Signora, lodevole cosa è l'accomodarsi ai tempi, e secondo l'occorrenza[33] de casi or lieti, or tristi, saper dispesare[34] il vivere nostro con qualche esteriore segno, pigliando essempio[35] da notabili uomini, i quali, secondo i tempi ne' risi, canti, feste, giuochi e nel vestir de ricchi ed allegri panni[36] la letizia dimostrano; e nei pianti, singhiozzi, sospiri e nelle abietti e lugubre vesti il memore e loro grave cordoglio. Il perché veggendo questi tempi di guerre, di travagli e di mes-

---

[33] *Occorenza*: occorrenza. BOERIO, p. 584, dà "Ocorenza, s.f. Occorrenza; Bisogno".
[34] *Dispesare*: da dispesare come spesare "To defray ones charges, to spend for, and find one necessaries" (FLORIO-TORRIANO. L 1 2).
[35] *Essempio*: esempio. Jacopo da Varagine, *Leggenda aurea. Volgarizzamento toscano del Trecento*, a cura di A. Levasti (Firenze: 1924–1926), p. 1174: "Confessando Cristo pubblicamente / comportava eziandio gli animi de gli uomini con l'essemplo/ e con la 'mprontitudine de la sua fortezza".
[36] *Parmi*: mi pare. Cfr. la legge Tobler-Mussafia che si riferisce alla norma applicata ai versi danteschi sull'antica collocazione dei pronomi atoni rispetto a verbi di modo finito: a inizio di periodo è obbligatoria l'enclisi ("Andovvi poi lo Vas d'elezione"), pressoché obbligatoria anche dopo particella congiuntiva ("E scolorocci il viso").

tizia e di mille altri infortuni pieni, per accomodarmi a quelli, mi parve di prendere uno assunto a questi giorni a tale occorenza[37] accomodato. Onde l'animo m'ha indotto a scrivere i notabili gesti di Scipione in Africa fatti doppo[38] la superata[39] Spagna, e di Siface l'infortunato[40] successo, e di Sofonisba sua prima moglie il miserevole caso: la quale più tosto elesse di bere il veleno di Massinissa suo novo sposo mandato, che perdendo libertade andar cattiva[41] in servitù de' Romani. Considerando poi l'antiquo obbligo ed innata servitù ed osservanza in verso di vostra altezza, quale è stata di sì efficace[42] sorte,[43] che come da' miei giovenili anni me gli[44] ha dedicato e come suo suddito inchinato in assenza mia a visitarla col tributo di qualche mia rima, così mi sospinge a perseverare in sino che lo spirto mio reggerà queste ossa, non mi sciogliendo mai dal volontario e spontaneo mio antico obbligo e come per qualche impedimento, e mal disposte condizioni de' tempi, ho pur fatto qualche intervallo in non avergli mandato de le mie rime il dovuto tributo, ché oro ed argento non è in me di potergli mandare, né quella ne ha di bisogno, né manco[45] lo ricerca, mi è parso per non cadere in contumacia[46]

---

[37] *Occorenza*: cfr. la nota 33.
[38] *Dóppo*: dopo.
[39] *Superata*: vinta, da superare come vincere.
[40] *Infortunato*: agg. Sfortunato, disgraziato; infelice, sventurato. Bandello, *Opere*, a cura di F. Flora, 2 voll. (Milano, 1952), Parte 1, Novella 42, Vol.I, p. 505: "Venne il servidore de l'infortunato cavaliero . . . per accompagnare il padrone a casa de la nuova sposa".
[41] *Cattiva*: agg. E sm. Ant. E letter. Schiavo, prigioniero. B. Castiglione, *Il Cortegiano*, a cura di B. Maier (Torino, 1955), p. 374: "Aveva deliberato tenerlo in vita ma cattivo e con gran pena".
[42] *Efficace*: ant. Che esercita un determinato influsso sulle vicende umane. T. Garzoni, *La piazza universale di tutte le professioni del mondo* (Venezia, 1601), p. 149: "Dicono il numero impar essere maschio, e però più efficace, e il pare femmina".
[43] *Sorte*: sf. Ventura, Fortuna, Destino. *Sors*, aureo latino.
[44] *Gli*: come pron. pers. femm.: a lei. Sacchetti, *Il Trecentonovelle*, a cura di V. Pernicone (Firenze, 1946), Novella 85, riga 37: "Un mese o più non gli giovò trovarsi col marito".
[45] *Manco*: nemmeno. Cfr. anche BOERIO, p. 329 per il significato avverbiale di "meno". Si trova anche in FLORIO-TORRIANO, M m 2.
[46] *Contumacia*: ant. Il trovarsi in disgrazia, l'aver perso il favore, la bene-

di mandargli questa opera mia continuata, la qual per una volta sarà in satisfazione[47] de le mie rime, che le soleva mandare, e del tempo interrotto in scriverle al solito costume, e dedicargliela, la quale, quantunque rozza, la prego che l'accetti con quel perfetto e benigno animo, come io con devoto e ben disposto cuore, e con fiduzia gliela mando. Ricordandole in questa, quanto è da stimare la bella e pietosa libertà, la quale nè per oro, né per gemme, né manco per stati, si può vendere né commutare,[48] e sì stimando voi esser una di quelle, a cui tal privilegio sopra ogni tesoro piace, leggetela dunque quando averete oportunità[49] di leggerla, tenendomi di continuo nel vivo della memoria sua sì come merta[50] il candido[51] della servitù vera.

MDII alli XXII di Marzo.

---

volenza di qualcuno a causa di atti di disobbedienza, di ribellione negligenza (anche con il senso di indugio).
[47] *In satisfazione*: in ricompensa, in soddisfazione. Il lemma è citato dal TOMMASEO-BELLINI, 4[1], p. 946, e, in questo caso, significa: "... Azione colla quale altri si procaccia il perdono d'alcun torto fatto altrui".
[48] *Commutare*: tr. Scambiare una cosa con un'altra.
[49] *Oportunità*: opportunità. Sf. Aff. al lat. aur. *Opportunitas*.
[50] *Merta*: merita.
[51] *Il candido*: sm. Bianchezza immacolata, candore.

Prologo

Melpomene[52] mi sprona a sonar versi
Con mesti accenti, e tragico boato,[53]
E dir di Sofonisba i casi avversi
Ed il suo acerbo e miserabil fato;
E quanto Massinissa ebbe a dolersi
De la sua morte, e del veneno[54] dato,
E quanto volontier la donna 'l tolse,
Qual col morir da servitù si sciolse.

    Qui non convien che stia letizia e gioia.
Partasi[55] 'l riso, e partasi la pace,
Sol vi sia lutto, e sol mestizia e noia[56].

---

[52] *Melpomene*: voce dotta, dal lat. Melpomene, gr. Μελπομένη 'musa del canto e della tragedia'.
[53] *Boato*: "=Voce dotta, lat. tardo *boātus*, da *boare* (Ennio), deriv. dal gr. Βοαω 'grido' " (BATTAGLIA, II, p. 271).
[54] *Veneno*: veleno.
[55] *Partasi*: cfr. la legge Tobler-Mussafia della nota 36.
[56] *Noia*: "Per doglia grave. *Bocc. Proem*. 'Il quale (appetito) perciò che, a

Dogliasi il petto, ch'a pietà soggiace,
E se 'l mio dir quel cuor, che l'ode, annoia,
Quinci si parta, e poiché ciascun tace,
Attendendo il mio dir, oda egli prima
Quel che ha da dirgli la dogliosa rima.

---

niuno convenevol termine mi lasciava contento stare, più di noja che bisogno non m'era spesse volte sentir mi facea' " (TOMMASEO-BELLINI, 3[1], p. 496).

Argomento

Scipio avendo in mente stabilito
Far con Siface d'amicizia acquisto,
Doppo che Massinissa sia partito
Da lui, del tutto essendosi provisto,
Giunto di Cirta, ch'è in Numidia, al lito
Va da Siface, ed è da lui ben visto,
E le man destre in fede tra lor dansi
E colligat' e amici insieme fansi.

Asdrubale, che in Cirta si ritrova,
Il patto udendo che tra lor è fatto,
Partito Scipion, usa ogni prova,
Per romper' e disfar questo contratto.
Ed acciò meglio 'l Numido commova
A far che rompa 'l congiurato patto
Dirà di dargli per moglier[57] sua figlia,
Siface assente, e Sofonisba piglia.

---

[57] *Moglier*: moglie.

Costei con vezzi e con lusinghe il prega
Che lasci Scipione, e si discioglia,
Da la già fatta e congiurata lega.
Ed ei compiace a sua richiesta e voglia,
E da Romani subito si slega.
Quantunque al fine n'averà gran doglia,
E per legati[58] a Scipion dà aviso
Come dai patti s'è con lui diviso.

Premendo Scipio in cuor l'avuta offesa
Mostra nel volto la letizia finta,
Né già per questo lascia a far l'impresa
Contra Cartagin, qual tene esser vinta.
E con l'armata di gran gloria accesa,
Essendo al lito d'Africa sospinta,
Con Massinissa giunto al suo soccorso
Tutto 'l paese tosto avrà trascorso.

Al cui contrasto i gran Cartaginesi
Vengono arditi, e con gran sfarzo armati,
E Scipion c'ha i padiglioni intesi
Esser fatti de canne e de steccati,
A mezzanotte avrà quei tutti accesi
Con molti di lor presi e abbrugiati,
Ed Asdruballe con Siface volti
In fuga, appena resteran disciolti.

Avendo Scipion vinta e sommissa
L'armata di costor tanto infelici,
Manderà tosto Lelio e Massinissa

---

[58] *Legati*: da legato, sm. Stor. Nel mondo classico, rappresentante di uno Stato o di un sovrano, inviato temporaneamente con un apposito incarico politico-diplomatico, presso un altro stato. Lorenzo de' Medici, *Opere*, a cura di A. Simioni, 2 voll. (Bari, 1939), Vol.II, p. 95: "Uccidere un legato è cosa vile".

Contra Siface povero[59] d'amici;
Il qual con nuova gente ancor remissa[60]
Vene in battaglia contra suoi nemici,
Dove cadendo col caval ferito
Fatto pregion[61], da tutti è mostro[62] a dito.

Vassene a Cirta Massinissa poi,
E Sofonisba lagrimosa trova,
La qual con sue querele[63] e preghi suoi
Par che a pietade e ad amor il mova,
Le nozze si faran fra questi doi.
E Sofonisba sia Regina nova,
A cui darà la fede[64] nelle mani,
Non darla in servitù mai de Romani.

Va Massinissa poi da Scipione,
Da cui con atto umano sia ripreso,
Che senza punto[65] aver discrezione
Di subito furor lascivo acceso
Sposat'abbia costei qual di ragione

---

[59] *Povero*: in senso di privo.
[60] *Remissa*: da rimettere, perdonare, o condonare.
[61] *Pregion*: da "pregione". Agg. e S.m. Quegli che è in prigione o è in potere del vincitore. Dal lat. aureo *Prensus* . . . *Bocc. Nov.* 6. g. 2. (C) 'Subitamente egli, e molti altri amici, e i servidori del re Manfredi furono per prigioni dati al re Carlo' " (TOMMASEO-BELLINI, 3², p. 1224).
[62] *Mostro*: mostrato. Il lemma è un participio passato accorciato. Secondo il Bembo tali participi passati accorciati vennero adottati dai prosatori, dagli antichi toscani e si rivelarono più vicini all'uso vivo della lingua. (Cfr. BEMBO, *Prose*, III, p. 107).
[63] *Querele*: sf. Aff. al lat. aur. *Querela*. Lamentela.
[64] *Fede*: Promessa, impegno, giuramento. *L'Ottimo commento della Divina Commedia*. Testo inedito di un contemporaneo di Dante, 3 voll. (Pisa, 1827–1829) Vol. III, p. 520: "Questo nome 'fede' alcuna volta è detto la promessione . . . Alcuna volta per la fidelitade; . . . alcuna volta la coscienza".
[65] *Senza punto*: niente, neanche.

É sua cattiva[66] per Siface preso,
La qual non può tener con titol vero
Senza mandato del Romano impero.

    Torna al tentorio[67] in viso col rossore,
Con la vergogna, e col cordoglio in seno,
E poiché ha volt'in pensier vari 'l cuore,
A Sofonisba manda 'l dir[68] veneno,
Con dir, se ben è di sua morte autore,
Che la sua libertà gli salva almeno.
Ed ella il[69] beve intrepida ed ardita,
E fatta in libertà perde la vita.

MASSINISSA PARLA CON TRE NUMIDI

    La ben sonora e gloriosa fama
A nostre orecchie vien da molti canti[70]
Del gran Roman, che Scipion si chiama,

---

    [66] *Cattiva*: cfr. la nota 41.
    [67] *Tentorio*: "Sm. V. L. Padiglione. Lat. *Tentorium (Tentorium* secondo i più, vien da tendere, stendere. Altri forse dal celt. brett. telt tenda. In ingl. tent.)" (V.U.L.I., VII, p. 155).
    [68] *Diro*: "Diro, agg. Letter. Grudele, feroce, spietato. A. Firenzuola, *Opere*, a cura di A. Seroni (Firenze, 1958), p. 331: "Tu, dira Fortuna, cessa oggimai d'incrudelire contra d'una innocente verginella".
    [69] *Il*: lo. "*La terza persona singolare (accusativo)*. Nel toscano da *illu* e *illa* si è regolarmente avuto *lo* e *la* . . . Accanto a *lo* l'antico toscano aveva per vero anche un altro sviluppo di *illu*, collo stesso esito *il* già veduto per l'articolo. E, come quello, anche questo *il* era originariamente legato alla posizione preconsonantica, dopo finale vocalica, per esempio nel Boccaccio *quando il vide, io il farò, lungo tempo il cercava*, nel Petrarca *chi 'l crederà, perché giurando il dica* . . ." (ROHLFS, II, p. 455).
    [70] *Canti*: lati. Da lato, fianco; banda; parte, verso. Anche al figur. Dante, *Inf.*, Canto 12, verso 118: "Mostrocci un'ombra dall'un canto sola,/ Dicendo: 'colui fesse in grembo a Dio/ lo cor che 'n su Tamici ancor si cola' ". Bembo, *Lettere*, 2 voll. (Venezia, 1587), p. 138: "Dall'uno de' canti mi venne una capanuccia veduta, e poco da lei discosto tra gli alberi un uom tutto solo lentamente passeggiare".

Qual col valor de suoi gran gesti tanti,
Vinto ha la Spagna, talché con gran brama
Ogniun'il segue, e per suoi modi santi,
I vinti Hispani tengonsi felici
D'esser di Roma sudditi ed amici.

Se dunque è da ciascun costui seguito,
E se sua fama è sparta[71] in ogni lato,
E per l'altre vertù, di ch'è insignito,
Merta sovra ciascun' essere amato,
Tal ch'io proposi e presi per partito
D'andar da lui sì come un uom privato,
E tant'oprar con miei parlari avisti,[72]
Ché la sua grazia ed amicizia acquisti.

La cagion ch' a far questo mi commove,
È per un atto generoso e divo[73]
Ch'io scorsi in lui con manifeste prove
Ver'un nipote mio, già suo cattivo,
Qual con cavalli, ed arme, e spoglie nove
Di rimandarmi non ha avut' a schivo,[74]

---

[71] *Sparta*: da sparso e men com. Sparto, Part. Pass.E agg. Da *Spargere, Sparsus*, in *Ov.* e *Plin.*

[72] *Avisti*: saggi. La forma infinita è probabilmente *avedere* da agire avvedutamente; fare bene. M. Franco, *Sonetti* di Matteo Franco e di Luigi Pulci (s.l.,1759), p. 32: "Pur t'avvedesti a mandarle a dozzine le frittelle, / le son da gelatina; or per te tienle".

[73] *Divo*: che rivela un altissimo grado di perfezione (una qualità, un' azione, una disposizione dello spirito); eccellente. L. Ariosto, *Orlando Furioso*, a cura di L. Caretti (Milano-Napoli, 1954), Canto 32, ottava 38:" Perché non far che fra tue illustri e dive/ virtù si dica ancor ch'abbi fermezza?/ si dica ch'abbi inviolabil fede?".

[74] *A schivo*: nel senso di essere ritroso.

Tal che all'atto gentil debbo io cotanto,
Ch' un'ora mi par mille essergli accanto.

    Per questo, o miei fedeli, io penso omai
Mandar voi tre da lui da parte mia,
Acciò che gli dicate come assai
Mia mente andar da lui brama e disia.
E perché so che non mi vide mai,
E dubitar di me forse potria,
Duo però staggi[75] rimarran di voi:
Il terzo venga con risposta a noi.

UNO DEI TRE NUMIDI RISPONDE.

    Poiché tu cosa onesta ne dimandi
E quest'esser tuo ben noi conoscemo,
Eccone presti[76] a far ciò che comandi,
E tosto e 'l tuo mandato essequiremo,
E tanto più che da tal uom ne mandi,
Che può salvarti in ogni caso estremo.

MASSINISSA.
Mille a voi grazie rendo ed insieme dico
Del buon cuor vostro in me ver vostro amico.

SCIPION COMPARE E PARLA CON LELIO.

---

[75] *Staggi*: ostaggi (cfr. TOMMASEO-BELLINI, 4¹, p. 1160).
[76] *Presti*: veloci. Deriva da presto, agg. Spedito, che opera con sollecitudine, pronto.

Lelio, poich 'a l'onorata impresa
Venni di Spagna col vessil spiegato,
Tu sai quanto mia voglia è stata accesa
Di darla nel poter del Roman stato,
E come fu Cartagin nuova presa
Da me, nel dì ch'in terra fui smontato,
E quanto terror diedi a tutta Spagna
Quando trascorsi l'ampia sua campagna.

Non t'è nascoso ancor, come Asdruballe
Gran capitano de Cartaginesi
Fratel del grande ed inclito Anniballe,
Da noi fu vinto e suoi fugati e presi;
E sai com'hanno già volte le spalle
A nostri armati nella pugna[77] accesi,
E vinto, e prigion fatto da Sillano
Roman Patricio, e nostro capitano.

E perché intendo d'espugnar Cartagine
E farla serva del Romano Imperio,
Convien ch'io pensi, e fra me stesso imagine
Gli occulti modi per cotal misterio,
Però[78] vo'[79] vol tuo mezzo, e con mie pagine
Tirar Siface al nostro disiderio,
Qual gli è vicino, ed è Re di Numidia
Sapendo che tra lor gli è qualche invidia.

---

[77] *Pugna*: sf. Aff. al lat. aur. *Pugna*, combattimento, battaglia".
[78] *Però*: in principio del periodo o dell'inciso per lo più significa per questo, dal latino *propter hoc, ideo*.
[79] *Vo'*: voglio. Per questo lemma si veda BEMBO, *Prose*, pp. 134–135: "[I poeti] Né solamente di questa voce, la vocale o la consonante che io dissi, ma ancora tutta intera l'ultima sillaba essi levarono in questo verbo, *Vo* invece di *Voglio* dicendo; il che imitarono e fecero i prosatori altresì alcuna fiata".

Il qual se ridur posso al mio dissegno,
Che voglia esserne amico non mi dubito
Che di Cartagine 'l possente regno
Io non acquisiti col mio assalto subito,
Ch'ivi consiste la vertute, l'ingegno
Quando un combatte non a spanna,[80] o cubito[81]
Qualche gran terra, ma con forte pugna
E col valor de la virtù l'espugna.

Però se m'ami e stimi l'onor mio,
Ti prego ch'andar vogli da Siface,
E dirgli per mia parte[82] il gran desio
C'ho di venir da lui, se non gli spiace.
E sopra tutto che non pensi ch'io
Sia per usargli tratto alcun fallace?
Che quando seco arò[83] parlato, spero
Che sarà amico del Romano Impero.

LELIO.
    Se de Cartagin vuoi aver onore,
Convien che facci a te Numidia amica,
E se tu eletto m'hai per tuo oratore,
Al Re, già non recuso la fatica,

---

[80] *Spanna*: sf. La lunghezza della mano aperta e distesa, dall'estremità del dito mignolo a quella del pollice. Fa ricordare *"palmus"*.
[81] *Cubito*: la principale unità di misura di lunghezza presso gli antichi popoli del bacino del Mediterraneo, in particolare, presso Greci e Romani, dove equivaleva a circa mm. 444.
[82] *Per mia parte*: da parte mia.
[83] *Arò*: avrò. "Una forte tendenza alla caduta della *v* si nota nel toscano popolare" (ROHLFS, I, 215).

Anzi dispongo andar con lieto cuore
Per dimostrarti la mia fede antica.
SCIPIONE.
Vattene, o Lelio, e sia il tuo gir felice,
Cantando ai passi tuoi manca cornice,[84]

CORO

Tre Numidi legati
Dall'isola di Gade dipartiti
Da Massinissa a Scipion mandati,
Giungendo dal paese Hispan ai liti.
Trascorso hanno gran parte de la Spagna
Passando per paesi aspri e selvaggi,
Per piaggie sconosciute
Han fatto con fatica i gran viaggi,
Or con letizia magna
Son giunti con salute
Là dove è Scipion con la sua gente,
E l'ambasciata a lui fanno umilmente.

GLI ORATORI DI MASSINISSA PARLANO A SCIPIONE.

Signor noi siam tre Numidi oratori
Da Massinisssa nostro a te mandati,
Qual intendendo degli degni onori

---

[84] *Manca cornice*: "Stretto gradino orizzontale che è inciso in una parete di roccia. Nella *Commedia* di Dante ciascuna delle balze del monte del Purgatorio" (BATTAGLIA, III, p. 787).

Che con vittoria in Spagna hai riportati,
E con tuoi gesti eccelsi assai maggiori
Di quanti mai Romani qui son stati
Ha sì la voglia di vederti accensa,[85]
Che notte e giorno un altro mai non pensa.

    Per lui preghiamo che tu eleggi un luoco
Dove con fede ragionar ti possa.
E per levarti 'l dubbio, o molto o poco,
Che in te nascer potria[86] d'ogni sua possa,[87]
Non ti tirasse come augello al gioco,
O come lupo ne l'occulta fossa,
Duo per ostaggi rimaranno a posta,
Ed il terzo n'andrà con la risposta.

SCIPIONE.

    Se denegasse[88] a Massinissa Numido
L'agio del ragionar, ch'egli vuol meco,
Colmo d'orgoglio e d'alterezza tumido,
Ben mi terrei e d'intelletto ceco;
Però non riguardando a rio tempo umido
Di nebbia o pioggia trovarommi seco,
Fra dieci giorni, alle confin di Spagna,
La dove 'l Sol ne l'Ocean si bagna.

---

[85] *Accensa*: accesa.
[86] *Potria*: potrebbe. In questi condizionali in -ía (*saría* e *vorría*) si rinvengono forme importate con riflessi della lingua aulica dei poeti siciliani o della lingua di provenza o del Nord-Italia. Il Bembo le sentiva come forme esclusive della poesia (cfr. BEMBO, *Prose*, III, pp. 154–155 e ROHLFS, III, 746).
[87] *Possa*: potenza. Sf. Possa dal lat. Aureo *potentia*; e *possum*, *potis sum*.
[88] *Denegasse*: rifiutasse. Deriva da denegare ant. E letter. Tr. Non accordare, non concedere; negare, ricusare. M.M. BOIARDO, *Opere Volgari*, a cura di P.V. Mengaldo (Bari: Laterza, 1962), Canz. 104: "Voi ben sapeti che la mia mercede/m'è dinegata e ritenuta a torto;/sasselo il Ciel con voi, che tutto il vede".

CORO

Asdruballe ne l'isola di Gade
Fa gran lamenti amari
Coi suoi compagni cari
Perché si trova debellato[89] e rotto[90]
Da Scipion Romano.
Ed a tal passo strano
Per sua fortuna misera condotto,
In quelle abiette occidental contrade,
E col consiglio loro
Prende partito[91] andar dal Re Siface
Per divertir[92] la pace
Coi gran Romani suoi crudel nimici,
E fargli e suoi Cartaginesi amici.

ASDRUBALLE, FIGLIUOLO DI GISGONE, ESSENDO A GADE, DICE ALLI SUOI.

O cielo, o terra, o uomini mortali,
O stelle a mia ruina congiurate,[93]

---

[89] *Debellato*: (part. pass. di debellare) letter. Sconfitto pienamente, sgominato, annientato.
[90] *Rotto*: "Per isconfitto. *Machiav. Art. guer.* 1–4. 'Dopo la vittoria non si posava, ma con maggior impeto e furia, il nemico rotto perseguitava, che non l'aveva assaltato intero' " (TOMMASEO-BELLINI, 4¹, p. 462).
[91] *Prende partito*: decide, delibera.
[92] *Divertir*: da divertire (ant. divèrtere). Volgere in altra direzione; allontanare deviare. Bembo, *Della istoria viniziana* (Venezia, 1552), p. 75: "L'anno della città millesimo e ottantesimo nel porto di Tide, che è luogo nel più intimo seno di quel mare, una armata con grande dispendio fece, per rinnovare i Portoghesi e divertirli da quella navigazione".
[93] "*O cielo, o terra, o uomini mortali, /O stelle a mia ruina congiurate*": questi due versi rieccheggiano particolarmente la prima quartina del sonetto 78 boiardesco: "O cielo! o stelle! o mio destin fatale!/ o sole a' dui Germani insieme giunto,/ che in ora infausta ed infelice punto/ me solvisti da l'alvo maternale!" (M. M. BOIARDO, *Opere Volgari*, a cura di P. V. Mengaldo, Bari, Laterza, 1962, p. 57).

Udite i miei lamenti, e de miei mali
Tant'importuni prendavi pietate
Ch'in tutte le provinzie[94] occidentali
Nullo ebbe tanta mai calamitate,
Né da fortuna tanti oltraggi e torti
Quant'io, che porto grand'invidia a morti.

Fui per mia sorte eletto nel principio
Per capitano de Cartaginesi,
Ed in battaglia il gran Romano Scipio
Mi ruppe[95] di Betulia nei paesi,
Da cui fuggendo d'esser suo mancipio[96]
Stetti a pericol, benché mi difesi
Tal ch'a gran pena mi salvai da morte
Con voi compagni e fu voler di sorte.

Sì che per esser travagliato tanto
Non so dove mi volga, o dove vada,
Se abbandonato resto in questo canto,[97]
Mal fia[98] per me, né so quel che m'accada
Che 'l fatto mio non è di far più pianto,

---

[94] *Provinzie*: province. Il testo presenta il termine "provintie", secondo la forma dotta latineggiante, ed è stato trascritto quindi con il mutamento della grafia latina *-tie* in *-zie*. Veramente la parola latina è *provincia*, dunque il lemma del testo "provintie" presenta una grafia pseudolatineggiante: è un vocabolo che termina in *-intia*. Per le parole dotte, riprese dal latino, in *-antia* e in *-entia* si vedano i due interessanti articoli di G. FOLENA, "-ANTIA, -ENTIA" in *Lingua Nostra*, 16 (1955), pp. 12–13 e E. RAIMONDI, "Ancora sui sostantivi in *-entia, -enza*" in *Lingua Nostra*, 18 (1957), pp. 10–11.

[95] *Mi ruppe*: mi sconfisse. Per il significato di "ruppe" cfr. la nota 90.

[96] *Mancipio*: ant. E letter. Schiavo acquistato mediante mancipazione. Anche chi si trova in condizione di servitù. Niccolò da Correggio, *Opere— Fabula di Cefalo, Psiche, Silva, Rime, Rime extravaganti* (Bari, 1969), p. 425:"O servo, o ligio o mancipio, ognor presto/sarò a ubidirti e pormi al collo il ferro,/ perché il mio stato a ognun sia manifesto".

[97] *Canto*: lato. Cfr. la nota 70.

[98] *Fia*: sarà. Dice il BEMBO a proposito di tale forma verbale: "Le terze voci di lui (essere), che si danno al tempo che è a venire, in due modi si dicono, *Sarà* e *Fia* e *Saranno* e *Fiano*" (BEMBO, *Prose*, III, p. 163).

Ma guerreggiar, ed adoprar la spada.
E far sì come suole il fort' e saggio,
Che, quanto è più in miseria, ha più coraggio.

A questo far convien pigliar partito,
Che sia ristoro[99] al mio perdut'onore
Con Scipio imperatore ardito,
Che fu de la battaglia vincitore.
Né a la guisa qui star d'un vil bandito,
Che col perduto stato perde il cuore,
E non ardisce di tentar sua sorte,
Ma segue morte nel fuggir la morte.

Un sol rimedio trovo a mia salute
D'andar con sette navi da Siface,
Il qual con sua possanza, e sua virtute
Dà legge a suoi vicin come gli piace,
E di pregarlo, con preghere acute,
Che si colleghi per suo bene e pace
Con noi Cartaginesi suoi vicini,
E non s'accosti a perfidi latini.

Però saver m'intendo il parer vostro,
Sel mio pensier vi par accorto e sano,
Se andar debbiamo da Siface nostro,
O farsi servi a Scipion Romano,

UN DE LI
COMPAGNI.
Mentre che'l spirto è nel corporeo chiostro,[100]

---

[99] *Ristoro*: per ricompensa, contraccambio e risarcimento.

[100] *Corporeo chiostro*: chiostro mortale, il corpo, come involucro e prigione dell'anima. C. Matraini, *Lirici del Cinquecento*, a cura di L. Baldacci (Firenze, 1957), p. 507: "Quant'ho più da lontan l'aspetto vostro,/ più lo sento ne l'alma

Uscir d'ogni speranza è stil[101] insano,
E darsi in preda agli nimici aperti,
Cosa che i dubbi error ci fa più certi.

    Onde concludi ch'è via[102] meglio assai
Che con Siface provi tua ventura,
Che farti servo d'un Roman, che mai
Non ti fu amico, anzi il tuo mal procura,
Quando più tosto dunque partirai,
Tanto fia meglio, che per coniettura[103]
Scorgo l'effetto che Numidia è armata
Quando ha Cartagin per confederata.

CORO

Lelio per mar venuto
È giunto in porto e va dal Re Siface,
Dal qual fia ben veduto
Dicendo quanto a Scipione piace
D'esser ben conosciuto
Da lui, ch'ha in luoco di fratel verace,
E quant'è 'l suo desir d'andar da lui,
E dirgli fedelmente i pensier sui.

LELIO, GIONTO DA SIFACE, GLI DICE.

    Alto Re sacro il grand'Imperatore
Qual vint'ha Spagna, come è vulgar[104] fama,

---

a parte a parte/ scolpito e vivo, e 'n ciascheduna parte/ insignorirsi del mortal suo chiostro".

[101] *Stil*: stile nel senso di modo, maniera.

[102] *Via*: "[. . .] Detta solamente una volta così *Via*, ella vale quanto val *Molto*, particella assai famigliare e del verso e delle prose" (BEMBO, Prose, III, p. 198).

[103] *Coniettura*: congettura.

[104] *Vulgar*: volgare e vulgare. Noto, pubblico e divulgato.

Da te mi manda con devoto cuore
A farti noto, come molto t'ama,
E per il nome del tuo gran valore
Che di vederti e di parlarti ha brama,
E di venir da te senza rispetto[105]
Purché di lui non sdegni il tuo cospetto.

Dico ch'ha da parlarti alcune cose
Molto importanti e nude d'ogni inganno,
Le qual tenendo nel suo petto ascose
Al tuo cospetto si publicheranno.
Egli è ben certo che non siene esose
Alle tue orecchie e che lor piaceranno,
Mentre il tuo Regno ne verrà sicuro
Se ben d'oro e di gente egli ha buon muro.[106]

SIFACE.

Dolce e notabil cosa è ritrovarsi
A duo Signori a parlamento insieme,
E l'un de l'altro vero amico farsi
Con far lor menti di sospetto sceme,
E fedelmente unirsi e rivelarsi
Ogni occorrente caso, che gli preme,
Ché l'amicizia è l'unico tesoro
Che serva i Regni in union fra loro.

E gli è[107] gran tempo ch'io bramo vederlo

---

[105] *Senza rispetto*: senza cerimonie. "*Car. Lett.* 2.107. (Man.) 'Vi prego che, lassando i convenevoli e i rispetti da parte, mi comandiate alla libera, come si conviene tra gli uomini veri' " (TOMMASEO-BELLINI, 4¹, p. 372).

[106] *Muro*: protezione. "*Prov. Tosc.* 152. 'A popol sicuro, non bisogna muro' "(TOMMASEO-BELLINI, 3¹, p. 413).

[107] *Gli è*: esso è. Per questa forma afferma così il ROHLFS, II, 449 e 451: "*Il neutro*. Il pronome personale italiano non possiede in genere una forma particolare per il neutro. Il neutro s'identifica col maschile cosí nel toscano come nei dialetti settentrionali ... Per la Toscana d'oggi citiamo: fiorentino *gli è*

Per le gran nuove de suoi gesti avute,
E di basciarlo,[108] e d'abbracciar poterlo
Dandosi insieme mutua salute,
E per amico e buon fratel averlo
Pe 'l suo valor e singular virtute,
Però se vuol venir piacer mia fia
C'aggia suo albergo nella corte mia.

LELIO.

Altra risposta già non aspettava
Che fuora uscisse di tua sacra bocca,
E tutto quel ch'in cuor di te pensava
Trovo esser ver, che tal bontade fiocca
Di tua natura non superba e prava,
Ma dolce, come a Re benigno tocca:
Però[109] io me n'andrò con tua licenza,
Lieto lodando la tua gran clemenza.

CORO

Un beneficio di sua sponte[110] fatto

---

piovuto tanto. . . Sono esempi tratti dal toscano popolare; per la valutazione stilistica di questo modo d'espressione dal punto di vista della lingua letteraria, è istruttivo che il Manzoni, nel rifacimento del suo romanzo, mutò un *che era egli?* in *cos'era?* . . . Particolarmente intereressante è l'uso del pronome nella frase relativa e interrogativa, cfr. *i mmale gli è che son pochini gli omini che gli hanno i nostri sentimenti* . . . Quest'uso del pronome personale è particolarmente caratteristico per Firenze, e la limitrofa fascia settentrionale della Toscana".

[108] *Basciarlo*: baciarlo. "Il nesso *si in* Toscana. Il risultato normale e indigeno in Toscana è certamente š. Vale a dire che la *i* si è unita con la consonante sorda precedente formando un unico suono prepalatale. Dal punto di vista ortografico questa š viene espressa con la combinazione delle due lettere *ci* . . . In epoca antica si usava invece di *ci* anche la grafia *sci*; per esempio nei manoscritti del "Decamerone" *bascio, basciare, camiscia, brusciare*, e in altri testi toscani antichi *Parisci* (Parisii), *Ambruosci* (Ambrosiu), *Peroscia*= Perugia, *marchisciano* (-esianu), *prescioni* (Monaci, 575)" (ROHLFS, I, 286).

[109] *Però*: perciò. Cfr. la nota 78.

[110] *Sponte*: di sua volontà.

Da un nobil spirto liberal, cortese,
Al misero da lui non conosciuto,
È degno, e gentil atto,
Ed il donatore è d'ogni lode degno.
Ma quello ancor ch'ha ricevuto[111] 'l bene
Se con memoria nella mente 'l tiene,
Ed ha sue voglie accese
A render guidardon[112] del merto avuto:
Non manco è da lodar, a questo segno
Può giunger Massinissa non scortese,
Che per l'opra gentil ch'usat'ha Scipio,
Verso 'l nipote suo, ch'era mancipio,[113]
Viene da lui per acquistar sua grazia,
E del talento suo Scipio 'l ringrazia.

MASSINISSA GIUNTO DA SCIPIONE GLI DICE

Grazie ti rendo del nepote mio,
Qual rimandato m'hai con larghi doni,
Del che t'affermo aver poi cercat'io
Con summo studio nuove occasioni
Di ben servirti; e certo ho gran disio
Di renderti con degni guidardoni,[114]
Che, nol facendo, ne sarei chiamato
Da tutti i gridi[115] sconoscente e ingrato.

---

[111] *'l*: lo. Cfr. la nota 69.
[112] *Guidardon*: guiderdóne (ant. guidardóne) sm. Ant. letter. Ricompensa (materiale o morale) attribuita secondo il merito; dono, contraccambio di favore; frutto o risultato di una determinata attività. Lorenzo de' Medici, *Simposio*, a cura di M. Martelli (Firenze, 1966), p. 100: "E il contadin con atti rozzi e brutti,/ ch'aspetta el guiderdon d'ogni suo affanno,/ vede pur delle sue fatiche e frutti".
[113] *Mancipio*: cfr. la nota 112.
[114] *Guidardoni*: cfr. la nota 112.
[115] *Gridi*: da grido notizia, annuncio. Aretino, *Lettere*, 6 voll. (Parigi, 1609), Vol. I, p. 147: "Scoppiano i gridi de le sue vittorie".

  Se forse infin'a qui non t'ho servito,
Abbimi scuso, che non ho possuto;
Ch'essendo in Spagna in alieno sito
Facile non m'è stato il darti aiuto.
Ma se al paterno Regno, ove nudrito
Già fui, di ritornar m'è conceduto,
Spero servirti, e al popolo Romano
Tanto, quanto altro cavallier più strano.[116]

  Se i gran Romani d'Africa faranno,
Sì come denno,[117] l'ordinata impresa,
E se per capitan ti mandaranno
Con la tua gente di tua gloria accesa,
Da te Cartaginesi resteranno
Vinti, e Cartagin superata e presa,
Ch'al tuo valor, ed a tue forze tante
A far contrasto non sarà bastante.

SCIPIONE.
  Dal primo dì, ch'armato in Spagna entrai
Trovat'ho molte singolar persone,
Ma niun di tal fé, né d'amor mai
Che teco starne possa al paragone.[118]
Del che ringrazio i Dii celesti assai
Che tal t'han di me data opinione,
Ch'io sia da te con tanta fede amato
E che venir da me ti sia dignato.

  Se Massio tuo nipote giovanetto

---

  [116] *Strano*: "Vale anche Che è appartenente, o riguarda nazione straniera, Forestiero, Straniero. Non com. *Bocc. Nov.* 9. g. 10 (C) 'La barba grande e lo strano abito . . . gliele toglievano (la conoscenza)' " (TOMMASEO-BELLINI, 4¹, p. 1245).
  [117] *Denno*: "Dénno, Débbono, they owe or must" (FLORIO-TORRIANO, T).
  [118] *Parangone*: paragone.

T'ho rimandato, essendo mio cattivo,
Del grato vincitor usai l'effetto
Verso di lui di libertade privo,
Che né d'or né d'argento ebbi concetto,
Né morto 'l volsi, ma disciolto e vivo,
Ché non le gemme splendido, né l'oro
rendono l'uom, ma l'immortal lavoro.[119]

 Servir l'uom deve e procacciarsi amici,
E non guardar a quel che vien servito,
E ne miseri casi ed infelici
Dar braccio a chi si trova a mal partito:
Che quel, il qual riceve i benefici,
Se gentilezza è in lui, tiene scolpito
Ne l'altra mente il recevuto merto,
Quest'atto generoso oggi ho in te esperto.[120]

 Se ferrea voce avesse e lingue cento,
Io non sarei bastante ad esplicare
Le tue virtuti piene d'ornamento
Onde tua gloria al Ciel veggiam spiegare,
Ma via meglio è 'l tacer, che far concento
Né mal saperti e te poter lodare
E se tue lodi per narrar non sono
Abbimi scuso, e prendi 'l mio cuor buono.

 Mille fiate dentro del mio petto
Discorso ho il tuo sembiante a parte a parte,
T'ho figurato di benigno aspetto

---

[119] *Ché non le gemme splendido, né l'oro/ rendono l'uom, ma l'immortal lavoro*: è lo stesso concetto incluso nelle lettera che il Del Carretto scrisse a Isabella di Mantova per dedicarle tale tragedia.

[120] *Esperto*: ant. Conosciuto per esperienza, per prove; provato, sperimentato. I. Sannazaro, *Opere*, a cura di E. Carrara, (Torino, 1952), p. 226: "Questa bella vittoria in Cielo è certa:/ io dico cosa esperta".

Con modi gravi, ed umili senz'arte,
Magnanimo, gentil, cortese e schietto,
Integro, saggio, e ver figliuol di Marte,
Or più eccellenze e più virtuti assai
Trovo, e comprendo in te, ch'io non pensai.
E per non teco far lungo progresso,[121]
Poi ch'hai contezza[122] della mente mia,
Da te son per partirmi, se concesso
Per tuo mandato il dipartir mi fia,
Ch'io sono per andar e lunge e presso
Purché stia in luoco, ch'a te grato sia.
Ch'esser tuo voglio in un conforme cuore,
Come a me fossi natural Signore.

SCIPIONE.

A Gade tu potrai far tuo camino
E là spettar insino a mia venuta,
E soggiornar in luoco al mar vicino
Con la tua gente in parte proveduta.
E quando sarò giunto in quel confino
Partir non debbi senza mia saputa,[123]
Ch'avrai da me novella, ove potrai
Unirti meco, quando giugnerai.

---

[121] *Progresso*: "Per passo semplicemente. *Ar. Fur.* 12–86. (M.) 'Di lor si ride Angelica proterva, Che non è vista, e i lor progressi osserva' " (TOMMASEO-BELLINI, 3², p. 1265).

[122] *Contezza*: da avere contezza nel senso di conoscere, avere cognizione o notizia certa, aver conoscenza di una persona (della sua indole, del suo carattere). Dante, *Purg.*, Canto 20, verso 29:"Mi trassi oltre, per aver contezza/ di quello spirto".

[123] *Senza mia saputa*: "S. f. Atto del sapere cosa ch'altri fa o dice, e Condizione mentale di chi la sa. Il modo più com. è colla negaz. Senza saputa, omesso l'art.: no All'insaputa, che ci viene di Francia. Aureo. *Scientia. Bocc. Nov.* 6. *g*, 4. (C) 'Perdono vi domando . . . d'avere senza vostra saputa chi più mi piacque marito preso' " (TOMMASEO-BELLINI, 4¹, p. 554).

CORO

Lelio impigro[124] ne vien con la risposta,
E tutto allegro a Scipion s'accosta.
Dico ch'in posta nel venir dimora[125]
Non fece un'ora,
E che Siface lui veder disia,
E che fallace la sua fé non fia,
E secur stia, perché con lieto volto
Sarà raccolto.

LELIO, RITORNATO DA SIFACE, DICE A SCIPIONE.

Al Re Siface esposi l'ambasciata
Ch'al dipartir da te mi commettesti,
La qual (per quanto io vidi) gli fu grata
Come compresi a sue parole ed ai gesti,
Questa risposta a me da lui fu data
Con dolci modi e con parlar onesti,
Che se a lui ne verrai,[126] dov'e si trova,
Sarai ben visto e ciò vedrai per prova.

Mille altre buone e cordial parole
Mi disse ancor, ma quest'è la sostanza,
Che se verrai da lui, dispone e vole
Che ti sia albergo la real sua stanza,
Meraviglia n'ebbi io, ch'aver non suole
Di gente strana mai tanta fidanza,

---

[124] *Impigro*: agg. ant.è letter. Attivo, solerte, àlacre; operoso, infaticabile.
[125] *Dimora non fece*: cfr. la nota 182.
[126] *Ne verrai*: a proposito della forma *ne* il ROHLFS, III, 901, dice testualmente: "Un'altra forma abbreviata a causa della posizione atona proclitica è il toscano *ne* 'di là', 'di qui', per esempio *a Firenze il ne menò* 'di lì lo menò a Firenze' (*Decam.* 7, 6), nella lingua moderna *me ne vado, ne partiremo, se ne tornò*".

Per star con gran sospetto, che scacciato
Non sia da suoi dal Regno e da lo Stato.

 Ma se, come son certo, crederai
A me, che son il tuo fedel devoto,
Da lui sicuramente te n'andrai,
Se ben l'andar è per paese ignoto,
E tutto 'l tuo pensier gli esplicherai;
Che spero 'l ridurrai tosto al tuo voto,
E senza più mandar tuoi messaggieri
Riporterai da lui, quanto aver speri.

SCIPIONE.
 Ne resto, o Lelio, in me ben pago e molto
De la risposta, che recata m'hai,
E de l'esser ancor sì ben raccolto,
Con lieta fronte, ne gioisco assai,
E m'hai d'un pensier grave 'l cuor disciolto,
Qual m'ha tenuto lungamente in guai,
Onde a lui girne son disposto in modo
Ch'in amistà farem composto nodo.

 Per questo, o fedel mio, come Prefetto[127]
Delle mie navi, qual' adopro in mare,
Fa che sien preste,[128] ch'altro non aspetto,
Se non ch'io possa da Siface andare,
Ove s'io giungo al disiato effetto
Che possa a voti miei costui tirare,
Da me Cartagin fia tosto distrutta,
E soggiogata ancor l'Africa tutta. .

---

 [127] *Prefetto*: sm. Colui che nell'Impero Romano aveva una prefettura (primarie cariche). Aureo lat.
 [128] *Preste*: da preste: da presto agg. Spedito. Che opera con prontezza.

LELIO.
Dapoi ch'abbiam d'andar tempo opportuno,
Farò che le tue navi saran preste,[129]
Né di vin voto fia vasello[130] alcuno,
Né bisogna[131] opportuna a portar reste,
Né tra compagni ancor ne sia pur uno
Pover d'arnese d'abito e di veste.
SCIPIONE.
Andianne dunque senz'altra dimora[132]
Lieti varcando con spalmata[133] prora.

CORO

Va Scipione al porto
Da molti accompagnato,
E prende gran conforto
Che 'l mar non è turbato.
E tutto 'l suo diporto[134]
E' d'aver Lelio a lato,
E ragionar con lui
De molti pensier sui.
Con supplice concento[135]
Nettuno van pregando,

---

[129] *Preste*: cfr. la nota precedente.
[130] *Vasello*: vascello, nave.
[131] *Bisogna*: necessità, bisogno; ciò che è necessario. Francesco da Barberino, *Reggimento e costumi di donna*, a cura di G. E. Sansone (Torino, 1957), p. 195: "Non gli dar latte di capra, se puoi,/ e meno assai di cuccia . . .;/ ver è che pure, alla bisogna/ quel della pecora più ti concedo".
[132] *Dimora*: cfr. la nota 125.
[133] *Spalmata*: "V. a. Ungere le navi, Stendere un pattume di sego, zolfo e pece sopra la carena di un bastimento . . . Petr. Canz. 17. 5. part. I (C) 'Che giova dunque perché tutta spalme la mia barchetta?' " (TOMMASEO-BELLINI, 4[1], pp. 1060–1061).
[134] *Diporto*: letter. E disus. Ciò che determina diletto, provoca piacere; ciò che è causa ed occasione di svago o diverte.
[135] *Concènto*: sm.. Armonia risultante dal suono concorde di voci o di strumenti. Dal lat. *concentus-ūs*, comp. da *cum* 'con' e *cantus* 'canto'.

Gli mandi a salvamento
Mentre che vanno errando.
Le vele date al vento
A l'orsa van calando,
Ed altro non appare
Fuor che 'l Ciel ed il mare.
Di Scipion le navi
Da l'alto mar turbate,
Da venti assai soavi
Al porto son guidate.
Al fin l'ancore gravi
Nel mar son gittate,
E senza impaccio e guerra
Costor smontano in terra.

SCIPIONE, ANDANDO VERSO IL REAL PALAZZO, DICE PER CAMINO[136] A SUOI COMPAGNI.

Mercé del Ciel siam giunti a salvamento
Di Cirta al porto senz'alcun periglio,
Ma spinti a terra dal propizio vento
Tempo non ebbi di pigliar consiglio
Con qualche industria[137] far provedimento
De tante navi contra 'l forte artiglio,
Pur fra noi altri non fu mossa guerra
Per esser l'un e l'altro in strania[138] terra.

---

[136] *Per camino*: per cammino: durante la marcia; strada facendo; senza fermarsi. Anche al figur. L. Pulci, *Il Morgante*, a cura di F. Ageno (Milano-Napoli, 1953), Canto 10, ottava 87: "A Rinaldo scrivea/ che del suo minacciar beffe facea;/ e che quando e' partì dal Re Carlone,/ esser dovea per certo un poco in vino:/ però scambiò la sua spada e 'l roncione;/ e che sia ver, che dormì pel camino".
[137] *Industria*: mezzo, espediente, ripiego, rimedio, stratagemma; inganno, raggiro, intrigo.
[138] *Strania*: straniera. Cfr. la nota 116.

    Tosto ch'a terra dismontato fui
Per andar verso 'l gran real ospizio,
Mandai un messo per saper di cui
Eran le navi; ma, sel mio giudizio
Non mi si appanna, parmi scorger lui
A me tornarne, per dar forse indizio
Di cui son elle, e quel che van facendo
In questi liti peregrini essendo.

MESSO.
    Questa risposta, o Scipion, ti porto
De la tua data a me commissione;
Che quelle navi, quai son gionte in porto
Son d'Asdruballe figlio di Gisgone,
Pur dianzi gionte, e come ho inteso, e scorto
È qui venuto con intenzione,
Di collegarsi insieme con Siface
Per giovare alla patria e darle pace.

SCIPIONE.
    Vattene, o Lelio, da Siface, e digli
Come son gionto, e trovomi in sua possa,[139]
E che a suo modo il tempo, e il luogo pigli,
Che visitar ed abbracciar lo possa,
E parlar seco ove non sien perigli,
Benché ogni nebbia ho da la mente scossa,
Pur far dispongo a guisa degli esperti
Ch'in luochi strani stan con gli occhi aperti.

LELIO SOLO PER CAMINO[140] DICE.

    Io credo che Asdruballe porti invidia

---
[139] *Possa*: cfr. la nota 87.
[140] *Per camino*: cfr. la nota 136.

Del nostro Scipione a la gran gloria,
O che s'accinga a qualche nuova insidia
Per annullar l'avuta sua vittoria,
Che gionto a Cirta capo di Numidia,
Non come vinto, ma con fasto e boria,
Cerca Siface trare al suo volere,
Ma in questo gli averrà che indarno spere.

 Ma se sia quel, si come mi si mostra
Quando seco parlai la prima volta,
Credo che tenerà la parte nostra
Né a piacer d'Asdrubal darà la volta.[141]
Qui vedram del suo cuor l'interna chiostra,[142]
E chi avrà de l'onor la palma colta,
E se Siface avrà prudenza[143] in lui
Lasciando noi Romani per costui.

 Ver'è ch'ogniun s'appiglia al suo megliore,
E menar cerca la sua nave in porto,
Ma ciò torna a Siface a sommo onore
Ed esser gli diè gioia e gran conforto,
Ché Scipion Romano Imperatore
Ed Asdrubal magnanimo ed accorto
Ad un sol tempo qui si sian trovati
Ad inchinarsi a lui come privati.

 Ma veggiolo venir fuor de la porta
Tutto gioioso in vista, e tutto allegro,

---

[141] *Darà la volta*: dar volta a uno, o a un luogo: volgersi verso quello, incamminarvisi.
[142] *Chiostra*: spazio chiuso. Figur. Ariosto, *Opere minori*, a cura di C. Segre (Milano-Napoli, 1954), p. 201: "Altro era in la bocca,/ altro nel cor, ne le secrete chiostra".
[143] *Prudenza*: sf. Aff. al lat. aur. *Prudentia*. Scienza del bene e del male, che dispone a giudicar le cose da farsi, o da evitare.

E perché 'l tempo in ciò m'è guida e scorta,
A salutarlo non voglio esser pegro.
Egli m'ha visto e tutto si conforta
Di mia venuta, ed io me ne rallegro.
Orsù miei piedi, or affrettate i passi
Poiché in su l'uscio già m'attende e stassi.

LELIO, GIONTO A SIFACE, GLI DICE.

Siface io t'annunzio la venuta
Di Scipione tuo fedele amico,
Il qual la data fede ha mantenuta
Si come di Romani è stilo antico,
E con devoto effetto ti saluta
Come colui ch'è tuo più che non dico,
E di parlar ti chiede 'l luoco e l'ora,
Perché ne venga a te senza dimora.

SIFACE.
Se nel mio corpo rimarrà la vita,
A tant'umanità non sarò ingrato,
La qual mia fia nel cuor mortal ferita
Infin che sia da me guidardonato,
Perché tal cortesia tengo scolpita
Nel cuor, già dal suo amor tutto infiammato.
Che da noi sendo cortesia sbandita,
Miracol pare, ove talor s'addita.

Tant'è la gioia ch'io n'ho sazio il cuore
Quant'è l'umanità di Scipione,
Il qual di Spagna invitto vincitore
E d'ogni somma altezza parangone,
Degnato sia di farmi un tanto onore

E venir pur in questa mia magione
Non come par di me, ma come servo,
Il cui degno atto nella mente servo!

    Itene voi con Lelio, o capitani,
E Scipion menate alla mia corte,
Col drapel tutto insieme de Romani,
Senza far altra scelta di consorte,
Ch'io vo' ch'alberghin qui non com'estrani
Ma come meco ascritti a vita e morte,
Ché la mia patria è sua con i ben mei,
E di ciò reco in testimonio i dei.

CORO

Svegliati, ahi lasso, figlio di Gisgone,
Deh non dormir, chè gli è chi non dorme anco
E che t'ha i sproni al fianco,
Poiché sei gionto per tentar tua sorte
Col Numido Siface, e c'hai ben scorte
Le trame del sagace Scipione;
Tempo è d'adoprar or gl'ingegni tuoi,
Ch'altri non giunga a desideri suoi!

ASDRUBALE, IN CORTE DI SIFACE, COMPARE SOLO E DICE.

    Che deggio far? Chi mi darà conseglio?
Che strada è da tener al camin mio?
Che quel, che già pensai essermi il meglio,
Trovo esser peggio, poiché qua venni io,
E se dal falso sonno non mi sveglio
In far riposo al mio nimico rio,
Ch'è qui venuto per far nuove trame,

Veggio a l'ordito mio sotto lo stame.[144]

 Siface ho con preghiere omai stancato
C'abbia la patria mia dentro il suo cuore,
Né unir si debba in un conforme fiato
Col Roman stuolo a lui di poco amore.
Al fin or che ho ben tutto ruminato
Trovo ogni studio suo pien d'ogni errore,
In concordi voler due cose estreme
Roma e Cartagin, dico, unite insieme.

 Il Re mandato ha duo da Scipione
A far che venga ad albergar in corte.
Attenderò quanto ei di far dispone,
S'egli v'andrà per dritte strade o torte,
E dov'io veggio ch'ei vuole unione
Col Roman Duce, il che gli è chiara morte,
Convien ch'io cerchi altro rimedio e modo
Che si disgiunga d'amicizia il nodo.

 S'egli commetterà ch'io da lui venga
E creder mi si fa, che far il deggia,
Mi converrà che'l caso mio sostenga
Con destro modo in ciò ch'egli a me chieggia;
Sì che'l mio ragionare in se contenga
Modo efficace ch'al mio mal proveggia;
Uopo dunque è trovar tra me parole
De le più elette che la lingua suole.

LELIO, NE L'ARRIVAR CHE FA SCIPIONE DA SIFACE, SI FA AVANTI E GLI DICE.

 Eccoti, o Re, quel Scipion Romano

---

[144] *Stame*: "La parte più fina della lana e che ha più consistenza. *Stamen*,

Immortal domator di tutta Spagna,
Come ne viene a te con atto umano,
Con mondo cuor di disleal magagna,[145]
Per il suo dir intenderai di piano[146]
De la venuta sua la cagion magna.

SIFACE.
Ed io non senza gran disir l'aspetto,
Poiché degna venir al mio cospetto.

SCIPIONE, ABBRACCIANDO SIFACE, GLI DICE:

Quella salute, ch'un buon cuor devoto
Porgere suole a cordial amico,
Prima ch'intendi 'l mio concetto e voto
Nel mio principio del parlar ti dico,
Voglio che sappi (bench'a te sia noto
Per Lelio mio fedel, compagno antico)
La cagion, che m'induce a te venire
E tutto il voto d'ogni mio disire.

L'alata e vigil fama, che per tutto
Con summa gloria insin al Ciel ascende,
Venir nel mio paese m'ha condutto
Dove gran fede ogni tuo amico prende,
Qual m'ha lassato con letizia e istrutto
Del tuo valor, qual più che'l Sol risplende,
Ed in tue forze consignarmi, come
D'un mio sovran Signor avessi 'l nome.

In *Varr. Ov. Prop."* (TOMMASEO-BELLINI, 4[1], p. 1166).
  [145] *Magagna*: disonore. Pulci, *Il Morgante*, Canto 8, ottava 48: "Io conobbi Rinaldo già in Ispagna,/ e per mia fè, mi parve un uom gentile,/ da non dovere aver questa magagna/ di far con tradimento opera vile; / anzi pareva una persona magna/ e franco e forte e giusto e signorile".
  [146] *Di piano*: agevolmente, Senza contrasto.

Io credo c'abbi chiaramente inteso
Com'abbi io vinta molta gente in Spagna
E come Annone ancor da me fu preso,
Né al suo fuggir fu scampo la campagna,
E come tutto 'l regno a me fu reso
Per la virtú, ch'in cuor Romani è magna.
E quanti capitani e gran baroni
Ha la vittoria mia fatti prigioni.[147]

E però sai che i nostri gran Romani
M'han destinato a questa eccelsa impresa,
Per debellar i principi Africani,
E far ch'a noi Cartagine sia resa,
Vengo io con fede in balia a le tue mani
Per tuo ben proprio, non per farti offesa,
E per pregarti che confederato
Esser ti piaccia del Romano stato.

Il popol Roman, ch'Annibal vede
A fargli ogni or più guerra si indurato,[148]
(Mentre distorlo da l'impresa crede)
Di travagliar Cartagine ha pensato,
E perché ha molta in te speranza a fede,
Per aprar quest'a te m'ha indirizzato.
Teco dunque vuol lega ed amistate
Ove le voglie sue ti paian grate.

Che s'egli avien che tu ti facci amico
Il popolo di Marte, come spero,
Ch'a farlo sarai presto,[149] ben ti dico
Ch'ei ti sarà confederato vero,

---

[147] *Prigioni*: cfr. la nota 61.
[148] *Indurato*: persistente, costante, perseverante, tenace (in un proposito).
[149] *Presto*: cfr. la nota 128.

E contro ogniun tuo pessimo nimico
Del Real seggio del tuo giusto impero,
Prenderà l'arme non guardando a spese
Che tu sia salvo da nemiche offese.

 Che a colligarti con Cartaginesi
Non è tuo dritto[150] mai prestargli fede,
Che se l'avvien che noi siam rotti e presi,
Come non credo, sciocco è chi non crede,
Che discacciato fuor dal tuo paese
Tosto sarai e da cotesta fede,
Non riguardando al giuramento fatto,
Che de lor fede ogni or ne fan contratto.[151]

SIFACE.
 Non so già da qual parte io mi cominci
A ringraziarti del cortese affetto,
Poiché del gentil cuor, con che mi vinci,
Renderti merto egual già m'è disdetto
Da le deboli forze, e però[152] quinci
Ordir non vo le brame del mio petto,
Da così glorioso e sommo duce
Qual basso al mio cospetto si conduce.

 Signor, m'ha si'l tuo dir preso e legato,
Che non potrei (volendo) ormai negarte,
Quel che m'hai chiesto, poich'ho in te guardato
Svelato cuor e ragionar senza arte,
Perché m'accetto tuo confederato,
E così giuro su le sagre[153] carte,

---

[150] *Tuo dritto*: tuo diritto.
[151] *Contratto*: convenzione, affare.
[152] *Però*: perciò. Cfr. la nota 78.
[153] *Sagre*: sacre. Il lemma è citato dal TOMMASEO-BELLINI, 4¹, p. 502.

E perché del mio dir appaia un segno
To' la mia destra in testimon del pegno.

    Una sol cosa ben da te vorrei,
E questa mi fia cara sovra ogniuna,
Che d'Asdrubal, ch'è gionto ai tetti mei
Qual vinto fu da te per sua fortuna,
Tu resti amico, c'aver non potrei
Da te di più piacer grazia veruna
E de Cartaginesi tuoi nemici
Fargli tuoi veri e cordiali amici.

SCIPIONE.
    Grazie ti rendo del tuo ben volere,
Né raccorre[154] io poteva altra risposta,
E ben gioisco omai, s'io trovo vere
Le mie speranze, e la mia fé proposta,
Sia dunque d'ogniun peso il mantenere
La fé, che tanto vale e tanto costa,
Poiché quell'è l'onor ch'in ogni sorte
Si sostenga la fede insino a morte.

    Non ho con Asdrubal discordia alcuna,
Che far deggia con lui nova amistate;
E se vinto da me fu per fortuna,
Non ho con lui però le voglie irate,
Anzi la mente n'ho tanto digiuna,
Quanto di cose a me del tutto ingrate,
Però lascisi omai cotal richiesta,
Ch'al mio giudicio parmi men che onesta.

---

[154] *Raccorre*: raccogliere.

E se pur de Cartagine vuoi parlare,
Ch'io cerchi farla al nostro imperio amica,
Io dico che sarebbe oltre il mio fare
Far quel che non confassi a mia fatica,
Né cose forse, che sarebbon care
A Roman petti: e perché il tutto io dica,
De la tua mente tal pensierti tolga,
Né perch'io nieghi oprarlo omai ti dolga.

SIFACE.
Ch'io dolor non ne senta al core espresso
Negar non posso, o invitto Scipione,
Ma sia che può, quanto oggi io t'ho promesso,
Cangiar non può la prima intenzione,
Pregoti almeno, che mi sia concesso
D'avervi oggi amendue[155] nella magione,
A cena meco a la real mia mensa,
Cosa che mi fia gioia al petto immensa.

SCIPIONE.
Siface io son contento, e 'l dolce invito
Di buon talento,[156] e volentier accetto,
E gionto che fia 'l tempo stabilito,
Farò ciò che vorrai senza disdetto,[157]
Perché chiaro ti sia ciò ch'io t'addito,
E tutte ancor le fibre del mio petto.

SIFACE.
Piacemi molto, e però andianne a cena,
E Lelio tuo fedel teco ne mena.

---

[155] *Amendue*: ant. ambedue, tutti e due, entrambi.
[156] *Talento*: voglia, desiderio, volontà.
[157] *Disdetto*: sm. Ant. E letter. Rifiuto, diniego, ricusa.

CORO

La cena è sontuosa
Qual fa Siface a questi duo signori,
Tutta è dico gioiosa
Splendida tutta in apparenti onori.
Or d'una, or d'altra cosa
Van ragionando con allegri cuori
E due soli in un letto[158] si staranno,
U'[159] diversi pensier diviseranno.
Ma che di Massinissa debbo io dire,
Il qual'è giunto all'isola di Gade?
Egli dubbioso sta senza mentire
Di Scipion, ch'è andato alle contrade
De la Numidia, dove a conferire
Sta con Siface in pace ed in amistade,
Ma non convien ch'ei dubiti altro aguato,
Sendo da lui sinceramente amato.

MASSINISSA, ESSENSO ALLE GADE, PARLA SOLO

Già son più giorni ch'io son gionto a Gade
Dove il gran Scipion vado aspettando,
Che venga col suo campo a le contrade
D'Africa, e mandi de la guerra 'l bando,
E che m'avisi per sua umanitade
Là dove ho a ritrovarmi, e come e quando,
Dove spero mostrargli il mio valore,
Ed il mio onore coronar d'onore.

---

[158] *Letto*: "-Condizione di pace, di riposo, di sollievo (senso di unione)" (BATTAGLIA, III, p. 992).

[159] *U'*: "U; col segno dell'apostrofo, per Dove, è ormai della poesia soltanto, quantunque lo abbiano alcuni dialetti. Gr. Oὗ, lat. *Ubi*. (T.) Si approssima più al greco; ma doveva essere del pop. lat., che ne fece *Unde* e *Inde*. Petr. Sest. 1–3. part. II (C) 'U' sono i versi? U' son giunte le rime?" (TOMMASEO-BELLINI, 4², p. 1640).

Parmi d'aver udito ch'in Numidia
Gito se n'è per ritrovar Siface,
Di che sorger ben può qualche perfidia
E qualche froda pessima e fallace,
E tutto ordir poria[160] la cieca invidia
Per torre al viver mio tranquilla pace,
O s'egli è vero, il perfido consiglio
Tornar potrebbe a suo mortal periglio.

　　　Come si sia, vedrassi alla fin, come
Uscirà 'l tutto, e seguiran le cose,
Spero pur bene in Scipion che ha nome
D'aver mille prudenze in petto ascose
Di dar consiglio e legge a mille Rome,
Mai si confidi in lui, né si ripose
In quel che tanto serva agli uomin fede,
Quanto le cose a suoi disegni ei vede.

　　　Per me si fa ch'a l'alta e gran Cartagine
Da Scipione sia la guerra mossa,
E che Siface con stretta compagine
Con lei si leghig, e mal soccorrer possa,
Acciò ch'io poi, qual son di sua propagine
Entri in Numidia, e tutta l'abbia in possa,
Né in questo è dubbio alcuno, e si sa bene,
Che di ragion quel Regno m'appartiene.

　　　Però che Gala padre mio morio
Quando era in Spagna per Cartaginesi,
E successor del Regno fu mio zio,
Desalce, il qual in assai pochi mesi
Pervenne a morte, come piacque a Dio,
Lassando duo figliuoli in quei paesi,

---

[160] *Poria*: potrebbe.

De qual Capussa, che era maggior nato,
Divenne successor d'ogni suo stato.

 Avenne poi ch'un Macenil chiamato,
Non alieno già dal sangue regio,
Coi populari amici a quel suo stato
Fautor divenne del garzon egregio,
Il quale Lacumace era appellato,
I quai per onta farmi e gran dispregio,
Mi mosser guerra: ed io così gli strinsi,[161]
Che, con lor danno, l'un e l'altro io vinsi.

 Una città del mio gran Regno antico
Riebbi a forza, dove poscia entrando
Asdruballe, ch'ogni or mi fu nimico,
E che pur cerca di tenermi in bando,
Come colui, che è di Siface amico,
Con malvagie opre, e con parlar nefando
Lo spinse a farmi guerra, ed al fin fu tale,
Che io ne fui vinto e presso al fin mortale.

 Il che m'è validissima cagione
Fra l'altre, ch'al ver dir, sono infinite,
Onde con fé mi gionsi a Scipione
Per vincer chiaro la dubbiosa lite,
Ch'era in bilancia, e poi seco in tenzione
Venir, e quante in me sien forze ardite
Mostrargli ancora, e fargli chiaro in parte
Che da lodar nei bei contrasti è l'arte.

CORO

Virtù quanta forza hai,

---

[161] *Strinsi*: da stringere con il significato di assediare, serrare.

Ché non pur stringi i tuoi devoti amici
A ricantar tue lodi,
Ma ancor gli antichi tuoi mortal nemici,
Ben ciò per prova si comprende omai
Che ad Asdrubal di Scipion nemico
Uopo è pur di lodar suoi santi modi,
E 'l viver suo pudico
Via[162] più che d'un fedel suo caro amico.

ASDRUBALLE, IN CORTE DI SIFACE, DICE TRA SÉ.

Chi crederia che fusse in Scipione
Tal eloquenzia, e tai vertù celate,
Dir sì possente ch'ogni intenzione
Tragge divota e le sentenze ornate?
Che perché fusse fuor d'ogni ragione
Petto ferino e voglie aspre, indurate,
Tutte in udir le sue dolcezze tante
Molle farian del cuor ogni diamante.

De suoi costumi dolcemente onesti
E de la vita candida e pudica,
Dei valorosi e signoril suoi gesti
Ogni lingua sa dir, senza ch'io 'l dica,
E così pur de tutti i suoi modesti
Bei portamenti, e donde si nutrica
Ogni alma, o che conosca, o che l'ascolti,
O tenga in sensi a rimirarlo involti.

L'onor c'or ei riporta, è sì ben chiaro,
Che non pur Spagna il publica e palesa,

---

[162] *Via*: anche "Vie. Forma che si pospone ai comparativi, e rende più intensa la idea del più e del meno. Si pronuncia in una sillaba sola. Rammenta *Vicis*, Volta. Vie più; Assai più volte, o Più oltre" (TOMMASEO-BELLINI, 4², p. 1835).

Ma non è spirto di valor preclaro
Ch'alma rinchiuda d'ogni gloria accesa,
Che nol confessi, ed io per un imparo
Lodargli il nome, e la sua fama ascesa
Là, dove pochi già spiegando l'ale
Fanno alti voli, e non di cera frale.

Duolmi ben fin al cuor, nonché mi spiace,
Ch'ei sia di Roma, patria a noi nimica,
E che s'è colligato con Siface
Come d'udir mi par, che si ridica,
E qua venuto non per darne pace
Ma per far guerra alla mia terra antica.
Spero pur con gl'ingegni oprar ben tanto
Che degli effetti non sì darà vanto.

E perché presto sta sul dipartire
A far ritorno in Spagna, ove è sua gente,
Prima a Siface è debito il mio gire
Perch'io mi trovi al suo partir presente.
Ed ei ne colga amore, e buon disire
E sincero talento, e giusta mente,
Come far debbo ad uom pien di valore,
Non perch'ei sia Romano Imperatore.

Al che far non sarà men che gran fatto
E può giunger il tutto al chiaro effetto,
Giunger in fede e in marital contratto
Mia figlia Sofonisba al Re predetto,
Ell'è sì vaga e sì possente ogni atto
mostra nel ragionar e ne l'aspetto,
Che non ho dubbio non ne resti preso
E per lei tutto in mille fiamme acceso.

Partito che sia Scipio da Siface

Io cercherò d'ordir mia tela al subbio,[163]
Ove conviemmi usar modo sagace
Tanto ch'al fin ne venga il lor connubbio,
Perché dov 'ella fia con sagra face
Sua sposa divenuta, io non ho dubbio,
Che con bei nomi suoi nol prenda e leghi
Sì che dov'or è giunto, indi si sleghi.

CORO

Lelio torna dal vicino porto
E non soggiorna col fedele, o accorto
Di far riporto de la fatta impresa,
Con voglia accesa,
Tosto ch'è gionto con parlar soavi
Dice che sono in punto le due navi.
Scipio ai gravi detti suoi fa posa
Con mente ascosa
E con licenza, e col lasciarlo in pace
fa dipartenza dal gran Re Siface,
Con calda face[164] de la giusta fede
Che già gli diede.

LELIO, VENENDO DAL PORTO CON UN SUO COMPAGNO, DICE.

    Vommene a Scipion a dir che sono
Le sue due navi e la sua gente in punto,
E per fremer il mar con questo suono
E Zeffiro spirar da sé disgiunto,
Lasci Siface nel Real suo trono

---

[163] *Subbio*: sm. Legno rotondo, sopra il quale i tessitori avvolgono la tela ordita.
[164] *Siface . . . face*: in quasi tutti i cori si nota l'adozione della rimalmezzo.

Dove pur ora è con parlar congiunto,
E venga al porto, ma ben or m'accorgo
Che s'io non erro, e l'un e l'altro scorgo.

Ambi ad un tratto son levati in piede,
Ed ambi son pur gionti in su la porta,
E pur dansi a vicenda omai la fede,
E pur d'entrambi l' un l'altro conforta
Nel dipartir in segno di mercede,
Or Scipione a me già si trasporta.
LELIO.
Le navi tue son preste, o mio fedele,
Perché si dieno ai venti omai le vele.

SCIPIONE PRENDE LICENZIA DA SIFACE E DICE.

Per esser l'ora gionta del partire,
Gentil Siface mio, ti lascio a Dio,
A Dio ti lascio, né ti lascio il dire
Che servar fede al popol Roman mio,
Cha a te la serverà senza mentire,
Loda ti sia non mai colma d'oblio.
SIFACE.
Signor, quel c'ho già detto, io pur ridico,
E tal a tuoi sarò, qual sono amico.

Ma toccar la man destra ad Asdruballe
Discaro[165] non ti sia come ad amico,
Pria che la dipartita tua le spalle
Gli volga.
SCIPIONE.
E questo pur facendo io dico

---

[165] *Discaro*: agg. Letter. Non caro, non gradito. Pulci, *Il Morgante*, Canto 5, ottava 21: "Ulivier pe' bochetti cammina/e non sa quel che gli sare' discaro".

Che in ogni dritto o pur distorto calle
D'ogni lungo camin ov'io m'implico[166],
Son sempre tuo com'altre volte ho detto,
Finché tu d'esser mio terrai diletto.

CORO

Scipion tu te ne vai
Col cuor gioioso per l'avuta fede,
Ma tosto risaprai
Che'l perfido Siface
La fede ti torrà, ch'ei già ti diede,
Dandola ad Asdruballe tuo guerrero:
Perch'egli del suo amor fatto rapace
Divertirallo[167] dal primier pensero,
E Sofonisba sua senz'altra posa
Prometteragli in sposa,
Sì ch'ogni tuo penser rimarrà spento,
E la speranza ancor commessa al vento.

PARTITO SCIPIONE ASDRUBALLE PARLA CON SIFACE.

Già quel non son' io che turbar ti voglia
La pace, o porti in bando il tuo riposo,
Né quel che dal tuo arbitrio ti discioglia
Di ciò che nel tuo cuor si cova ascoso,
Né cerco esser colui che ti distoglia
Dal voler che abbi Scipion esoso
Che per esser conforme al tuo volere,
Quanto mi spiace tengo esser piacere.

---

[166] *M'implico*: da implicarsi, insinuarsi, infilarsi, penetrare.
[167] *Divertirallo*: cfr. la nota 92. Il significato è: lo distoglierà.

> Pregoti pur almen s'esser non vuoi
> Confederato de Cartaginesi,
> Che ti sovenga come amici tuoi
> Son'essi stati e gli anni insieme e' i mesi,
> Ove se Scipion ed i Roman suoi
> In union vorrai son lacci tesi
> A l'onor del tuo nome, a cui conviene
> Fuggir l'error, che segue a l'altrui bene.

SIFACE.
> Non creder ch'in me sia cotanto poco
> Antiveder[168] d'ingegno, e così inico,[169]
> Che prender deggia il mal futuro in gioco.
> Di voi, de quai fui sempre, e sono amico,
> Ma sorger veggio ove noi siamo un fuoco
> Di tanto incendio al nostro ben nimico,
> Che chi smorzar saprà le sue faville,
> Vincerà le fortune a mille a mille.

> Sì che non creder, ch'io facessi offesa
> A voi Cartaginesi cittadini,
> Anzi di doglia n'ho quest'alma presa
> Di ritrovarmi presso a tai confini,
> Ch'una contrada d'alto fuoco accesa
> Danneggiar già si vede i suoi vicini.
> La cagion dunque è questa onde si vede
> Che col Roman sia gionto in qualche fede.

> Né perché questo avenga, in me vedrassi
> Fuor che giusto adoprar con tutti ogni ora,

---

[168] *Antiveder*: tr. Letter. Anticipare con la mente il futuro; prevedere presagire. Dante, *Par.*, Canto 8, verso 76: "E se mio frate questo antivedésse/ l'avara povertà di Catalogna/ già fuggiria, perché non li offendesse".
[169] *Inico*: "Agg. e S. m. Iniquo (V.). Come Antico da *Antiquo*. Tutti alla fine del verso per la rima" (TOMMASEO-BELLINI, 2², p. 1533).

Partendo ogni or fra tutti i giusti passi.
Doglia ho ben io, che ad or ad or m'accora
E n'ho gli spirti faticosi e lassi.
Che Cartagin non pata[170] e m'addolora
Tanto più ciò, perché con voi legate
Alcune nostre fur d'affinitate.

    Ché la figlia qual fu de la sorella
D'Annibal nostro Imperator sagace,
Gentil prudente, oltre le belle bella,
Fu data in sposa al nostro Lacumace,
Perché con questa marital facella
Cartagin con Numidia fosse in pace,
Sì che la mente tua non stia sospesa,
Ch'io debba mai per tempo farvi offesa.

ASDRUBALE.
    Resto appagato del tuo dir che fai
Siface, e de l'amor che si ne porti,
Ond'in me sento raddolciti i lai
Da tuoi benigni e placidi conforti,
Né di dolermi avrò cagion omai
Com'io stimava, e poiché mi trasporti
Col tuo bel dir a tanto, io dirti intendo
Un mio penser che per tuo ben comprendo.

    Ho dentro di Cartagine una figlia
Giovane d'anni, e Sofonisba ha nome,
Forse qual'altra saggia a meraviglia,
Oltre che bella è detta per cognome[171].

---

[170] *Pata*: soffra. Da patere o patire.
[171] *Cognome*: epiteto, soprannome. F. Petrarca, *Volgarizzamento delle vite degli imperatori e dei pontefici* (Firenze, 1478), p. 18: "Oltre al prenome dell' imperio, e 'l cognome d'esser chiamato Padre della patria . . . patì ancora che nella curia una sedia d'oro posta gli fosse".

La paterna pietà già mi consiglia
Ch'io la congiunga altrui, ma non so come
Torla da me, s'io non la dessi a tale,
Ch'io più pregiassi per amor carnale.

    Pensato ho fra me dunque, ove ti piaccia
Darlati in sposa, e non è sanza effetto,
Perché l'amor, che i nostri cuori allaccia,
Pur gli restringa in un medesmo petto
Che questa è la catena che più abbraccia
Come si vede, e che più tien ristretto
L'amor tra noi mortali, e ne fa insieme
Sembrar gli usciti d'un istesso seme.

SIFACE.
    Benché l'amistà nostra è vera e lunga,
E trasparente in fede, e fatta in modo,
Che converrà che morte la disgiunga,
Perchè del tutto vi sia fisso il chiodo,
Ch'indissolubilmente la congiunga,
Resto contento che'l più stretto nodo
Qual tu vuoi meco, debba ambi abbracciarne
E pari in unione, e pari in carne.

    Perché venga colei la qual avolto
Cerchi che m'abbia in marital legame,
E con lei insieme lietamente accolto
Tu ti vedrai, e quanto il care stame[172]
Fia de la nostra vita, o poco o molto,
Tai si vedran del nostro amor le brame,
Che forse rara fu tal copia amica
Ne la schiera moderna e ne l'antica.

---

[172] *Stame*: cfr. la nota 144. Qui ha il significato di "filo della vita".

ASDRUBALE.
    Chiaro sempre mi fu quanto si sia
L'animo tuo gentil, ma più che prima
Or il conosco per più larga via,[173]
E poi che avermi del tuo cuor in cima[174]
Così t'aggrada, d'ogni voglia mia
Tal la fede vedrai, qual or la stima
Il tuo cuor cortesissimo in altrui,
Tal bramando egli me, qual bramo io lui.

    Però gli è tempo che ne vada omai
Là dove sta la tua novella sposa,
E ne[175] la meni qua dove tu stai,
Sia dunque teco la mia mente ascosa.
SIFACE.
Vanne felice, e quanto to porrai
D'indugio al tuo ritorno, tanta posa[176]
Dir si può ch'intravenga[177]a l'opre buone
Che'l ciel già ne prescrive in unione.

CORO

Invidia a cuor gentil sempre è nimica,
E per dolor de l'altrui ben si rode,
Ed in tanto spazio la malvagia gode,

---

[173] *Via*: modo, maniera, in buono o in cattivo senso.
[174] *Avermi del tuo cuore in cima*: porre qualcuno in cima dei propri affetti: amarlo moltissimo. Pulci, *Il Morgante*, Canto 6, ottava 10: "Veggo che del tuo amor l'hai posta in cima/ e se' legato già d'altra catena".
[175] *Ne la meni*: la porti. Da menare che significa accompagnare qualcuno in un dato luogo, per lo più con un determinato scopo; guidarlo, additandogli il cammino da seguire, condurre scortare. Per quanto riguarda l'adozione del "ne" con il verbo si ha questo significato: intr. con la particella pronom. Andarvi, recarsi, dirigersi, volgersi.
[176] *Posa*: pausa, aur. Lat.
[177] *Intravenga*: intervenga.

Quanto il felici nei suoi lacci implica,[178]
De pensier rei l'ingordo cuor nutrica,
E con nova arte, e con coperta frode
Lacera 'l giusto, e biasma ogni alta lode
Ove più avvien che sia di gloria amica.
O fier maligno e velenoso mostro,
Come non s'apre per te sol la terra,
E non ti sorbe il tenebroso inferno?
Ben si conface con quel nero chiostro[179]
L'aspro livor che nel tuo cuor si serra
Che dov'é il tuo veleno, è odio eterno.

SCIPIONE, GIUNTO IN SICILIA PER PASSARE IN AFRICA, DA SÉ DICE COSÌ.

    Da che lasciai Siface in Spagna venni,
Donde partendo a Roma al fin n'andai,
E quivi il caso mio forte sostenni
Non contro a Fabio pur, ma a molti assai,
Tal che'l mio voto nel senato ottenni.
Quindi in Scicilia il passo io dirizzai,
Dove ora sono e donde ho destinato
Cartagine assalir per ogni lato.

    O quanto Fabio a miei contrasti è stato,
O quanto avverso ad ogni voto mio,
Ma più ne' tempi del mio consolato
E che Licinio per compagno ebbi io,
Ma non gli valse il suo sermon tramato,
Né tutto il lividor malvagio e rio,

---

[178] *Implica*: da implicare. Letter. Avvolgere, inviluppare, intricare.
[179] *Nero chiostro*: il mondo dei morti, l'inferno. Ariosto, *Orlando Furioso*, Canto 36, ottava 66: "Ma tempo è ormai che de la luce io sgombre,/ e mi conduca al tenebroso chiostro".

Sì che pur or in Africa io non vada
Ivi oprando l'ingegno, ivi la spada.

Agli era di parer che pria cacciare
D'Italia fora[180] il meglio, il Capitano,
Dico Anniballe, che già mai posare
Non lascia Roma, e quasi fusse invano
Il mio girmene in Africa ad attennare[181]
Dove il soccorso a noi seria lontano,
Volea ch'io ne restassi, ma alla fine
Ebbero i voti miei mille alme inchine.

Sì che omai rotta in tutto ogni dimora[182]
Tempo è ch'io quivi le mie schiere adduca,
Quivi m'attenni, e con assalti ogni ora
Cartagin resa, a miei voler riduca,
Sì che d'Italia suo malgrado fuora
Sconsigliato ne vada il losco Duca
Ed il fuggirmi inanti in ogni campo
Sol suo refugio sia, sol fido scampo.

Indi spero io che fioriran le palme
De la vittoria, a chi più d'altro puote,
E vince, e doma le terrene salme
Col girar gli anni alle volubil ruote,
Non potrà tormi ch'u'[183] gli spirti e l'alme
Vivon di chiari nomi, io con divote
Voci non sia lodato, ove sia spento
Di sì infido guerrier sì crudo intento.

---

[180] *Fora*: sarebbe. Cfr. la nota 98. Dice espressamente il BEMBO, *Prose*, III, p. 163: [. . .] e poi nel tempo che corre, condizionalmente ragionandosi, *Sia* e *Siano* e *Fora*, voce del verso, di cui l'altr'ieri si disse, che vale quanto *Sarebbe*".
[181] *Attennare*: tentare di recar danno, offesa, rovina.
[182] *Rotta . . .dimora*: cfr. la nota 125.
[183] *U'*: cfr. la nota 159.

Evvi[184] un'altra ragion, che se Anniballe
Nel tempo ch'in Italia era sì forte
Saldo mai sempre[185] fu, né mai le spalle
Volse, ed a Roma giunse in su le porte
Né mai trarlo potei per piano o valle
Quando sul monte ave a la sua Coorte,
Or ch'è sconfitto, come mai Licinio
Vincer potrà? O aver Roma in dominio?

Quinci[186] a Romani fien[187] più lodi ardenti
Non pur alla lor patria far difesa,
Ma in mezzo alle più infide a strane genti
E sin nel lor covil far loro offesa
Sì che qual'essi già non furon lenti
Distinare Anniballe a l'alta impresa,
Così io pur ora a nome de Romani
Con par vendetta vada agli Africani

LELIO DICE A SCIPIONE.

Caro fedel, or se il livor inico[188]
Di Fabio, e d'altri ti sia stato avverso,
Gioir ne dei, e averne il Ciel amico
Via[189] più che s'egli del tuo ben disperso
Doluto fusse, poich'in ciò nimico
Occolto[190] si palesa, e pur traverso
A l'onor tuo, lo qual più chiaro e detto
U'[191] suo malgrado pur ci fusti eletto.

---

[184] *Evvi*: vi è.
[185] *Mai sempre*: sempre. Mai è qui un rafforzativo.
[186] *Quinci*: di qui.
[187] *Fien*: saranno. Cfr. la nota 98.
[188] *Inico*: cfr. la nota 167.
[189] *Via*: cfr. la nota 162.
[190] *Occolto*: occulto.
[191] *U'*: cfr. la nota 159.

CORO

Poca letizia n'averà Siface
De l'amicizia che così gli piace,
E de la face marital, ch'in pianto
Volgerà 'l canto,
Che la fe' data con la destra mano
Sarà macchiata da l'infido insano,
Talché 'l Romano con la mente accesa
Nota l'offesa,
Ché nel conflitto de Cartaginesi
Rotto e sconfitto negli suoi paesi
Con molti presi rimarrà prigione[192]
Di Scipione.

ASDRUBALE, CONDUCENDO SOFONISBA, LE DICE PER CAMINO.

Cara figliuola, del mio cuor gran parte,
Il chiaro danno ch'a la patria è presto,[193]
Tiemmi del tutto l'animo in disparte,
Perché ad ogni or più chiaro e manifesto
Il veggio, e de Romani è studio ed arte,
Onde al propinquo mal, ch'è sì molesto,
Rimedio assai salubre ho ripensato
Perché sia sanamente, e ben curato.

Al che far ho stimato in comun bene
Darti per fida sposa al gran Siface,
Di che risorge al mio parer gran spene
Che tornar debba a gran riposo e pace,
A la patria comun, ché minor pene

---
[192] *Prigione*: cfr. la nota 61.
[193] *Presto*: per apparecchiato con il significato di preparato.

Attender può nel male a cui soggiace
Ove vedrassi con Cartaginesi
Gionto un gran Re con petti in fede accesi.

    Tu sarai la possente calamita,
Che il voler di Siface a te trarrai,
Ov'ei ferrigno fusse a far unita
La sua fé con Romani a nostri lai,
Tu sarai la catena ben gradita
Onde il suo cuor con noi legato, omai
Fia sempre nostro, e non giamai d'altrui,
Ei con noi sempre essendo, e noi con lui.

SOFONISBA.
    Genitor caro, se tu sai che voglia
Non forse unquanco[194] in me che fusse avversa
Al tuo voler, non puote or men che soglia
Dartisi a diveder fiera e traversa
L'anima, sinch'è chiusa in questa spoglia,
Sì che far puoi di me quel che più versa[195]
(S'egli è destino, ove m'hai destinato)
Pace a la mente tua, tregua al tuo stato.

CORO

    Orsù, Siface, godi
Che Sofonisba al tuo cospetto è giunta;
Il fanciul cieco con l'acuta punta
De l'aureo stral, ch'indarno non fa piaga,
Il cuor t'accende e dolcemente impiaga.
E tu tal gioia senti

---

    [194] *Unquanco*: "Avv. Mai, Giammai. *Unquam*, aur. Non sarebbe che del verso" (TOMMASEO-BELLINI, 4², p. 1674).
    [195] *Versa*: da vertere o versare, aureo latino, con il significato di rivoltare e rovesciare.

Degli amorosi suoi fallaci modi
Ch'al primo aspetto sua prigion[196] diventi.

ASDRUBALLE CONSEGNA SOFONISBA, SUA
FIGLIUOLA, A SIFACE

    Eccoti Sofonisba, o Re Siface,
Promessa a te non pur dal voler mio,
Ma da l'influsso di tua longa pace.
Con lei dunque ne viene il mio desio,
Con lei la fede candida e verace,
E ciò che aver si può da mondo e pio
Animo ch'in un altro si trasforma
Del disiato amor seguendo ogni orma.

SIFACE.
    Né, fuor che lietamente, io mai potrei
Asdruballe accettar la bella donna,
Con tutto il zelo degli affetti miei,
Sì ch'ella sia sostegno, ella colonna,
E di me il meglio, infin ch'agli alti Dei
Di questa mia caduca e fragil gonna,[197]
Gradirà di spogliarmi, o far al Cielo
Vittima pur del mio corporeo velo.

CORO

Lelio caldo de l'amor di Scipio
Per dar qualche principio a l'alta impresa

---

[196] *Prigion*: cfr. la nota 61.
[197] *Gonna*: gonna mortale o terrestre o frale, il corpo umano, la spoglia mortale. Antonio Tebaldi detto Tebaldeo, *Rime*, a cura di U. Renda (Modena, 1909), Comp. 16, p. 132: "Ben sapeva io se ogni salda colonna/manca col tempo, che una qualche volta/ m'avevo a dispogliar questa fral gonna,/ quanto quella più presto me sia tolta/ tanto più ne serò contenta ed allegra".

Di glorie ha l'alma accesa, onde scorrendo
Va 'l tutto, e provedendo, ed antivede
Ove uopo sia di fede, e di valore
Ove d'ardito cuore, ove d'argento,[198]
E d'ogni altro ordimento, onde gioiosa
Sia la schiera animosa, indi va al porto,
Ciascun rendendo scorto[199] a star in punto
Quando 'l tempo fia giunto del partire,
Perché si possa Scipion seguire.

LELIO, ESSENDO PARTITO DA SCIPIONE, DICE PER CAMINO.[200]

    Perch'ogni ardor del mio gran Scipio è intenso
Di poner fine alla sua impresa degna,
Come colui ch'è d'alta gloria accenso,
Farò, quanto ei m'ha detto, perché indegna
Non paia la sua mente, e quello immenso
Suo bel disio ch'a seguitar m'insegna
Ogni orma, ch'egli stampa o col suo piede
O coi vestigi di sua chiara fede.

    Vo' prima riveder il Campo tutto,
E ben essaminarlo a parte a parte,
Ove poiché ciascun fia ben istrutto,
Ritrarre intendo i capitani a parte
E dir lor che tantosto abbin ridutto
Al luoco dov 'l mar la terra parte
A piè del promontorio Lilibeo
Dove l'editto Scipion già feo.

---

[198] *Argento*: moneta d'argento; denaro. Ariosto, *Orlando Furioso*, Canto 6, ottava 80: "Che la cagion ch'io vesto piastra e maglia/ non è per guadagnar terre né argento".
[199] *Scorto*: agg. Per accorto, avveduto.
[200] *Per camino*: cfr. la nota 136.

Andronne al porto ancor a veder quanto
Uopo è d'oprarsi per l'armata tutta,
E se cosa ivi manca in alcun canto,
Farò ch'ivi pur sia tosto condutta,
Acciò non segua al nostro riso il pianto
Quando la gente fia nel mar ridutta,
Ma così ben disposta a l'ordin sia
Che schermir possa ogni fortuna ria.

Farò purché Pomponio proveggia
Di pan, d'acqua e di vin per diece giorni,
E pur di quanta nel'armata reggia
Fa di mistier[201], perché malvagi scorni
Fa 'l mar sovente; ché ove questo ondeggia
Muta ad un volger d'occhio i suoi soggiorni,
Onde che il lieto e placido Nocchiero
Sente di Silla il traghiottir[202] più fiero.

CORO

Pon'or la lingua, o Sofonisba, in punto,[203]
Che'l tempo del parlare
A tuoi disegni è giunto.
Non stare in forse, che'l gentil trapunto
Della tua vaga bocca
Folgori ardenti scocca,
Che potran soggiugare
Il tuo Siface per amor compunto.

---

[201] *Fa di mistier*: fare mestiere, fare o farsi di mestiere: essere necessario, essere opportuno, adatto, conveniente, giusto; servire, essere utile. Bernardo Dovizi detto il Bibbiena, *La Calandria*, a cura di G. Padoan, 1970, p. 57: "Troverrai me con tutte le cose che fanno di mestiero".

[202] *Traghiottir*: "Traghiottíre as Tranghiottíre, to Swallow or gulp down, to gorge or devour down the throat" (FLORIO-TORRIANO, Q q q 2).

[203] *In punto:* a proposito.

SOFONISBA PARLA CON SIFACE

    Troppo somma mercé dal Ciel m'è data
Ch'io divenuta sia tua fida moglie,
Caro Signor, perché nel ver beata
(Sia Giove testimon de le mie voglie)
Mi tengo sovra ogni altra al mondo nata
Il che più, val che l'oro, e che le spoglie
Tutte ingemmate, e più felice ancora
Sarei tolto un pensier che m'addolora.

    Lo qual'è che vorrei vedervi sciolto
Dal Roman nodo, ove or legato sete,
E s'io l'osassi dir, direi che stolto
Fuste a legar voi stesso u'[204] non dovete,
Perché sotto 'l pretesto, ove or avvolto
Vi tiene ogni valor, che possedete,
Può Cartagin venirne a ria prigione,
Può seguirne ogni mal ogni tenzione.

    Perché son di parer per comun bene
Che sciogler debbi dal tuo cuor le braccia
De le mal'infidissime catene,
E quell'amor, che meco ora t'allaccia,
Non senta angoscia, ch'ogni lieta spene
Fa sovente sembrar torbida faccia,
Ma tai sien teco tutti i giorni miei
Quai pur tu stesso, over io pur vorrei.

    Dunque è da proveder pria che fortuna
Scocchi l'arco crudel, che tiene in mano
Già per ferirti, onde turbata e bruna

---

[204] *U'*: cfr. la nota 159. Questo avverbio è molto usato.

Sia la tua vita, e 'l desiderio vano
Rimanga al cuor, perché dov'ella alcuna
Piaga facesse, il che ne sia lontano,
Potreste ancor saper con danno e prova:
Ch'il pentirsi al da sezzo[205] nulla giova.

Saper tu dei[206] che Massinissa seco
E'stato a parlamento, a quel ch'intendo,
E questo è 'l danno, che ne riman teco,
Perchè 'l paese tuo va trascorrendo,
Onde ciascun te n'ha del tutto cieco,[207]
Se comprender non vuoi quel ch'io comprendo,
Si ch'egli è tempo già che ti risvegli
Con la tua stessa mano entro e capegli.

SIFACE.
Donna gentil or veramente appare,
Che tra le grazie, onde celesti Dei
Mi voglion tra beati sublimare.
Quest'è maggior, e tal ch'io non saprei
Più oltre col desio dal Ciel sperare,
Poich'a conforme cuor i giorni miei
Han dato in guardia, in cui si vede espresso
Ch'ogni mia voglia specchio, anzi me stesso.

Conosco esser il ver che stando insieme

---

[205] *Da sezzo*: alla fine.
[206] *Dei*: devi ... "Alcuna volta *Deo* dagli antichi rimatori toscani s'è detta,-sì come in Guittone si vede. Da questa primiera voce *Deo*, la quale in uso non è della lingua, s'è per aventura dato forma alla terza di quello stesso numero *Dee*, che è in uso, e *De'* medesimamente in quella vece; quantunque *De'* eziandio nella seconda voce, in luogo di *Dei*, s'è parimenti detto" (BEMBO, *Prose*, III, p. 138).
[207] *Cieco*: avvolto nelle tenebre, coperto, occultato. Dante, *Purg.*, Canto I, verso 40: "Chi siete voi, che contro al cieco fiume/ fuggita avete la pregione etterna?".

Cartagine congiunta alla Numidia,
I gran Romani non potranno sceme[208]
Farne le forze con lor possa[209] e insidia.
C'hanno le voglie al comandar sì estreme,
Che per regnar non guardano a perfidia,
E con lor forza Scipion, ch'è scaltro,
Preso un paese, prenderà poi l'altro.

Oltre a che veggio Massinissa ogni ora,
Che cerca far l'estremo di sua possa
Perch'io sia tolto di Numidia fuora,
E tutto è trama che da Scipio è mossa,
La qual talché si tronchi ogni dimora,[210]
Intendo anch'io troncar, che resti scossa
La data fede mia, e dal Romano
Rest'io disciolto, in union lontano.

Andianne dunque dentro ad Asdruballe
A fargli parte de' consigli presi,
Perché ne facci cenno ad Anniballe
Ed a tutti insieme i suoi Cartaginesi,
Come a Romani ho già volte le spalle,
Né per cagion di me stian più sospesi.
Lo qual, quel che già fui, pur esser voglio,
Poiché a cui già mi diedi, or mi ritoglio.

LELIO, RITORNANDO A SCIPIONE, DICE PER STRADA.

Pomponio, (come ei disse a me stanotte)
Di quel che gli fu imposto, è già spedito,[211]

---

[208] *Scema*: da scemare, diminuire. Cfr. la nota 19.
[209] *Possa*: cfr. la nota 89.
[210] *Dimora*: cfr. la nota 125.
[211] *Spedito*: "Per Sollecito, Pronto. *Dant. Par.* 30. (C.) 'Con atto e voce di

D'acqua e di vino ogni vassello e botte
Par c'abbi colmi, e del navale ordito
Tutte le trame anche al suo fin condotte
Sì che altro a far non resta, fuorché al lito
Ratto da noi si vada, e segua ogniuno
La via del placidissimo Nettuno.[212]

Tutte son ugualmente ben armate
L'equestri schiere con le squadre a piede,
A tutte il cuor sfavilla, ed infiammate
Veggonsi l'alme pronte, e qual eccede
Il merto del valore, innamorate
Sonsi tra lor di gloriosa fede,
E di giunger là tosto, u'[213] fassi strada
L'alma vertù col taglio de la spada.

Questa novella io porto a Scipione,
Perché partir ne possa, ove gli piaccia,
Né dia più indugio alla conclusione
Di quella gloria che 'l suo cuor procaccia,
E dove 'l tempo sia ch'egli dispone
Solcar fra l'onde la marina traccia,
L'agnella bianca a Zeffiri mattata[214]
Segua 'l desio de l'opra destinata.

CORO

Fede è un ben sacro, che dal Ciel prociede,
Da cui bear si veggono e prudenti

---

spedito duce Ricominciò' " (TOMMASEO-BELLINI, 4¹, p. 1083).
  [212] *Nettuno*: sm. Dal nome proprio dato al dio del mare. Significa il mare stesso. Latino aureo.
  [213] *U'*: cfr. la nota 159.
  [214] *Mattata*: da mattare tr. Ant. Immolare, sacrificare.

Che sol mover si san con dritto piede.
Fede è tesor onde arrichir le genti
Sogliono ogni or: se tal qual ogniun vede,
Mesura il pregio suo con occhi intenti.
Fede ha un candor più bianco assai che neve,
E schietto sì, che poca macchia 'l guasta,
E 'l suo bel lustro oscura in spazio breve.
Fede è colei, che col valor suo basta
Giungere in un sacrato concistoro
Due petti uniti, e far lor voglia casta;
Fede fa parangon d'argento e d'oro,
E chi la serva in questi duo metalli
E' ricco più d'onor che di tesoro.
Fede non stima di fortuna i balli,
Né de minacci, e de martir fa cura,
Ch'a tutti i suoi furori ha fatto i calli.
Fede sta sempre stabilita e dura
Col piede saldo e ben fondato in smalto,
Né stima 'l Ciel seren, né pioggia oscura.
Fede non teme né furor né assalto,
Né da lusinghe mai piegar si lassa,
Né dubbio ha mai di non star sempre in alto.
Ver'è che molta gente la conquassa
Con vari crolli per mandarla al fondo.
Ma non è forza che la tenga bassa.
E 'l tempo è tal, che a dirlo io no m'ascondo,
Ove il suo nome di nequizia privo
Poco s'appregia nel perverso mondo.
E tutto avien, ch'abominata a schivo
E' la virtù dal secolo corrotto,
U'[215] 'l vizio de viventi è l'idol divo.
Se l'appetito la ragion tien sotto,

---

[215] *U'*: cfr. la nota 159.

Se l'alma fede e si baratta e vende
A che lagnarsi s'alcun patto è rotto
Poiché l'infamia per onor si spende?

ASDRUBALLE, ANDANDO A CARTAGINE, DICE PER CAMINO.[216]

Torno a Cartagine lieto e satisfatto
Per la risposta da Siface avuta,
Poich'a Romani annullerà 'l contratto
De la lega da lui mal conosciuta,
E s'atterrà con noi nel santo patto
E ne la fede solita e dovuta,
Di che la città nostra avrà tal frutto;
Ch'assente sia d'ogni doglioso lutto.

E di ciò deve lunghe grazie averne
Al mio consiglio, ed alla donna insieme,
Che già l'ha tolta da le brighe inferne
E dal gravoso mal, che non la preme,
Mentre legata con catene eterne
S'è con Siface, che l'ascolta e teme,
Per averlo ella tolto da quei lai,
Onde tolto da sé non saria mai.

I duo legati a Scipion mandati
Da lui, al mio parer, denno[217] esser giunti,
I quai fatto c'avranno lor mandati,
Forse gli spiriti gli faran compunti,[218]
Perch'indi chiaro avrà, che colligati

---

[216] *Per camino*: cfr. la nota 136. A volte si trova nel testo "per strada". Il Del Carretto ama usare sinonimi.
[217] *Denno*: cfr. la nota 117.
[218] *Compunti*: pentiti, pieni di rimorsi.

Con noi non son Romani, anzi disgiunti,
O giorno aventuroso almo sostegno,
Di qual candida pietra[219] non se' degno?

 Daronne ancora con mie lettre aviso
Al losco, ch'in Abruzzo il campo serra;
Le quai so ch'ei vedran con lieto viso,
E ne trombeggerà per ogni terra,
Perché ne resti da dolor conquiso
Il popolo Romano, a cui fa guerra;
D che si crede di tener Siface,
Come al desir de le sue voglie piace.

CORO

Non son già buone nuove,
Che voi legati a Scipion portate
Del vostro Re Siface, ben le prove
Perfide, false e varie mostrate,
Ma al fin doglioso ne sarà pentito
E molto più colei
Che per seguir gli altrui consigli rei
Da Scipion Roman l'ha divertito.[220]

GLI ORATORI DI SIFACE, GIONTI IN SICILIA A SCIPIONE, GLI FANNO LA LORO AMBASCIATA.

 Siface, Re de Numidi chiamato,
A te ne manda, o Scipion Romano,
A farti chiaro, come è già legato
Col popol di Cartagine Africano,

---

[219] *Candida pietra*: forse nel senso di meritare una lapide bianca commemorativa o può significare una pietra splendida, illustre e commemorativa.
[220] *Divertito*: deviato. Cfr. la nota 92.

A cui molti anni vero amico è stato,
Qualmente a tutti è manifesto e piano,[221]
E dal legame, u' teco s'era avolto,
Per noi ti annunzia ch'a quest'ora è sciolto.

 Oltre a che dice che, se vuoi far guerra,
Come gli par ch'a farla se' disposto,
Che di lunge ella sia d'ogni sua terra
Né a Cartagine sia dannaggio, e costo,
Che, sel tuo stuol naval' ivi s'afferra,
Con ogni suo poter egli ha proposto
Di prender l'arme contro a voi Romani,
Per far difesa a popoli Africani.

 Perché gli par che sia più spediente[222]
Per la patria morire, ove egli nacque,
E più per Sofonisba novamente
Da lui sposata, come al padre piacque,
Che prender l'arme per istrana[223] gente
Ch'in cosa alcuna mai non gli compiacque:
E se al tuo Imperio vorrai far difesa,
Contro Africani lascerai l'impresa.

SCIPIONE.
 Questo non attendeva io da Siface
Per la da lui data a la fé mia;
Ma ben si pare che da cuor fallace
Sorger altro non po' che froda ria,
E qual'è l'arbor, tal è 'l fior che face,
Tal il germoglio suo convien che sia.

---

[221] *Piano*: "Fig. Chiaro, Intelligibile. *Dant. Purg.* 6 (C) Ed 'egli a me: la mia scrittura è piana' *Bern. Orl.* 25.31. 'Conviemmi, dico, farvi noto e piano/Il fin di quelle tre battaglie amare' ".
[222] *Spediente*: agg. Profittevole, utile, necessario.
[223] *Istrana*: straniera. Cfr. la nota 116.

Chi mai vide d'assenzio uscir 'l mele?[224]
Chi mai da cuor infido opra fedele?

    Ma fia quel, ch'egli vuole, e che più dritto
Giudica ancor, che converrà a la fine
Essere quel, che n'è dal Ciel prescritto,
E da le leggi immobili divine,
Stiasi egli, ove si sta, che dove è fitto
Il mio pensier, le sue luci meschine
Vedranno ogni or con lor obbrobrio rio;
E voi senz'altro dir' iten' con Dio.

CORO

Deh, Massinissa, non aver sospetto
Di Scipion che mai ti rompa fede,
Che quella, che ti diede
Scritta riserba saldamente in petto,
Stati pur seco collegato in pace,
Ch'in guerra è con Siface:
Né prender del tardare
Più maraviglia alcuna,
Che già sua gente armata sì rauna
Per darsi a venti e in Africa passare.

UN NUNZIO, MANDATO DA MASSINISSA, PARLA A LELIO.

    Massinisssa ch'in te molta ha fidanza
Per me ti chiede, come fido amico,
Saper l'effetto[225] de la dimoranza[226]

---

[224] *Mele*: miele.
[225] *Effetto*: fine, scopo.
[226] *Dimoranza*: indugio. Cfr. la nota 125.

Che fa qui Scipio contra 'l stile[227] antico.
Egli doglioso sta con dubitanza
Non dia d'accordo col suo gran nemico,
Per aver presentito i suoi legati
Aver in un raccolti e rimandati.

   E se fusse egli vero; il che non crede,
Che fatta abbia con lui nuova amistade,
E rottagli la fe che già gli diede
Fermata con sincera lealtade;
Di mistier gli faria,[228] ch'ove egli vede
Strada, che più prometta sicurtade,
Ivi vegga attenersi, e là s'appigli
U'[229] piu salubri scorge e suoi consigli.

LELIO.
   Dirai a Massinissa che s'inganna,
E Scipione è sciolto da Siface
E, se nol crede, il suo veder s'appanna
Da falso lume; ei fu Roman verace
Dal dì che nacque, e qual livor ch'affanna
I chiari spiriti, non potrà fallace
Chiamarlo mai: e si vedrà in effetto
Quanto è conforme al vero ogni suo detto.

SCIPIONE PARLA CON ALCUNI SUOI CAPITANI.

   Cari fedeli, gli è[230] ben tempo omai
Drizzar le vele a la Città nemica,
E quivi il valor vostro a danni e guai

---

[227] *Stile*: modo. Cfr. anche la nota 101.
[228] *Di mistier gli faria*: gli sarebbe necessario. Cfr. la nota 201.
[229] *U'*: cfr. la nota 159.
[230] *Gli è*: esso è. Cfr. la nota 107.

Di lei mostrar con quella fé, ché amica
Fu sempre a valorosi, e ch'io pregai
Dal dì che nacqui: né perché vel dica
Vi paia ch'io lodar voglia me stesso,
Ché per giovar altrui gli è ben permesso.

Sì che ciascun si studi in punto stare,
E prenda seco e col suo cuor consiglio,
Ed u'[231] la tromba udrassi il segno dare,
Quivi ogniun venga, dove io pur ripiglio
Con voi l'usbergo[232] del valor che armare
Sol puote i petti nel mortal periglio,
Perch'ogni maglia[233] può venir ben manco
Dove un bel cuor non cinge e petto e fianco.

CORO

Eolo, tu ch'acqueti e affreni i venti,
E pur talor gli lasci andar superbi,
Noi ti preghiam che serbi
Con tuoi ministri le Romane genti,
E che da casi, e da perigli acerbi
Nel presto lor camin vadano esenti.
Sgombra 'l rio tempo nubiloso e scuro
E spiana ogni montagna in mezzo il mare,
Sì che'l viaggio sia lieto e sicuro
In sin ch'appaia l'Africana parte,

---

[231] *U'*: cfr. la nota 159.
[232] *Usbergo*: sm. Armatura del busto, di ferro o d'altro metallo, fatta a lame o a scaglie, propria dei cavalieri del medio evo.
[233] *Maglia*: continua la metafora dell'usbergo. Sf. Intreccio di borchie, di anelli e di cerchietti, prevalentemente metallici, che, variamente concatenati, concorrevano a formare una specie di tessuto snodato, che i guerrieri antichi usavano per coprire le parti del loro corpo non protette dall'armatura o per ricoprirne, come qualdrappa, i cavalli in combattimento.

E tu, benigno Marte,
S'hai cara la Romana immensa gloria,
Giungasi a lor trofei questa vittoria.

ANNIBAL, ESSENDO IN ABRUZZO, PARLA A SUOI CAPITANI.

O miei compagni, abbiam novelle buone,
Come Siface già è scompagnato
Da la lega che fe' con Scipione,
Ed essi con i nostri collegato,
In carnale amicissima unione:
Il che, se con sano occhio fia guardato,
Più pronti ne dee[234] fare e cuor e petto
A spregiar di fortuna ogni disdetto.[235]

Ogni disdetto[236] dunque è da spregiare
Di ria fortuna, e volga ella a sue voglie
La mobil ruota, e vada ad accampare
In Africa Scipione, e fiere doglie
Ivi n'ordisca, e s'ei si può colmare,
Ivi si colmi de l'opime spoglie,[237]
Io spero nel valor di quel gran Regno
Che sia tela d'Aragne[238] il suo disegno.

CORO

Qual sarà 'l canto di tanti alti accenti
Che sia bastante a ricontar i merti

---

[234] *Dee*: deve. Cfr. altra nota 117.
[235] *Disdetto*: cattiva sorte, sfortuna, disdetta.
[236] *Disdetto*: cfr. la nota precedente.
[237] *Opime spoglie*: furono dette le spoglie del Re, o del capo dell'esercito vinto.
[238] *Aragne*: sf. Ant. Ragno.

Di Scipion Romano, che con sue genti
In Africa smontato,
Qual folgor di battaglia ha fulminato,
Né gli è rimasto pur d'intorno un luoco
Ch'ei con fidi guerrier del tutto esperti
Non abbi messo in foco,
E fra baleni e tuoni consumato?
Ma Massinissa conterà la gloria
Di questa gloriosa alma vittoria.

MASSINISSA, CON ALCUNI SUOI, GIUNTO ALLA PORTA DI CIRTA, NARRA IL PROGRESSO DE LA GUERRA.

 Da poi che Scipio, Imperator Romano,
Di Sicilia si tolse, e con l'armato
Stuol sopragiunse al gran lito Africano,
E col suo campo in terra fu smontato,
Si ch'ivi morto Annone capitano
Fu vilmente il suo esercito fiaccato,
Io ciò sentendo al suo soccorso venni
E gli Africani in gran travagli tenni.

 Perch'essendo il Roman fra colli e valli
Di nascosto col campo in un raccolto,
Volle ch'io m'opponessi coi cavalli
Contra di Annone non esperto molto,
Il qual traendo per distorti calli[239]
Col mostrar di fuggir tosto ebbi avolto,
Sì che vinto ne venne al fiero varco
Ove si sente il più mortale incarco.

---

 [239] *Calli*: da calle, sm. Strada, via. Ariosto, *Orlando Furioso*, Canto 2, ottava 12: "Volto il cavallo, e ne la selva folta/ lo caccia per un aspro e stretto calle".

Indi ad Utica gionti, quivi uniti
I miei con i Romani, in un volere
La cinser con assedio, e tutti i liti
Prossimi depredaro, a le frontiere.
Ma quivi corser tosto, e ben arditi
Asdruballe, Siface, e le lor schiere
N'opposer tutte con industria[240] molta
Perché d'assedio la Città fu tolta.

Asdruballe e Siface ultimamente
D'Utica alquanto lunge; o ch'albor[241] forse
Fusser le forze lor deboli e lente,
O che lor aspra sorte a ciò gli porse,
Pace ne dimandaro, al che contente
Aver le voglie Scipion discorse,
E finse essergli a cor il far la pace
con gli Cartaginesi e con Siface.

Ai quali egli mandò molti oratori
Là dove la lor schiera era attendata,
Mandovi pur con essi i più migliori
Sotto veste servile e non pregiata,
I quali come accorti esploratori
Guardaro il tutto, e dove era accampata
Lor gente, vider tutti aver capanne
Altre di legno, ed altre ancor di canne.

Il giovene Roman che'l tutto intese
Con suoi guerrier la notte ascosamente
Entrò nel chiuso, e quivi fiamme accese
E quivi strage fe' di molta gente,
Del resto altri scamparo, altri ne prese,

---

[240] *Industria*: cfr. la nota 137.
[241] *Albor*: figur. Indizio; primo segno; presagio.

Ma il danno maggior fu del fuoco ardente,
Le cui fiamme fur tai, tal ogni arsura
Che chiaro dì parea la notte oscura.

    Siface con sua gente profligato[242]
A Cirta fe' ritorno, assai dolente,
Quivi da Sofonisba stimolato
L'arme riprese, e rinforzò sua gente,
Così fece Asdrubal d'ira infiammato,
E i suoi Cartaginesi parimente,
E contra a noi presso Utica accampati
Vennero arditi, e di gran gente armati.

    Fucci[243] al fin forza abbandonar l'impresa,
E farci incontro a lor, ch'erano forti
Facendo contro lor destra difesa
Con cavai snelli, e con pedoni accorti,
Ma pur nel fin de la battaglia presa
Fur da noi rotti,[244] e ne fur presi e morti
E Siface con loro ed Asdruballe
Costretti insieme di voltar le spalle.

    Lelio ed io (volendo Scipione)
Prendessimo il camin contra costoro,
Ed ei con la più parte in unione
Prese lor terre, e 'l lor poter e l'oro,
Quindi a Tuneto andar ei si dispone
Ove gionto, i trofei col gran tesoro
Seco condusse, e quindi in quei paesi
Vide le navi de Cartaginesi.

---

    [242] *Profligato*: da profligare. Lat. aureo. Vincere o disperdere.
    [243] *Fucci*: ci fu. "Fú ci as Ci fú, there was" (FLORIO-TORRIANO, B b 2).
    [244] *Rotti*: da rotto "Per Isconfitto. *Machiav. Art. guerr.* 1. 4. 'Dopo la vittoria non si posava, ma con maggior impeto e furia il nemico rotto perseguitava, che non l'aveva assaltato intero' ".

    Onde ratto partendo ebbe ordinate
Le navi, ch'eran d'Utica nel porto,
Con infinite corde in un legate,
E poi ch'ei fu de l'assalire accorto
Di quelle barche de nemici armate,
Gittò le corde, e perché un ferro torto
Avea ciascuna, tosto ebbe disgiunte
Le navi, ch'unite erano e congiunte.

    Ma pur con questo seppero oprar tanto
C'ebber vittoria al fin d'alcune navi,
Di che si dier tra lor gran gloria e vanto,
Ma breve fu 'l lor riso, e via più gravi
Ne sentirono i danni, e più gran pianto
Ch'appena ebbero un poco in sì soavi
venti spirato, che del tutto bruna
Vider la vista lieta di fortuna.

    Lelio ed io dipoi con nostra gente
Tardi non fummo ad assalir Siface
Per la Numidia tutta arditamente,
Il che non potendo ei portare in pace,
Veggendo le sue tutte aite[245] spente,
Corse (ma fu l'industria[246] sua fallace)
Ad unir gente mal'esperta e nuova,
Perché fu del suo mal l'ultima prova.

    E senza indugio a noi ne venne armato
Con ogni sforzo, né altramente ei feo
In quel furor, che soglia l'adirato

---

[245] *Aite*: da aìta, sf. Ant. E letter. Aiuto, soccorso. Ariosto, *Orlando Furioso*, Canto 25, ottava 5: "Che se non è chi tosto le dia aita,/ tosto l'onor vi lascierà o la vita".
[246] *Industria*: cfr. la nota 137.

Orso, o talora il gran Leon Nemeo,[247]
Pur a la fin veggendosi arrestato,
L'ardente lena del furor perdeo,
E là dove vergogna lo ritenne
Di fortuna il voler saldo sostenne.

   Cadde 'l destrier ferito e in quello stante
Fu da le nostre squadre e cinto e preso,
Di Lelio prigion[248] con le sue tante
Rivolte fatte. Né perch'egli reso
Quivi si fusse a noi fermar le piante
Piacque, perché più avanti in quell'acceso
Furor andammo, ei me seguendo, ed io
A pigliar Cirta corsi ed il Regno mio.

   Al fin qua venni, ed i cittadini aspetto,
Che con le chiavi m'aprano lor porte,
Però che istrutti del seguito effetto
Son iti a Sofonisba sua consorte,
La qual per doglia batterassi 'l petto,
L'aviso avendo di sì fiera sorte,
ma già s'apron le porte, e veggio lei
Nel limitar fra pensier aspri e rei.

SOFONISBA, INGENOCCHIATA AVANTI A
MASSINISSA, PIGLIANDOLO PER MANO, GLI DICE.

   Tutte le cose t'han concesso i Dei,
Che tua felicità contra me possa,
E sol per certo, o vincitor qual sei,

---

[247] *Nemeo*: il leone nemeo era un mostro mitologico. Fu ucciso da Ercole durante la prima "fatica".
[248] *Prigion*: cfr. la nota 61.

C'hai la mia vita, e la mia morte in possa.[249]
Ma questa grazia aver da te vorrei
Pria che lo spirto parta da quest'ossa:
E se ciò fai grande obligo fia[250] 'l mio
Che mi sottraggi d'un pensier si rio.

   Se porger preghi a me cattiva[251] lice
Per la mia vita o morte a te Signore,
E toccarti la destra vincitrice
E i tuoi genocchi con devoto cuore
Per la tua regia maiestà felice,
Dov'io per sorte fui (non son molt'ore)
Per lo nome comun di questa gente
C'hai con Siface c'or prigion si sente

   E per gli Dei di questa Regia corte
Quai ti ricevan a migliori auguri,
Che non han fatto il mio miser consorte
Con lagrime ti prego, e con scongiuri
Che poich'in tuo poter mi dà la sorte,
Tu per mia grazia singular[252] procuri
Ch'alcun Roman non m'abbi per cattiva,[253]
O che sia morta, o almen libera viva.

   Ch'ove non fussi di Siface moglie,
Più tosto per mio ben eleggerei
Provar e fede e discrezion' e voglie
Di Numidi, e degli altri che sien miei,
Ch'esser d'altrui cattiva, e con mie doglie

---

   [249] *Possa*: cfr. la nota 87.
   [250] *Fia*: sarà. Cfr. la nota 98.
   [251] *Cattiva*: cfr. la nota 41.
   [252] *Singular*: agg. *Singularis*, aureo. Si riferisce ad una singola persona o cosa, o ad un ordine di pers. o di cose, distinto dagli altri.
   [253] *Cattiva*: cfr. la nota 41.

Provar i Roman lacci iniqui e rei,
E se non puoi la libertà donarmi,
Piacciati almen con morte liberarmi.

MASSINISSA.
   Donna gentil, l'acerbe tue parole
(Sasselo il cuor che nel mio petto chiudo)
Non pur me, ma arestar potrieno il Sole:
E ben è in ver d'ogni pietade ignudo
Cui del tuo mal piagnevole non duole.
Sì che hanno in me sì rotto il forte scudo
D'ogni ragion, ch'io vivone tra due,
Né so che dirmi a le parole tue.

   S'io seguo il tuo disio, rompo la fede
A Scipione, di cui se' cattiva,[254]
Se fo[255] 'l contrario, crudeltà mi lede
U'[256] di tua libertà per me sii priva
Pur l'alta fiamma, che nel cuor mi sede
Vincitrice a la fin, vuol già ch'io viva
A qualunque piacer de le tue voglie,
E ch'io sia tuo marito, e tu mia moglie.

CORO

O quanto sieno misere ed infelici,
Le vostre unite voglie, o che rio fine

---

[254] *Cattiva*: cfr. la nota precedente.
[255] *Fo*: faccio. A proposito di questo lemma ecco quello che dice il BEMBO, *Prose*, III, p. 164–165: "Dalla *Ho*, prima voce del presente tempo molto usata, formò M. Cino la prima altresì del passato *Ei* . . . Esce *Fo*, che si disse ancor *Faccio* da' poeti, sì come la disse M. Cino, di cui ne viene *Face*, poetica voce ancora essa della qual dicemmo, e *Facessi*; le quali tutte da *Facere*, di cui si disse, voce senza termine usata nondimeno in alcuna parte della Italia, più tosto è da dire che si formino".
[256] *U'*: cfr. la nota 159.

Avranno, o che aspra morte: il picciol riso
Bagnar vedrem con lagrimosa pioggia.
Veramente Imeneo[257] tra voi chiamato
Iterarsi il suo nome have egli a schivo[258]
E a schivo have egli ogni suo lieto invito,
Ind'egli s'allontana, indi egli fugge,
E fuggitivo in vista vi minaccia.
Già la pronuba ancor' alma Reina
Del gran Giove sorella e sposa[259] insieme
Con che luci traverse vi riguarda.
Guardar si può, mentre il suo sacro lume
E sdegna accender la sua sanza face
Folgori sol mostrando in vece loro
Con quei minacci, con che Flegra[260] un tempo
Sentì del suo signor l'irata mano:
E voi miseri pur non v'accorgete
Che sol il gufo con presagi infesti
V'annunzia pianto? E voi non v'avedete
Che Megera e Tisifone ed Aletto[261]
Col nero stuol de la perduta gente
Vi fan dinanzi dolorosi balli?
Ahi misero Siface, e tu che fai?
Come non piagni se sei giunto a tale,
Che con l'onor la libertade hai spenta?
U' son le glorie tue, Siface? U' sono

---

[257] *Imeneo*: sm. Nozze, matrimonio.
[258] *Have a schivo*: nel senso di "è perplesso, è indeciso". Cfr. anche la nota 74.
[259] *Pronuba . . . Reina Del gran Giove sorella e sposa*: "Giunone. S.F. N. pr. usato in it. per antonom., e in alcune locuz. quasi prov. Figlia di Saturno e d'Opi, Sorella e moglie di Giove. Giunone pronuba, perché presiedeva alle nozze" (TOMMASEO-BELLINI, 2², p. 1112).
[260] *Flegra*: città di Macedonia, poi Pallene, che Virg. considera patria di Proteo, il quale trasformava se stesso in fiamma e in onda.
[261] *Megera, Tisifone, Aletto*: le Erinni o Eumenidi immaginate dal mito greco quali potenze demoniache, infernali.

La corona e lo scettro? U' son,[262] Siface,
Del superbo voler le ingorde brame?
L'altiere pompe? Il tutto have il Romano,
Il Roman dico generoso e invitto
Che oggi ti vince, e con l'essempio aperto
Di tanti danni tuoi fa specchio chiaro
Agli infidi Tiranni, ai Re malvagi,
Che sol la fede a 'l forte almo sostegno,
Che sostien le corone, e fa gli scettri
Carchi di forze, fa le insidie vane,
E vince con mortai fortuna insieme.

LELIO, VENENDO A CIRTA, DICE PER CAMINO.

    Siface pur pregion[263] de noi s'è fatto
E finché giunga Scipione il servo,
Qual dubbio è omai, che ciò non sia ver'atto
Del sommo ciel, che divenuto servo
Ei sol si veggia pel macchiato patto,
Pel rio consiglio d'Asdrubal protervo,[264]
Ch'a lui la figlia diè per moglie, e poi
Fe' con lui lega, e si partì da noi?

    A Cirta io vo', là dove è Massinissa?
Ch'entrato è di Numidia nel suo Regno,
E so ch'ivi m'attende, ivi tien fissa
Sua mente al giunger mio per suo sostegno,
Ma sento nel mio cuor dogliosa risa
Onde me stesso rodo in fiero sdegno,
Udendo che per sposa egli ha colei
Tolta, ch'è preda de' Romani miei.

---

[262] *U' son*: dove sono. E' il tipico linguaggio medievale dell'*Ubi sunt*.
[263] *Pregion*: cfr. la nota 61.
[264] *Protervo*: superbo, arrogante. Aureo lat.

Ma 'l veggio fuori uscir de l'ampia corte
Tutto gioioso e di letizia pieno,
Or come farò mai costante e forte,
Ch'io non gli scuopra in parte il mio veleno?
Scoprirlo è già mistier[265] ch'infino a morte
Ei si ramenti di legar col freno
De la ragion le voglie e l'appetito,
E del senso il furor resti schernito.

LELIO, ACCOSTATO A MASSINISSA, GLI DICE.

Qual furor cieco, o qual voglia lassiva
Ti ha, Massinissa, a tanto error sospinto?
Che sei fatto pregion d'una cattiva,[266]
Da cui tu sommo vincitor sei vinto,
Che con ordita infamia, e sì nociva
Oggi hai 'l tuo onor a te macchiato e stinto,
Che se l'usata tua ragion non sogna,
Arder dovresti di mortal vergogna.

Ahi, come disconviensi ad un'uom sì degno
Simile a te, c'hai superato nosco[267]
Asdruballe e Siface aver l'ingegno
Negli appetiti tenebroso e losco!
Ahi, come offusca il domator d'un Regno
Inebriarsi d'amoroso tosco,[268]
E traboccarsi[269] in così espresso fallo
Nero carbon facendo il tuo cristallo!

---

[265] *E' . . . mistier*: cfr. la nota 201.
[266] *Pregion di una cattiva*: prigioniero di una prigioniera. E' un giuoco di parole con l'uso di sinonimi.
[267] *Nosco*: pron. Con esso noi; ed è solamente del verso.
[268] *Tosco*: sm. Tossico. Voce del verso.
[269] *Traboccarsi*: scendere ad un punto estremo di degradazione, oltrepassare il limite del giusto.

Or con qual fronte andar potrai tu avanti
Al nostro Scipion casto e pudico,
S'egli ha così frenato in luochi tanti
Lo stimolo d'amor vizio impudico?
Quai sieno i modi debiti, e' i sembianti
Per ricoprir l'error, ch'egli tuo amico
Resti, né del stoltissimo ardimento
Si dolga con cruccioso e mal talento?

Tutte le cose ch'in Numidia sono,
Son di ragione nel Romano Impero,
Ed impetrato pria da te perdono,
Tenerla tu non puoi con titol vero.
E Scipion volendo averla al trono
Del suo trionfo, come è 'l mio pensiero,
Come potrai mai con tuo onor negarla,
S'ei seco la vorrà, per seco trarla?

Lasciala dunque, ch'io menar[270] la voglio
In Campo a Scipion, ch'ivi m'aspetta,
E con Siface, ch'a di lei cordoglio
Presentar ambi a lui voglio e con fretta,
Né a far questo m'induce invidia o orgoglio,
Ma ch'ei la fede in me lucida e netta
Veggia, né fibbra resti entro 'l mio petto
Che non gli scuopra trasparente effetto.

MASSINISSA.
Non è ch'io non conosca aver fallito,
Ch'a negarlo saria folle sciocchezza.
Ma veramente l'amoroso invito
Che di sé femmi la colei bellezza,
Cagion n'è stata, ma s'un petto unito

---

[270] *Menar*: cfr. la nota 175.

Con la ragione, pur al fin si spezza
Dalle forze d'Amor, io debbo ancora
Esser tra noi mortai di colpa fuora.

 Romper la data fede io non vorrei
A Sofonisba, perché la ragione
Oltre il commesso fallo offenderei
Ove si desse in mano di Scipione,
Pur se giusta bilancia a detti miei
Non acconsente, posso intenzione
Mutar anch'io si ch'ei sentenza dia
Se deve esser cattiva essendo mia.

LELIO.
 Negarti io non saprei la tua richiesta
E caro m'è che il suo giudicio il dica.
Il cui saldo veder ha si contesta
La ragion seco, e chiaramente amica,
Che qual sia l'opra, o degna o d'imodesta,
O vile affatto, od a viltà nimica,
Egli discerne e quindi ei potrà dire
Quanto de l'opre tue devrà seguire.

CORO

Ahi, doglioso Siface!
Ecco il tempo vicino
D'ogni estremo tuo passo,
Ove l'esser fallace
E 'l tuo fiero distino
T'han risospinto, ahi lasso!
Ogni fiera, ogni sasso
Invita a grido eterno
Del tuo dolor l'inferno.
Benché nulla pietate

Aver di te devria
Chi libra il folle errore
De le tue voglie innate
E la malvagia e ria
Cupidigia del cuore,
Mentre al giusto, Signore,
La tua fé ritogliesti
Ed a l'altrui man la desti.
Ma perché tutti nati
Siamo mortali ancora,
Ed insieme parimenti
Al peccar destinati,
Il tuo mal n'addolora
E per te ogniun si sente
Tra pietoso e dolente,
Onde i tuoi lai cotanti
Avranno eterni pianti.

SCIPION PARLA CON SIFACE IL QUAL, CATTIVO, GLI È MENATO AVANTI

    Qual fatto fu già, il mio Siface ingrato,
Che t'inducesse a sciorre in un momento
La data fede a me, che sì pregiato
Tenni il tuo scettro (di che ben mi pento),
Mentre quel nodo fu tra noi legato?
Che cosa non oprai per tuo contento?
Non venni umile a te? Non ti diedi io
Unita con la fé tutto il cuor mio?

    Che puote ora giovarti il tuo Asdruballe?
Che aita[271] ti daran Cartaginesi?

---

[271] *Aita*: cfr. la nota 245.

Era via[272] meglio per quel dritto calle[273]
Da me mostrato aver i passi spesi,
Che aver la via seguita, ove le spalle
Ti han volto tutti i tuoi disegni presi,
Ove pur piagni e piagnerai per sempre
De le tue viste dolorose tempre.[274]

    Venga dunque Asdruballe, e le catene
Sciolga ne la prigion, c'or sì ristretta
Col corpo tuo la libertà ritiene.
Venga pur tutta la tua infida setta
E da queste dogliose amare pene
Tolgati, s'ella può, poiché, s'accetta
A te fu la lor voglia, in questi omei
Veggasi anchor che tu sii accetto a lei.

SIFACE.
    Deh non rinovellar, Scipion, per Dio,
La cagion del mio mal, se pur è errore,
Vedi che de l'errar ne pago il fio.[275]
Se, (Come piacque al Ciel) vi tolsi il cuore
C'avea riposto in voi l'arbirtio mio,
Vedi ch'in vece sua vi dò l'onore,
Vi dò la liberta, vi dò la vita
E con lo scettro la corona unita.

    Donna fu Scipion colei che accese
Il nobile Troian tanto ardore,

---

[272] *Via*: cfr. la nota 162.
[273] *Calle*: cfr. la nota 239.
[274] *Tempre*: da tempra "Per Qualità, Maniera. *Petr. Son.* 22 part. I. (C)'E fiumi e selve sappian di che tempre/Sia la mia vita'" (TOMMASEO-BELLINI, 4², p. 1387).
[275] *Pago il fio*: da pagare il fio, retribuire, dare la ricompensa. Dante, *Purg.*, Canto 11, verso 88: "Di tal superbia qui si paga il fio;/e ancor non sarei qui, se non fosse/ che, possendo peccar, mi volsi a Dio".

Ch'esca e zolfo divenne, onde fur prese
Con longo incendio d'immortal furore
Europa e Asia, e le lor fiamme intese
Furon nel mondo e sieno a tutte l'ore.
Ch'il Sol vedrassi il dì con auree rote
E ne la notte il carro di Boote.[276]

Il che, se stato mai non fusse, è chiaro
Che né tu Scipion saresti ancora,
Né mai principio al seme tuo preclaro
Avria dato il Troiano: e se pur ora
Io non peccava, il tuo trionfo, raro
Tal non saria, or dunque donna alora
Fu principio al tuo sangue, e donna é stata
Quella, che t'ha di me vittoria data.

Dogliomi ben e in ciò nemica e fiera
Più conosco fortuna che colei
La qual dal mio bel seggio ove prim'era
M'ha tolto e fammi i dì dogliosi e rei,
Tolto abbia Massinissa, e la guerriera
Sorte più renda avversa ai cassi miei
E più mi duol che sien seco congiunti
Anzi che sien gli spirti miei disgiunti.

ESSENDO PARTITO SIFACE, SCIPIONE PARLA.

O Fortuna, gli è pur il tuo sgomento
Grave ad ogniun, e orrible a vedere,
Sassel Siface, nel cui cuore è spento
Il germe di speranza, e pargli avere
Un leon, che gli roda ogni contento

---

[276] *Boote*: orsa maggiore.

Infin che morte le sue insegne nere
Non gli spieghi dinanzi, e seco il meni[277]
Nei bassi campi a suo voler più ameni.

    Voglio ben (perché il debito il richiede)
Ripender Massinissa, e dirgli cosa
La qual, se seco alcun giudicio siede,
In parte gli farà l'alma dogliosa.
E poiché a tempo il veggio ed a me riede
Ad ora ch'io 'l disio senz'altra posa,
Anzi ch'altro gli dica, vo' di quello
Fargli alcun motto, ond'è 'l suo error si fello.[278]

SCIPIONE, RITRATTO IN DISPARTE CON MASSINISSA,
GLI DICE.

    Se ti rimembra, Massinissa, in Spagna
A me venisti, come amico, ed io
Come amico t'accolsi, e per compagna
L'anima che tu desti al voler mio,
Lieta accettai con quella fé, che magna
Viver dee[279] sempre, senza cieco oblio.
Indi così congiunti in voglie rade[280]
Da me partendo ritornasti a Gade.

    In Africa smontato avesti nove
Del mio venir, e ratto a me tornato
Ti viddi, e quindi meco poi, là dove

---

[277] *Meni*: cfr. la nota 175.
[278] *Fello*: agg. Letter. Malvagio, scellerato. Dante, *Inf.*, Canto 28, verso 81: "Gittati saran fuor di lor vasello/ e mazzerati presso la Cattolica/ per tradimento d'un tiranno fello".
[279] *Dee*: deve. Cfr. la nota 117.
[280] *Rade*: da rado "Per Singolare, Eccellente, Pregiato. Segnatamente in questo senso, oggidì sempre Raro. *Petr. Canz.* 3. 1. part. III. (C) 'Però ch'è delle cose al mondo rade' " (TOMMASEO-BELLINI, 4¹, p. 25).

Ito son io con animo infiammato
Ne sei venuto, e tra le molte prove
Del mio cuor, certo son c'abbi guardato,
Come al falso guardar de le sirene
Chiusi ho gli orecchi sempre, e la mia spene.

Del degno Duce, che di gloria ha fame,
Non pur lodar si dee[281] l'industria[282] accorta,
Di nascosto l'ordir l'esperte trame,
Squadrar l'altrui camin per via distorta,
Variar con vertù l'accolte brame,
Far del nimico suo la gente morta,
Il saper attendar per piano e valle,
Né l'avverso guerrier volger le spalle.

Ma quel che più l'inalza oltre le stelle
E 'l domar le sue voglie, e farle ogni ora
A la ragione ubbidienti ancelle,
E de la rocca del suo petto fuora
Scacciar le insidie perigliose e felle[283]
Ch'il senso ivi apparecchia, talché ancora,
Come ei vincere sa l'altrui valore,
Sappia vincer se stesso, e 'l suo furore.

Queste virtuti in te veder vorrei
Aggiunte a l'altre tue prodezze molte,
Ch'ove io tal ti vedessi agli occhi miei
Offrir non si potrieno in un raccolte
Maggior dolcezze, ed in te mi specchierei,
Come in un Sole, a cui però son tolte
Le lodi de la luce, perchè ogni ombra
Di cieca voglia dal splendor lo sgombra.

---

[281] *Dee*: cfr. la nota 279.
[282] *Industria*: cfr. la nota 137.
[283] *Felle*: cfr. la nota 278.

  Ciò che mai festi a Massinissa absente
Da me, dir non si può, che d'ogni gloria
Degno non sia, e m'è si ne la mente
Fisso, ch'ivi n'avró lunga memoria,
Del resto che fatto hai come impudente,
Non vo' ricordo far, né nuova istoria,
Bastiti assai, che sol de te si pensi
Ch'assai è, se d'onor hai spirti e sensi.

  Siface è pregion[284] nostro, e ben il sai,
E de' Romani son sue cose e 'l Regno,
Il qual se avesti, col mio braccio l'hai,
Né del tuo chiaro onor, doglia ho né sdegno
Ma bene, ove tu voglia, or mi potrai
Far chiaro, se il mio onor, ch'io ti diè in pegno
Dal primo dì, ti è caro e però pensa,
E la ragion col tuo voler compensa.

MASSINISSA.
  Se quando errai, Signor, pur alor io
Avessi conosciuto esser errore,
Errato non avrei, o forse il mio
Minor fallo saria dove è maggiore.
Questo è difetto del mortal disio
Non conoscer l'error, finché di fuore
Non se ne vede, e quel ch'avido agogna
Non saper se gli è onore o s'è vergogna.

Vergogna esser conosco il darsi in mano
A l'ardor de le voglie, e mentre il veggio
Vorrei da quel pensier farmi lontano,
Perché in pensarlo me medesmo spreggio
Ma poiché questo mio soccorso invano,

---

[284] *Pregion*: cfr. la nota 61.

E da fortuna e da me stesso chieggio,
Il Ciel cortese in ciò mi dia consiglio,
Perch'io mi sciolga ove non ben mi appiglio.

CORO

O quanto è giusto de prudenti il cuore,
Perchè mentr'un cuor saggio °e talor mosso
A precipizio di mortale errore,
Pentito ne riman seco e dolente,
Vedesi questo espresso
In Massinissa pur, mentre è commosso
Dal pena, ch'egli sente
Pel fallo, in cui perde tutto se stesso,
Poiché col dir s'invoglia
A far ricordo pur de la sua doglia.

MASSINISSA, SU LA PORTA DEL SUO
TENTORIO,[285] DICE.

    Ahi lasso, a che son gionto? Era pur' io
Libero dianzi, ed or già servo io sono,
Poiché non veggio ne l'arbitrio mio
Salvar costei, ch'a la mia vita in dono
Ond'al cuor sento un stimolo sì rio,
Che più mel punge, quanto più ragiono,
E pur pensando resto al fin confuso,
C'or mi condanno, ed or mio fallo escuso.

    Dolce ed iocondo, ohimè, fu 'l cominciare,
Fu l'amor mio, ma ben amaro è 'l fine,
Che farò dunque? Se remedio oprare

---

[285] *Tentorio*: cfr. la nota 67.

Potrò, dove io m'attenga, ov'io inchine?
Debbo la fede rompere, o serbare
A Sofonisba? Ahi, luci mie meschine!
Ahi, nol consenta il Ciel, prima in me cada
Folgor dal Ciel, ch'a l'altrui man me vada.

   Fu io morto quel dì che gli occi apersi
A l'alme luci de la sua beltate,
A che suoi prieghi d'ascoltar soffersi
Onde forse al mio cuor tanta pietate,
E le sue brame a le sue voglie fersi
Corrispondenti, ed insieme in un legate,
Oh potess'io pur pria perder il Regno,
Che lei veder condotta al fiero segno.

Il meglio è, dunque che, di vita priva,
Resti come Regina in libertade,
Ch'impregionata da Romani, e viva
Qual serva in ceppi ed in calamitade,
Questa vita tra noi sì fuggitiva
Meglio è spregiar, ed è più gran pietade
Sciorla da nodi a forza, che ternerla
Fra le catene a forza, ed a schivo[286] averla.

Vienne a me servo, a Sofonisba porta
Quel rio velen che ne la coppa è chiuso,
E dille che tal via le fia più corta
Per gire ove si va per mortal uso,
E che sia meglio in libertà sia morta
Che viva in servitù, voler ch'il fuso
Ed lo stame vital da sé si rompa
E vedersi con morte in lunga pompa.

---

[286] *A schivo*: a schifo.

Dille ch'io servo la primera fede
Come 'l marito deve a la sua moglie,
Ma la seconda, che'l Roman richiede
D'averla ne le mani e con le spoglie,
Con i trofei, con l'africane prede
Non è in mia possa, ed honne[287] al cuor gran doglia
E duo Re avendo avuto per mariti,
Elegger sappia il me'[288] de suoi partiti.

IL SERVO PER CAMINO DICE SOLO.

   Già il matrimonio fatto con gran fausto
Or si risolve in opera nefanda,
Ché con la coppa, che have il dono infausto
A Sofonisba il mio Signor mi manda,
Lo qual ella non ha sì tosto esausto,[289]
Che le parrà mortifera bevanda,
Ma veggio l'infelice alta Reina,
Ahi, che a pena a parlar l'alma s'inchina.

IL SERVO PARLA A SOFONISBA.

   Con questa coppa d'oro, ove è 'l veleno,
A te mi manda il mio Signor dolente
Con dir che l'una fede c'ha nel seno
Qual buon marito attende fedelmente
L'altra, perché nel suo poter vien meno,
Non può servarti, e gran dolor ne sente,
E che, se pensi ai duo mariti avuti,
Morrai Reina, e fuor d'altrui tributi.

---

[287] *Honne*: ne ho.
[288] *Me'*: contrazione per il meglio.
[289] *Esausto*: "Vuotato, privato di tutto il contenuto" (BATTAGLIA, V. p. 300).

SOFONISBA.
   Il dono marital, ch'ei manda, accetto
A me ben condecente, e non ingrato,
E tal lo stimo, qual con ogni affetto
Spettar si può dal buon marito amato,
Pur come sarai gionto al suo cospetto,
Digli che'l meglio per me fora[290] stato
Esser inanzi[291] morta, e con più requie,[292]
Ch'essermi ad altri data in queste essequie.[293]

   La causa del morire, ed anco 'l modo
Mi diede Massinissa in spazio poco,
La causa fu del matrimonio il nodo.
Il modo col velen, che m'avrà 'l gioco,
Ma se l'error fu d'amenduo, ne lodo
Il fallo insieme, e 'l marital mio foco,
Di lui non so quel c'abbia a seguir poi,
Se sian felici al fin i giorni suoi.

   Pur, nel pensar al misero mio stato
Ed a la stella, a cui soggetta sono,
Non pareggia il mio mal uomo creato,
Poiché da doppio ben, da doppio trono
Son giù caduta, e dove al fin legato
E' stato l'onor mio, con abbandono
Indi sciolta mi veggio, alor che a pena
Avea provato il nodo e la catena.

   Quanto era il meglio a me 'l morir alora
Ch'era in Cartagin libera e disciolta,

---

[290] *Fora*: sarebbe. Cfr. la nota 180.
[291] *Inanzi*: prima. Cfr. la nota 14.
[292] *Requie*: sf. Aff. al lat. aur. *Requies*. Riposo.
[293] *Essequie*: esèquie, sf. plur. La cerimonia funebre.

Oh se ciò fusse non saria pur ora
Questa mia vita in tante doglie involta,
Siface ben saria de' lacci fuora,
Né Massinissa ogni sua requie[294] tolta
Vedrei, né pur me stessa, ahi, fato rio,
Tormi con la mia bocca il fiato mio!

    Ma sia che può, ciascun ha la sua sorte
E de suoi giorni il circonscritto fine,
E tutti, o tardi, o ratto, andiamo a morte
Per questo aspro sentier d'acute spine,
E chi discorre le letizie corte,
Che qua giù godon l'anime meschine,
Quando si truova al fin degli ultimi anni,
Può dir che ben morendo escie[295] d'affanni.

    Tosco,[296] bevanda a me dolce e soave,
Ambrosia e Nettar non invidio a Giove,
Però che nel tuo amaro è quella chiave
Che m'apre l'alta via dove non piove,
U'[297] non s'invecchia, né fia mal ch'aggrave,
E perché chiaro sia 'l mio fine altrove,
S'anime fieno al mio morir divote,
Sien nel sepolcro al fin scritte tai note.

    Qui giace Sofonisba, ch'ebbe a vile
Questa vita mortal, per gire a morte,
E per spogliarsi l'abito servile
bevve il veleno, sì che la sua sorte
Sia esempio a qualunque animo gentile,

---

[294] *Requie*: cfr. la nota 290.
[295] *Escie*: esce.
[296] *Tosco*: cfr. la nota 268.
[297] *U'*: cfr. la nota 159.

Che al viver nostro non son l'ore corte,
Ov'ei muor per onore, anzi la vita
L'onorata sen va, resta infinita.

CORO

Deh, per Dio, tutti o voi, che così attenti
Di Sofonisba avete i gridi uditi,
Attender non vogliate, ch'ella insieme
Qua dove ha pianto, al suo velen trabocchi
Ben fora ogni pietà dagli occhi vostri
Sbandita al tutto, e ben ferini i petti
Si vedrebbono in voi, se tal disio
V'ingombrasse i pensier, la voglia, e 'l cuore.
La dolente e magnanima Reina
Ben ha provisto a la mortal pietate,
Che per lo più s'annida in cuor gentile,
Indi per non far crudi gli occhi vostri,
Gita sen'è dove l'invita il fato,
Dove l'onor la chiama, ove la sforza
La gloria, e dove pur la risospinge
De l'amato consorte il buon consiglio,
Ahi, nobil pellegrina, io sol ti veggio
Con gli occhi de la mente, e ti rimiro
Come intrepida tutta, e come invitta
Ne la coppa de l'or specchi il tuo onore,
E con che sete ancor l'hai presa in mano.
Già le tue labbra attuffi al rio veleno,
Soffri, donna immortal, soffri la doglia
Che il tuo cuor sente, e soffri il fiero amaro
Che le fibbre ricerca ad una ad una.
Perch'indi sorgerà la dolce vita,
Che al par del sol si vedrà chiara in terra
Sì che quando egli gira ancor vedrassi

Il tuo nome girar di Clima[298] in Clima:
Ma parmi omai veder il nunzio fuori
Che de la morte sua novella porta.

IL NUNZIO DI MASSINISSA, USCENDO DA
LE PORTE, E ANDANDO AL PATRONE, DICE.

Ahi dolenti occhi miei, voi pur avete
Visto, quel che di rado oggi si vede,
Con che saldo voler, con quanta sete
Ha voluto adempir la giusta fede.
Ben n'ho le voglie mie lasse ed inquiete
qual'or che a mente il suo morir mi riede.
Ben ha meco commessi e fieri pianti
Tutti color, che l'erano davanti.

Or che ne dirà forse il mio Signore
Tosto che giunga a lui questa novella?
Ben il trafiggerà l'aspro dolore
E la pietà c'avrà de l'alma bella.
Ahi, che non trovo ardir, né mi dà il cuore
Dirgli il gran caso, e tronca ho la favella,
Pur conviemmi tornar e dirgli il tutto,
Perché non n'abbia in vita il viso asciutto.

CORO

Chi ha il cuor di smalto e di diamante il petto
Schivi d'udir i nostri alti lamenti,
Ma chi have il cuor pietoso in noi si specchi,

---

[298] *Clima*: sm. Ciascuna delle zone (sette nel sistema tolemaico) comprese fra due paralleli, in cui si immaginava divisa la superficie terrestre in rapporto col variare del clima a seconda della latitudine. BOIARDO, *Opere Volgari*, sonetto 5: "Novellamente le benegne stelle/ escon da l'occèano al nostro clima".

E porga pur gli orecchi
Ai nostri stridi e miserandi accenti.

L'ALTRO CORO

  Or ne scoprete il nostro alto concetto
E l'aspra passion che vi conduce
Con lagrimosa luce
A far lamenti in publico cospetto.

CORO

Ahi, fiera nuova, Sofonisba è morta,
Qual di duo Regi Nimidi fu moglie,
E per il meglio elesse il velen crudo
Per far, morendo, scudo
Contro le fiere altrui nimiche voglie.

L'ALTRO CORO

Del pianto estremo aprite voi la porta
A nostri lumi per quel gran dolore
C'abbiamo dentro il cuore
Sì che presso al morir ne fa la scorta.

CORO

Qual vita è da sperar per dar ristoro
A questa nostra abbandonata vita
In questa sorte misera ed avversa,
Poiché in Stige è sommersa
Colei che morta col morir n'invita.

L'ALTRO CORO

Se noi non meno abbiam di voi martire,

Che modo avemo a consolarvi mai,
Né rallentarvi i guai?
Dunque è ben duol de tutti il suo morire.

CORO

Deh, rompiamo ad ogni or del pianto il freno,
Perché nel fior di sua più bella etate
Lasciato ha il Mondo in tenebroso pianto
E nel suo tumol santo
Morte trionfa di sua gran beltate.

L'ALTRO CORO

E noi che col cordoglio fermo in seno
Abbiamo il pianger sempre per costume,
Farem col pianto un fiume
Per lei che per morir tolse 'l veleno.

ASDRUBALE SOLO SI LAMENTA.

    Ahi, Sofonisba, ahi, vita a me più cara
D'ogni altra vita, or qual morte t'ha tolta
Agli occhi miei, perché lor vista amara
Ne resti a tutta in tenebra rivolta?
Ahi, morte acerba, e del mio ben avara!
Ahi, de mortai credenza inferma e stolta,
Dunque mia vita è morta, ed io pur vivo,
E pur respiro, e son de l'alma privo?

    Ecco, ingrato Roman, che non avranno
A tuoi trionfi l'alma donna a lato,
Ecco che le man sue da tanto danno
L'han fatta esenta; e ne fian men pregiato
De la vittoria il carro, a l'alto scanno,

Ove assiso ti tiene il destro fato,
Questo conforto sol mi fa minore
Il danno, e vivo tiemmi nel dolore.

  Nel dolor tiemmi vivo il gran conforto
Ch'io quinci prendo, e benedico l'ora,
O del mio viver già tranquillo porto,
E benedico il giorno ed il mese ancora,
Che il tuo bel spirto fu nascendo scorto
A questa vita, poich'u'[299] m'addolora
Del tuo morir, la doglia, mi consola
Che la tua morte l'altrui gloria invola.

  Onde se ciò non fusse, abbi per fermo
Che dal Ciel, ove sei, vedresti in terra
Questo corpo, qual sia, misero e infermo
Da le mie man trafitto in tanta guerra
Ma la vita ch'è in me, sol mi confermo
E lo spirito ritengo ove ei si serra
Perch'io vivendo pianga la tua morte
Tanto, quanto t'amai con lieta sorte.

CORO

Tutto è dolor il danno de mortali,
E perdasi chi sia del sangue caro.
Tutti son fieri strali e colpi interni
Che fanno alor dogliose piaghe al cuore.
Perché la madre afflitta il caro figlio
E con l'unghie ne riga il viso e 'l petto,
E con pianti ne fa dogliosi gridi.
E, se potesse ancor morirne insieme,

---

[299] *U'*: cfr. la nota 159.

Il morir le faria più grata vita.
Non minor nel figliuolo è il duolo ancora
Nel danno che da morte egli riceve,
Se l'uno o l'altro suo parente assale.
Quinci creder si può che acuta punta
Traffiga pur con immortal ferita
Il petto di colei, che'l caro sposo
Veggia da lei partirsi ai neri chiostri.
E così pur se abbandonar si vede
Da la sua donna il tenero marito,
Perch'indi e solo e scompagnato in vita
Resta il dolente e fargli aver dispersa
L'alma quiete del pudico letto.
E se ciò pur de la sua tortorella
Ove tolta gli fia da fiero caso,
Far suole il suo consorte alor che tristo
N'empia di duolo i boschi e le campagne.
Quanto più doglia in cuor uman si vede
Ove alberga ragione e dove il senso
Ministra al suo dolor lena e ricordo?
Ahi, miser Massinissa, or bene il sai,
Bene il mostri nel duol, ch'ogni riposo
Ti circonscrive e l'allegrezza insieme,
Mentre sparir dagli occhi tuoi si vede
Quella ch'apena fu dal tuo desio
Con nodo marital teco congiunta.
Ché morte sì crudel indi l'ha sciolta,
Quella ch'apena t'ha mostrato il cuore
Che t'ha lasciato in così fiera vita.
Quella ch'al tuo voler sì pronta é stata,
Che l'amaro velen lieta raccolse.
Quella che per lasciar libera vita
Segui 'l morir con volontario passo.
Quella che fra mill'altre al mondo chiare
Fia più chiara d'ogni altra, e più pregiata,

Piagni misero dunque, e gli occhi in fiumi
Cangia, se puoi, perché a l'ingiusto male
Porgano pianto con perpetua vena,
Che tanto non potrai piagner fra noi
Quanto n'hai dal dolor giusta cagiona.

MASSINISSA, PER LA NUOVA AVUTA DE LA MORTE
DI SOFONISBA, DICE.

    Tempo è ben da morir, poiché dal mondo
Oggi la donna mia s'è dipartita,
E col suo passo libero e giocondo,
Perdendo morte, a meglior vita è gita.
Ahi, de la sorte mia dolor profondo,
Ch'io bramo morte per meglior mia vita,
Poich'il perduto ben oggi è ben tanto,
Che il suo ristoro sol può far il pianto.

    Come più viver senza te mai posso,
Se in te vivendo la mia vita stava?
In te che m'hai col tanto duol percosso,
Col tuo lasciarmi ove restar m'aggrava
C'or che lo spirto hai del tuo petto scosso,
Ove era unito il mio, ch'in te regnava,
Esendo l'alma dal tuo corpo uscita,
Convien ch'io viva senza aver più vita.

    Ben si sovvenne (ohimè) come eri nata
Da patre Imperator Cartaginese
E che a doi Re fusti con fede data,
Quai di Numidia ressero il paese
E che non hai la morte ricusata
Per libertade aver, come è palese
Questo è quel pur, che alquanto mi conforta,
Poiché attoscata e libera sei morta.

E perché 'l corpo ancor non è sepolto,
Ben convien proveder che in sepoltura
E con pompa funebre sia raccolto.
Sì che de quelle membra, in cui natura
Pose ogni suo tesor chiaro ed occolto[300]
S'abbi qual si dee aver con degna cura,
E qual de nome fia memoria eterna
Tal de la morte sua l'onor si scerna.[301]

CORO

L'essequie celebrate con gran pompe
Di Sofonisba in Cirta oggi saranno,
E Massinissa per costei non rompe
La fede a Scipion per tanto affanno.
Però che un vero amor non si corrompe
Nei cuor che di vertù fuggon l'inganno,
Indi oggi ei fia da Scipion locato
Seco in gran trono standogli da lato.

IL FINE

---

[300] *Occolto*: nascosto. Cfr. la nota 190.
[301] *Si scerna*: da scernere, discernere, distinguere, conoscere distintamente. Dante, *Inf.* Canto XV, verso 86: "E quanto io l'abbia in grado, mentr'io vivo/convien che nella mia lingua si scerna".

Indice

Accademici Gelati, 56
Alberti Leon Battista, 41
Aldi (Aldo Manuzio), 5 n.
Alençon Anna d', 14, 15, 16
Alessandro VI Pontefice, 8
Altamura Antonio, 41 n.
Andrea da Barberino, 121 n.
Aquilecchia Giovanni, 6, 47, 58, 58 n.
Aretino Pietro, 21 n., 22 n., 47, 58,
  70 n., 76 n., 77 n., 83 n., 84 n.,
  91 n., 92 n., 98 n., 104 n., 106 n.,
  112 n., 114 n., 115 n., 116 n.,
  119 n., 120 n., 121 n., 122 n., 125
  n., 128 n., 130 n., 131 n., 132 n.,
  133 n., 136 n., 138 n., 170 n.
Ariani Marco, 32 n.
Ariosto Ludovico, 40, 50, 56, 79 n.,
  99 n., 111 n., 124 n., 130 n., 139 n.,
  158 n., 173 n., 179 n., 200 n.,
  206 n., 220 n., 223 n.
Aristofane, 42
Aristotele, 32 n., 37, 37 n., 38 n.,
  39 n., 40
Arniti Costantino, 10
Ascarelli Fernanda, 19 n.
Asdrubale, 29
Avogadro Giovanni, 19 n.

Bandello Matteo, 88 n., 93 n., 98 n.,
  125 n., 128 n., 140 n., 141 n., 150 n.
Barthes Roland, 22, 22 n.
Bartoli Daniello, 70 n.
Battaglia Salvatore, 47, 50, 71 n.,
  73 n., 84 n., 86 n., 92 n., 94 n.,
  97 n., 100 n., 124 n., 134 n., 135 n.,
  137 n., 142 n., 152 n., 162 n.,
  188 n., 240 n.
Bembo Pietro, 47, 69 n., 70 n., 71 n.,
  81 n., 82 n., 83 n., 84 n., 87 n.,
  90 n., 92 n., 96 n., 100 n., 101 n.,
  102 n., 106 n., 123 n., 135 n.,
  146 n., 156 n., 157 n., 160 n.,
  163 n., 164 n., 165 n., 167 n.,
  201 n., 209 n., 226 n.
Bergamini Nicolò, 1 n.
Bernardinus de Ferrariis de Tridino
  in Monteferrato (Stagnino), 4 n.
Berni Francesco, 50, 129 n., 136 n.,
  140 n., 215 n.
Bersano Begey Marina, 18 n.
Bertana Emilio, 32 n., 40, 40 n.
Bertelli Sergio, 28
Bertoni Giulio, 13 n., 20 n.
Bianco da Siena, 92 n.
Bibbiena (Dovizi Bernardo), 22 n.,
  207 n.
Biblioteca Carducci di Bologna, 1 n., 3 n.
Boccaccio Giovanni, 14, 30, 30 n., 40,
  41, 50, 51, 52, 69 n., 78 n., 84 n.,
  87 n., 96 n., 100 n., 101 n., 103 n.,
  106 n., 108 n., 109 n., 111 n.,
  112 n., 115 n., 125 n., 129 n.,
  132 n., 133 n., 139 n., 140 n.,
  141 n., 147 n., 152 n., 156 n., 157
  n., 169 n., 171 n., 173 n., 174 n.
Boerio Giuseppe, 48, 70 n., 71 n.,

73 n., 78 n., 80 n., 81 n., 83 n.,
94 n., 100 n., 110 n., 112 n., 113 n.,
119 n., 121 n., 123 n., 130 n.,
142 n., 148 n., 149 n., 150 n.
Boiardo Matteo Maria, 20 n., 40,
40 n., 48, 87 n., 89 n., 91 n., 118 n.,
119 n., 121 n., 131 n., 135 n.,
138 n., 148 n., 163 n., 164 n., 244 n.
Bongi Salvatore, 19 n., 20 n., 22 n.
Bonifacio Marchese del Monferrato, 17
Bonifacio IV, 5, 6, 8
Borghini Vincenzo, 52, 101 n.
Borgia, 13 n., 20 n.
Borsellino Nino, 23, 23 n.
Boschetto Isabella, 16, 17
Bottazzo Giovan Giacomo (Gian Jacopo), 18 n., 21 n.
Brambilla Ageno Franca, 48, 58, 58 n., 72 n., 124 n.
Brunet Jacques-Charles, 22 n.
Buoni Tomaso, 48, 94 n.

Cammelli Antonio detto il Pistoia, 34, 34 n., 39
Cantone Gaspare, 4, 4 n.
Cara Marchetto, 8 n., 14
Carbone Ludovico, 41
Cardallone Gioammatteo, 21 n.
Cardinale Gonzaga, 21 n.
Carducci Giosuè, 41 n.
Carlo Re di Spagna, 16
Carlo V, 14, 16, 17
Carlo VIII, 9
Caro Annibale, 50
Carretto Alberto Del, 3, 13, 20 n., 24 n., 31, 31 n., 57, 69, 145 n.
Carretto Carrado II Del, 2
Carretto Galeotto Del, 1 n., 2, 3, 3 n., 4 n., 5, 5 n., 6, 7, 8, 8 n., 9, 9 n., 10, 11, 11 n., 12, 13, 13 n., 14, 14 n., 15, 15 n., 17, 17 n., 18, 18 n., 19, 19 n., 20, 20 n., 21, 21 n., 24, 24 n., 25, 25 n., 26, 29, 30, 32, 32 n., 33, 34 n., 35, 36, 36 n., 37, 37 n., 39, 40, 41, 42, 43, 55, 56, 57, 58, 67, 84 n., 149, 172 n., 213 n.
Carretto Marchese Teodoro Del, 3
Carretto Marchesi Del, 2, 3 n.
Carretto Scipione Del, 3

Castellani Arrigo, 95 n.
Castiglione Baldassarre, 50, 51, 79 n., 105 n., 140 n., 150 n.
Catalogo del Morano, 19
Ciampolini Ermanno, 36 n.
Cicerone, 41, 51, 70 n.
Cino da Pistoia, 226 n.
Cinzio Giambattista Giraldi, 32, 32 n., 33, 33 n., 34, 34 n., 35, 35 n., 36, 36 n., 37, 37 n., 38, 124 n.
Clerico Ubertino da Crescentino, 3, 3 n., 4 n.
Compagni Dino, 71 n.
Corido, 8
Corradini Francesco, 30 n.
Corrado I, 3 n.
Correggio Nicolò da, 165 n.
Corti Maria, 58, 58 n.

Dante, 40, 49, 51, 71 n., 87 n., 100 n., 103 n., 106 n., 126 n., 146 n., 147 n., 148 n., 157 n., 162 n., 173 n., 196 n., 209 n., 210 n., 215 n., 233 n., 235 n., 250 n.
Dati Leonardo, 40, 40 n., 41, 41 n.
Davari Stefano, 9 n.
De Ferraris Antonio (Galateo), 17 n.
De Sanctis G. Battista, 47
Del Encina Juan di Salamanca, 38, 38 n.
Della Casa Giovanni, 51, 105 n.
Desposta Stefano, 5
Di Giovanni Damenico detto il Burchiello, 122 n.
Dionisotti Carlo, 59, 59 n.
Dolce Ludovico, 58
Domenichi Lodovico, 18 n., 56, 58, 112 n., 119 n.
Don Lope di Soria, 21 n.
Doni Anton Francesco, 58
Duca di Borbone, 16

Ennio, 152 n.
Ercole Cardinale, 21 n.
Ercole (fatiche di), 224 n.
Esopo, 102 n.
Este Beatrice d', 11
Este Niccolò d', 1

Fanzino Sigismondo, 21 n.

Ferrara Nicolò di, 2 n.
Firenzuola Agnolo, 141 n., 157 n.
Florio-Torriano, 48, 71 n., 73 n., 74 n., 76 n., 77 n., 78 n., 80 n., 81 n., 82 n., 83 n., 88 n., 89 n., 95 n., 97 n., 100 n., 101 n., 104 n., 105 n., 108 n., 109 n., 110 n., 112 n., 114 n., 115 n., 119 n., 122 n., 125 n., 127 n., 128 n., 131 n., 135 n., 136 n., 138 n., 139 n., 140 n., 141 n., 145 n., 146 n., 147 n., 149 n., 150 n., 171 n., 207 n., 222 n.
Folena Gianfranco, 48, 165 n.
Francesco de Barberino, 86 n., 87 n., 88 n., 176 n.
Francesco I Re di Francia, 15
Franco Matteo, 158 n.
Franco Niccolò, 18 n., 20, 20 n., 21, 21 n., 22 n., 24, 28, 31, 31 n., 42, 48, 55, 55 n., 57, 58, 69, 69 n., 104 n., 145
Franco Veronica, 53, 146 n.
Fregoso Antonio Fileremo, 40, 40 n.
Fumagalli Edoardo, 19 n.

Gabloneta Alessandro, 16
Gaidano Camillo, 25, 25 n., 55
Gardane, 22, 22 n.
Garzoni Tommaso, 150 n.
Gherardini, 98 n.
Gian Giacomo Marchese, 3
Gioliti (Giolito) Gabriele de'Ferrari, 5, 13 n., 19 n., 20 n., 22, 22 n., 31, 57
Gioliti Giovanni de'Ferrari, 5
Giolitti, 19 n.
Giorcelli Giuseppe, 1 n., 2 n., 3 n., 4 n., 5 n., 8 n., 10 n., 12, 17 n.
Giovanni Giorgio, 5
Giovanni Guglielmo, 5, 12, 15
Giovanni Marchese, 3
Girardus de Zeis de Tridino in Monteferrato, 4 n.
Giuliano de' Medici, 101 n.
Gongorismo, 37
Gonzaga, 15
Gonzaga Ercole, 21 n.
Gonzaga Federico, 12, 14, 15, 15 n., 16, 16 n., 24
Gonzaga Francesco, 9 n., 14, 14 n., 15 n., 24
Grendler Paul G., 22 n.
Grignani Maria Antonietta, 58, 58 n.
Gualterotti Raffaello, 56
Guarini Guarino, 38
Guerrieri Crocetti Camillo, 32 n.
Guglielmo VIII, 3, 4, 5
Guglielmo de Fontaneto de Tridino in Monteferrato (Anima mia) o Casis Guillelmi de Fontaneto Tridinensis, 4 n.
Guicciardini Francesco, 51, 116 n.
Guidone Gioan Antonio, 2 n., 9 n., 18, 18 n., 21, 21 n., 58
Guittone d'Arezzo, 71 n., 101 n., 209 n.

Herrick Marvin T., 32 n.
Hortis Attilio, 30 n.

Ingegneri Angelo, 36 n.
Ioannes de Cereto de Tridino de Monteferrato (Taccuino), 4 n.
Isabella Marchesa d'Este Gonzaga, 8 n., 9, 9 n., 10, 11 n., 12, 13, 13 n., 14, 14 n., 15, 15 n., 16, 17, 17 n., 20, 21, 31, 34, 57, 149, 172 n.
Isidoro di Siviglia, 39 n., 51

Lamenti Storici dei Secoli XIV, XV e XVI, 130 n.
Laraiville Paul, 21 n.
Latini Brunetto, 50, 84 n., 100 n.
Livio, 29, 30 n., 39 n.
Lorenzo il Magnifico (de' Medici), 9, 25, 26, 26 n., 51, 96 n., 98 n., 114 n., 118 n., 119 n., 137 n., 155 n., 170 n.
Luciano di Samosata, 26
Ludovico il Moro, 6, 7, 11
Ludovico Marchese di Saluzzo, 12, 12 n., 13
Ludovico XII di Francia, 13
Lukács György, 23, 23 n.
Luzio Alessandro, 21 n.

Machiavelli Nicolò, 28, 51, 87 n., 100 n., 109 n., 115 n., 125 n., 142 n., 164 n., 222 n.
Manacorda Giuseppe, 3 n., 5 n.,

17 n., 19 n., 20 n., 26, 26 n., 39, 39 n.
Manzoni Alessandro, 82 n., 169 n.
Marcolini, 22, 22 n.
Maria di Servia, 5, 8, 10
Marti Mario, 47
Masuccio Salernitano, 24 n., 95 n., 130 n.
Matraini Chiara, 166 n.
Mehus abate, 30 n.
Mengaldo Pier Vincenzo, 58, 58 n.
Migliorini Bruno, 48, 58, 58 n., 89 n., 142 n.
Minoglio Giovanni, 3 n.
Monaci Ernesto, 74 n., 169 n.
Monferrato Guglielmo del, 14
Monferrato Teodoro II del (Marchese), 2 n., 3, 3 n., 13 n.
Müntz Eugène, 9, 9 n.
Mussato Albertino, 39, 39 n.
Musamarra Carmelo, 32 n.

Naso Nasonis, 4 n.
Neri Ferdinando, 32 n.
Nicrisolo Hieronimo, 14, 14 n.
Novellino, 126 n.

Officina Scuola, 4
Orazio, 33 n.
Ottimo (commento della *Divina Commedia*), 52, 156 n.
Ovidio, 4, 4 n., 52, 158 n., 183 n.

Paleologo Margherita, 14
Paleologo Maria del Monferrato, 15, 15 n., 16, 16 n., 24
Paleologi, 15, 16, 17
Parabosco Girolamo, 22 n., 96 n.
Pazzi Alessandro de' Medici, 37
Peravolo Mantovano Antonio, 56
Petrarca, 30, 30 n., 41, 52, 78 n., 110 n., 176 n., 188 n., 197 n., 233 n., 235 n.
Piagnoni, 73 n.
Piccolomini Alessandro, 98 n.
Piropo, 6
Pitti Buonaccorso, 105 n.
Plinio, 52, 70 n., 158 n.
Polenton Sicca, 30 n.
Poliziano Angleo, 52, 98 n., 101 n.
Pontano Giovanni, 138 n.

Ponzoni Giulio Ponzio, 32, 33 n.
Prati Angelo, 48, 77 n.
Principi Savoia, 2
Properzio, 183 n.
Proto Enrico, 36 n.
Pucci Antonio, 90 n., 118 n., 120 n., 134 n.
Pulci Luigi, 40, 40 n., 51, 52, 72 n., 90 n., 114 n., 118 n., 119 n., 120 n., 121 n., 129 n., 133 n., 135 n., 142 n., 158 n., 177 n., 183 n., 194 n., 199 n.

Raimondi Ezio 49, 165 n.
Renier Rodolfo, 8 n.
Richter Friedrich, 40 n.
Robortello, 37 n.
Rochon Andrée, 24, 24 n.
Regenstein Joseph Library of the University of Chicago, 57
Rojas Fernando de, 37 n.
Rohlfs Gerhard, 49, 69, 70 n., 71 n., 72 n., 74 n., 78 n., 82 n., 90 n., 92 n., 94 n., 95 n., 98 n., 109 n., 112 n., 113 n., 116 n., 117 n., 124 n., 126 n., 132 n., 139 n., 145 n., 146 n., 157 n., 161 n., 163 n., 168 n., 169 n., 174 n.
Ruscelli Girolamo, 38, 38 n.

Sabbadini Remigio, 40 n.
Sacchetti Franco, 24 n., 71 n., 105 n., 126 n., 150 n.
Saluzzo Ludovico di, 2 n.
Salviati Leonardo, 70 n.
Salvini Antonio Maria, 52, 102 n.
S. Agostino, 52, 71 n.
Sannazaro Jacopo, 52, 87 n., 108 n., 121 n., 172 n.
Savona Marchesi di, 3 n.
Sbaragli Luigi, 39
Seneca, 33, 34, 34 n., 39 n.
Sermini Gentile, 24 n.
Sforza, 6
Silvano Lorenzo, 18 n., 19, 21 n.
Simioni Attilio, 26 n.
Sincero Costante, 22 n.
Sofocle, 37
Sozzi Bartolo Tommaso, 28
Speroni, Sperone (degli Alvarotti), 40, 40 n., 41, 41 n.

254

Spezzani Antonio, 56
Stampa Gaspara, 146 n.
Straparola Giovanni F., 109 n., 129 n.
Stricca Legacci Antonio Pietro, 25, 25 n.

Tasso Bernardo, 50, 100 n.
Tasso Torquato, 52, 108 n.
Tebaldeo (Tibaldeo) Antonio Tebaldi di Ferrara, 11, 11 n., 205 n.
Tobler-Mussafia (legge), 72 n., 128 n., 149 n., 152 n.
Tolomei Claudio, 38, 38 n.
Tommaseo-Bellini, 49, 52, 70 n., 71 n., 72 n., 76 n., 79 n., 84 n., 85 n., 88 n., 90 n., 92 n., 95 n., 99 n., 101 n., 102 n., 104 n., 108 n., 109 n., 110 n., 111 n., 112 n., 114 n., 115 n., 117 n., 123 n., 124 n., 126 n., 129 n., 130 n., 132 n., 133 n., 135 n., 136 n., 139 n., 140 n., 141 n., 142 n., 145 n., 147 n., 148 n., 151 n., 153 n., 156 n., 159 n., 164 n., 168 n., 171 n., 173 n., 176 n., 183 n., 185 n., 188 n., 191 n., 196 n., 204 n., 211 n., 227 n., 233 n., 235 n.
Trapolini Giovanni Paolo, 56
Trissino Gian Giorgio, 30, 31, 32, 32 n., 33, 33 n., 35, 35 n., 38, 40, 40 n., 42
Tromboncino Bartolomeo, 8 n., 10, 14
Tuppo Francesco del, 95 n.
Turba Giuseppe, 5 n., 9 n., 11 n., 13 n., 14 n., 17, 19 n., 21 n., 24 n.

Uranio, 8

Valerani Flavio, 18 n., 19
Vallauri Tommaso, 17 n.
Varagine Jacopo da (*Leggenda aurea*), 149 n.
Varchi Benedetto, 53
Varrone Publius Terrentius, 183 n.
Vincentius de Ferrariis de Portonariis ex Tridino, 4 n.
Vinay Gustavo, 3 n., 13 n.
Virgilio, 53, 227 n.
Visconte Filippo Maria, 2
Visconti Gaspare, 7

Weinberg Bernard, 32 n.

studia humanitatis

PUBLISHED VOLUMES

LOUIS MARCELLO LA FAVIA, *Benvenuto Rambaldi da Imola: Dantista.* xii–188 pp. US $9.25.

JOHN O'CONNOR, *Balzac's Soluble Fish.* xii–252 pp. US $14.25.

CARLOS GARCÍA, *La desordenada codicia*, edición crítica de Giulio Massano. xii–220 pp. US $11.50.

EVERETT W. HESSE, *Interpretando la Comedia.* xii–184 pp. US $10.00.

LEWIS KAMM, *The Object in Zola's* ROUGON-MACQUART. xii–160 pp. US $9.25.

ANN BUGLIANI, *Women and the Feminine Principle in the Works of Paul Claudel.* xii–144 pp. US $9.25.

CHARLOTTE FRANKEL GERRARD, *Montherlant and Suicide.* xvi–72 pp. US $5.00.

The Two Hesperias. Literary Studies in Honor of Joseph G. Fucilla. Edited by Americo Bugliani. xx–372 pp. US $30.00.

JEAN J. SMOOT, *A Comparison of Plays by John M. Synge and Federico García Lorca: The Poets and Time.* xiii–220 pp. US $13.00.

Laclos. Critical Approaches to Les Liaisons dangereuses. Ed. Lloyd R. Free. xii–300 pp. US $17.00.

JULIA CONAWAY BONDANELLA, *Petrarch's Visions and their Renaissance Analogues.* xii–120 pp. US $7.00.

VINCENZO TRIPODI, *Studi su Foscolo e Stern.* xii–216 pp. US $13.00.

GENARO J. PÉREZ, *Formalist Elements in the Novels of Juan Goytisolo.* xii–216 pp. US $12.50.

SARA MARIA ADLER, *Calvino: The Writer as Fablemaker.* xviii–164 pp. US $11.50.

LOPE DE VEGA, *El amor enamorado,* critical edition of John B. Wooldridge, Jr. xvi–236 pp. US $13.00.

NANCY DERSOFI, *Arcadia and the Stage: A Study of the Theater of Angelo Beolco* (called *Ruzante*). xii–180 pp. US $10.00

JOHN A. FREY, *The Aesthetics of the* ROUGON-MACQUART. xvi–356 pp. US $20.00.

CHESTER W. OBUCHOWSKI, *Mars on Trial: War as Seen by French Writers of the Twentieth Century.* xiv–320 pp. US $20.00.

JEREMY T. MEDINA, *Spanish Realism: Theory and Practice of a Concept in the Nineteenth Century.* xviii–374 pp. US $17.50.

MAUDA BREGOLI-RUSSO, *Boiardo Lirico.* viii–204 pp. US $11.00.

ROBERT H. MILLER, ed. *Sir John Harington: A Supplie or Addicion to the Catalogue of Bishops to the Yeare 1608.* xii–214 pp. US $13.50.

NICOLÁS E. ÁLVAREZ, *La obra literaria de Jorge Mañach.* vii–279 pp. US $13.00.

MARIO ASTE, *La narrativa di Luigi Pirandello: Dalle novelle al romanzo Uno, Nessuno, e Centomila.* xvi–200 pp. US $11.00.

MECHTHILD CRANSTON, *Orion Resurgent: René Char, Poet of Presence.* xxiv–376 pp. US $22.50.

FRANK A. DOMÍNGUEZ, *The Medieval Argonautica.* viii–122 pp. US $10.50.

EVERETT HESSE, *New Perspectives on Comedia Criticism.* xix–174 pp. US $14.00.

ANTHONY A. CICCONE, *The Comedy of Language: Four Farces by Molière.* xii–144 $12.00.

ANTONIO PLANELLS, *Cortázar: Metafísica y erotismo.* xvi–220 pp. US $10.00.

MARY LEE BRETZ, *La evolución novelística de Pío Baroja.* viii–476 pp. US $22.50.

Romance Literary Studies: Homage to Harvey L. Johnson, ed. Marie A. Wellington and Martha O'Nan. xxxvii–185 pp. US $15.00.

GEORGE E. MCSPADDEN, *Don Quijote and the Spanish Prologues,* volume I. vi–114 pp. US $17.00.

Studies in Honor of Gerald E. Wade, edited by Sylvia Bowman, Bruno M. Damiani, Janet W. Díaz, E. Michael Gerli, Everett Hesse, John E. Keller, Luis Leal and Russell P. Sebold. xii–244 pp. US $20.00.

LOIS ANN RUSSELL, *Robert Challe: A Utopian Voice in the Early Enlightenment*. xiii–164 pp. US $12.50.

CRAIG WALLACE BARROW, *Montage in James Joyce's* ULYSSES. xiii–218 pp. US $16.50.

MARIA ELISA CIAVARELLI, *La fuerza de la sangre en la literatura del Siglo de Oro*. xii–274 pp. US $17.00.

JUAN MARÍA COROMINAS, *Castiglione y La Araucana: Estudio de una Influencia*. viii–139 pp. US $14.00.

KENNETH BROWN, *Anastasio Pantaleón de Ribera (1600–1629) Ingenioso Miembro de la República Literaria Española*. xix–420 pp. US $18.50.

JOHN STEVEN GEARY, *Formulaic Diction in the* Poema de Fernán González *and the* Mocedades de Rodrigo. xv–180 pp. US $15.50.

HARRIET K. GREIF, *Historia de nacimientos: The Poetry of Emilio Prados*. xi–399 pp. US $18.00.

El cancionero del Bachiller Jhoan López, edición crítica de Rosalind Gabin. lvi–362 pp. US $30.00

VICTOR STRANDBERG, *Religious Psychology in American Literature*. xi–237 pp. US $17.50

M. AMELIA KLENKE, O.P., *Chrétien de Troyes and "Le Conte del Graal": A Study of Sources and Symbolism*. xvii–88 pp. US $11.50

MARINA SCORDILIS BROWNLEE, *The Poetics of Literary Theory: Lope de Vega's* Novelas a Marcia Leonarda *and Their Cervantine Context*. x–182 pp. US $16.50

NATALIE NESBITT WOODLAND, *The Satirical Edge of Truth in "The Ring and the Book."* ix–166 pp. US $17.00

JOSEPH BARBARINO, *The Latin Intervocalic Stops: A Quantitative and Comparative Study*. xi–153 pp. US $16.50

EVERETT W. HESSE, *Essays on Spanish Letters of the Golden Age*. xii–208 pp. US $16.50

SANDRA GERHARD, Don Quijote *and the Shelton Translation: A Stylistic Analysis*. viii–166 pp. US $16.00.

VALERIE D. GREENBERG, *Literature and Sensibilities in the Weimar Era: Short Stories in the "Neue Rundschau."* Preface by Eugene H. Falk. xiii–289 pp. US $18.00.

ANDREA PERRUCCI, *Shepherds' Song (La Cantata dei Pastori)*. English version by Miriam and Nello D'Aponte. xix–80 pp. US $11.50

MARY JO MURATORE, *The Evolution of the Cornelian Heroine*. v–153 pp. US $17.50.

FERNANDO RIELO, *Teoría del Quijote*. xix–202 pp. US $17.00.

GALEOTTO DEL CARRETTO, *Li sei contenti e La Sofonisba*, edizione e commento di Mauda Bregoli Russo. viii–256 pp. US $16.50.

BIRUTÉ CIPLIJAUSKAITÉ, *Los noventayochistas y la historia*. vii–213 pp. US $16.00.

FORTHCOMING PUBLICATIONS

HELMUT HATZFELD, *Essais sur la littérature flamboyante*.

NANCY D'ANTUONO, *Boccaccio's novelle in Lope's theatre*.

Novelistas femeninas de la postguerra española, ed. Janet W. Díaz.

La Discontenta and La Pythia, edition with introduction and notes by Nicholas A. De Mara.

PERO LÓPEZ DE AYALA, *Crónica del Rey Don Pedro I*, edición crítica de Heanon y Constance Wilkins.

ALBERT H. LE MAY, *The Experimental Verse Theater of Valle-Inclán*.

DENNIS M. KRATZ, *Mocking Epic*.

CALDERÓN DE LA BARCA, *The Prodigal Magician*, translated and edited by Bruce W. Wardropper.

JAMES DONALD FOGELQUIST, *El Amadís y el género de la historia fingida*.

HELÍ HERNÁNDEZ, *Antecedentes italianos de la novela picaresca española: estudio lingüístico-literario*.

ALONSO ORTIZ, *Diálogo sobre la educación del Príncipe Don Juan, hijo de los Reyes Católicos*. Introducción y versión de Giovanni Maria Bertini.

EGLA MORALES BLOUIN, *El ciervo y la fuente: mito y folklore del agua en la lírica tradicional*.

EDITH MARIA TOEGEL, *Emily Dickenson and Annette von Droste-Hülshoff: Poets as Women*.

Red Flags, Black Flags: Critical Essays on the Literature of the Spanish Civil War. Ed. John Beals Romeiser.

EVERETT W. HESSE, *Theology, Sex, and the Comedia.*

ANTHONY VON BEYSTERVELDT, *Amadís, Esplanadián, Calisto: historia de un linaje adulterado.*

RAQUEL CHANG-RODRÍGUEZ, *Violencia y subversión en la prosa colonial hispanoamericana.*

DARLENE J. SADLIER, *Cecília Meireles: Imagery in "Mar Absoluto."*

ROUBEN C. CHOLAKIAN, *The "Moi" in the Middle Distance: A Study of the Narrative Voice in Rabelais.*

DAVID C. LEONARD AND SARA M. PUTZELL, *Perspectives on Nineteenth-Century Heroism: Essays from the 1981 Conference of the Southeastern Studies Association.*